Klemens J. P. Speer

Wie eine Nahtod-Erfahrung mein Leben veränderte

Vom Tod fürs Leben lernen

Eine mehrdimensionale Studie über den Erkenntniswert einer Nahtod-Erfahrung und die daraus folgenden persönlichen und spirituellen Konsequenzen und Auswirkungen

vianova
Verlag Via Nova

Alle Bilder und Gedichte in diesem Buch sind vom Verfasser.

Titelbild von Petra Kühne

Die Künstlerin wurde 1964 geboren und wuchs in einer musisch inspirierenden Familie im Taunus auf. Sie besaß schon früh die Gabe, ihre Beobachtungen und Erfahrungen mit Empathie künstlerisch umzusetzen. Nach ihrem Studium der Soziologie wendete sie sich mit ihrer kreativen Kommunikation zunehmend nach außen. Sie konzentriert sich auf die Möglichkeiten, durch ihre Bildersprache Verbindung mit den Menschen aufzunehmen. Subtil und mit viel Liebe zum Detail bringt sie innere Welten zum Ausdruck, die Facetten des Heilens zeigen und den Betrachter im Herzen anrühren.

Sie illustriert und gestaltet für Verlage und beteiligt sich als bildende Künstlerin an Kunstausstellungen. 1998 malte sie die Bilder für „Die Geschichte vom kleinen Häschen Liebe“ von Chuck Spezzano, erschienen im Via Nova Verlag. Sie lebt und arbeitet in Eppstein im Taunus.

1. Auflage 2000

Verlag Via Nova, Neißer Straße 9, 36100 Petersberg

Telefon und Fax: (06 61) 6 29 73
Internet:
www.verlag-vianova.de
www.transpersonal.com

Gestaltung des Buchtitels: Petra Kühne u. Grafik-Atelier Wolf, 65719 Hofheim
Satz: typo-service kliem, 97647 Neustädtles
Druck und Verarbeitung: Rindt-Druck, 36037 Fulda

ISBN 3-928632-77-9

Für meine Tochter

„Du mußt verstehen, daß sterben zu lernen eine sehr nützliche Wissenschaft ist, die alle anderen Wissenschaften übertrifft. Daß man sterben muß, ist jedermann bekannt; wie denn auch niemand ewig leben darf, er habe denn die Hoffnung oder das Vertrauen darauf: aber du wirst gar wenige finden, die die Klugheit haben, sterben zu lernen … Ich werde dir das Geheimnis dieser Lehre geben; das soll dir sehr zugute kommen zu geistiger Gesundung und zu einer gesicherten Grundlage aller Tugenden.“

Orologium Sapientiae,
Das Tibetanische Totenbuch

„Wer stirbt, bevor er stirbt,
wird Leben, wenn er gestorben ist.“

Danksagung

Ganz besonderer Dank gilt meinem langjährigen Meditationslehrer *James H. Ringrose*, der spontan und vorbehaltlos meine Idee zu diesem Buch unterstützte und mich darin bestärkte, den eingeschlagenen Weg fortzusetzen.

Dank an *Ute Söhnel*, meiner langjährigen, uneigennützigen und geduldigen Mitarbeiterin, die die große Mühe auf sich nahm, mein Manuskript auf Rechtschreibung, Zeichensetzung, sprachlichen Ausdruck und Verständlichkeit durchzusehen, mir viele Hinweise gab und Verbesserungsvorschläge machte. Ohne ihren großen unermüdlichen Einsatz hätte ich nie gewagt, auch nur das Manuskript aus der Hand zu geben.

Mein Dank geht auch an meinen besten Freund *Raimund Deppe*, der kurz vor seinem frühen Tod den ersten Teil des Buches lesen konnte und mir aus seiner Sicht als Therapeut und Yoga-Lehrer viele Hinweise und Ergänzungen zum Manuskript gab. Des weiteren möchte ich mich bei *Silvia Gieske* bedanken, die ebenfalls den ersten Teil des Manuskriptes gelesen hat und mir auf ihre sehr einfühlsame Art sehr geistreiche Ergänzungsvorschläge machte und mich durch ihre Begeisterung für die Buchidee emotional sehr unterstützte.

Ein ganz besonderes Dankeschön geht auch an *Dr. Karin Brenner*, die mit der Qualifikation der Literaturwissenschaftlerin mein Manuskript kritisch durchgesehen hat und mir viel Hinweise gab, den Text lesbarer zu gestalten und den Inhalt zu straffen.

Ebenso möchte ich mich bei allen ganz herzlich bedanken, die in diesem Buch namentlich erwähnt werden, insbesondere bei meiner ehemaligen Frau *Theresa*, meinem *Bruder* und bei meinem *Freund, dem Pädagogen*, denn ohne sie wäre das Schreiben dieses Buches nicht möglich gewesen. Aus Gründen des Persönlichkeitsschutzes wurden die Namen der Personen zum Teil abgeändert. Zudem möchte ich mich bei *Werner Vogel* vom Via Nova Verlag bedanken, der es mir ermöglichte, dieses Buch zu veröffentlichen.

Verneigen möchte ich mich mit Dankbarkeit vor meinem *Kosmischen Schöpfer*, der mir die Kraft und Ausdauer gab, mein Manuskript mehrfach zu überarbeiten und zu verbessern, und mir die Gesundheit schenkte, dieses Buch zum Abschluß zu bringen.

Osnabrück, den 24. 12. 1999 Klemens J. P. Speer

HOLZSCHNITT AUS DEM 16. JAHRHUNDERT

Der Blick hinter den Vorhang

Inhaltsverzeichnis

Vorwort

Welchen Sinn macht es, etwa 26 Jahre später aus dem Gedächtnis eine Erfahrung zu rekonstruieren und aufzuzeichnen? Ist das überhaupt möglich oder wird dadurch die Erfahrung so verzerrt, daß von dem eigentlichen Ereignis nicht mehr viel übrigbleibt?

Nach meiner Nahtod-Erfahrung, die ich im Alter von 21 Jahren bei einem Autounfall hatte, war ich nicht in der Lage, darüber zu sprechen, geschweige denn, sie zu Papier zu bringen.

So habe ich sicher einige interessante Details der Nahtod-Erfahrung vergessen, und sie sind damit für immer verloren, aber ich bin davon überzeugt, daß alles Wesentliche in meinem Gedächtnis haften geblieben ist. Die Lektüre vieler Bücher über Nahtod-Erlebnisse, insbesondere die von Raymond A. Moody, haben viele Erinnerungen wieder wachgerufen. Ich hatte häufig das intensive Empfinden: „Ich habe das auch so erlebt," oder „Das kann ich nicht bestätigen, bei mir war das ganz anders," oder „Ich kann mich nicht mehr daran erinnern."

Ein Erfahrungsbericht über eine Nahtod-Erfahrung ist sicher immer ein subjektiver Bericht aus dem eigenen Erleben heraus. Trotzdem versuche ich alles so objektiv wie möglich zu schildern, soweit das nach so vielen Jahren und nach dem Lesen von wenigstens zwölf Büchern über Nahtod-Erfahrungen, die die eigene Phantasie beflügeln und möglicherweise das eigene Erinnern beeinflussen, zu verwirklichen ist.

Meine Studie über meine Nahtod-Erfahrung nenne ich mehrdimensional, weil ich mich dem Thema von unterschiedlichen Gesichtspunkten aus nähere, und zwar sowohl von der rationalen als auch von der intuitiven Seite. Rational und analytisch beschreibe ich persönliches Erleben. Gleichzeitig versuche ich, mich dem Thema über die intuitive Seite synthetisch anzunähern, indem ich spirituelle Erfahrungen in sprachlichen Texten (Visionen, Phantasien) einfange und über spontan entstandene Lyrik, Zeichnungen und Bilder sowohl „klanglich" wie optisch ausdrücke.

Ich beschreibe zunächst den Hergang und den Erfahrungsinhalt meiner Nahtod-Erfahrung und beleuchte meine Lebenssituation, in der ich mich damals befand. Anhand von Moodys wissenschaftlich erarbeiteten Kriterien von Nahtod-Erfahrungen beschreibe ich meine eigenen Erfahrungen und stelle Ähnlichkeiten und Unterschiede zu Moodys Kriterien dar.

Im zweiten Teil werden Folgen und Auswirkungen beschrieben, die diese Nahtod-Erfahrung auf meinen Alltag und auf mein weiteres Leben in den darauffolgenden 26 Jahren hatte. Zudem beschreibe ich einige spirituelle Visionen, die in meinem Leben nach der Nahtod-Erfahrung immer wieder spontan auftauchten. Dadurch wurde bei mir eine intensive spirituelle Suche und Entwicklung ausgelöst.

Im dritten Teil stelle ich Techniken und Methoden dar, mit denen ich völlig eigenständig meine Erfahrungen und Erkenntnisse aus der Nahtod-Erfahrung verarbeitet und in mein Leben integriert habe. Diese Techniken und Methoden nenne ich die „Zwölf heiligen Schwerter“. Sie können insbesondere für Menschen in einer spirituellen Krise eine große Hilfe sein, zu sich selbst und zu ihrer eigenen Mitte zu finden. Es werden Wege aufgezeigt, das eigene Leben mit einer tiefen inneren Verbindung zu sich selbst und zum eigenen kreativen Potential zu leben und zu entfalten. Denn das ist die Voraussetzung dafür, das Leben mit innerer Zufriedenheit und Erfüllung zu leben.

Ich möchte Sie also mitnehmen auf eine spannende und aufregende Reise. Im Nahtod-Erlebnis vermischen sich persönliches Erleben mit globalen und universellen Fragen. Ich unternehme hiermit den Versuch, mein Nahtod-Erlebnis intensiver in mein Leben zu integrieren. Ich wünsche mir den Mut, diese Reise mit allen Konsequenzen zu gehen, und ich wünsche mir von Ihnen, daß Sie, soweit das durch das Lesen dieses Buches möglich ist, mit mir gehen, denn es wird eine Reise zu den tieferen Dimensionen des SEINS.

Osnabrück, den 22. 11. 1997 Klemens J. P. Speer

„Der Tod grenzt an unsere Geburt,
und die Wiege steht im Grab.“
Josph Hall

1. Teil
Verzweiflung und Geburtsimpuls

Wie kam es zum Erlebnis der Nahtod-Erfahrung

Im Alter von etwa 21 Jahren hatte ich bei einem Autounfall eine Nahtod-Erfahrung. Ich war damals in einer problematischen Lebenssituation. In der Schule des Dorfes, in dem ich aufgewachsen war, hatte ich acht Jahre die Hauptschule besucht, in der noch alle acht Schulklassen in einem großen Klassenraum von einem Lehrer unterrichtet wurden. Erst das neu eingeführte neunte Hauptschuljahr absolvierte ich in einer eigenen Jahrgangsklasse in der Kreisstadt. Da mein Vater eine kleine Fruchtsaftkelterei und einen Getränkehandel betrieb, schickten mich meine Eltern danach für zwei Jahre auf die Handelsschule, wo ich den Abschluß nur mit großer Not schaffte.

Im Anschluß daran wollte mich mein Vater, der Landwirtschaftsmeister war, gleich in seinem Betrieb einsetzen, damit ich ihm bei der immer reichlich vorhandenen Arbeit helfen konnte. Ich setzte meinen Wunsch, eine kaufmännische Lehre zu absolvieren, aber dennoch durch und begann eine Ausbildung als Großhandelskaufmann bei der Edeka Lebensmittel-Einkaufsgenossenschaft in der nahegelegenen Großstadt, die ich zum Zeitpunkt der Nahtod-Erfahrung noch nicht abgeschlossen hatte. So weit meine schulische und berufliche Ausbildung.

Innerlich war es nicht sonderlich gut mit mir bestellt, das Gegenteil war der Fall. Meine Eltern, beide durch Kriegs- und Vertreibungserlebnisse psychisch schwer belastet, hatten für meinen fünf Jahre jüngeren Bruder und mich in der Nachkriegszeit, in der wir aufwuchsen, nicht viel Zeit, da sie all ihre Kraft in den Aufbau ihrer kleinen Firma steckten. Sie arbeiteten sehr viel, möglicherweise um ihre unangenehmen und schlimmen Erfahrungen zu verdrängen. Sie schienen arbeitssüchtig zu sein und spannten auch uns Kinder in ihre Arbeit mit ein, so daß die Schule oft zu kurz kam. Da meine Lebendigkeit, Offenheit und Direktheit von meinen Eltern schwer zu ertragen war, setzte es oft eine Tracht Prügel.

Mit etwa 14 Jahren hatten meine Eltern mich so weit gebracht, daß ich alles tat, was sie von mir verlangten, und ich ein braver, lieber und „überangepaßter“ Junge geworden war. In den schlimmsten Phasen der Pubertät überlegte ich, von zu Hause wegzulaufen. Aber ich rechnete mir keine guten Chancen aus, so daß ich lieber zu Hause blieb. Ich fürchtete, in einem Erziehungsheim zu landen, wenn sie mich wieder schnappen würden, was zwischen meinen Eltern und meinem Großvater offen diskutiert wurde. Meine Verzweiflung ging so weit, daß ich mich umbringen wollte und immer wieder überlegte, wie ich das wohl anstellen könnte. Als ich meinen Eltern gegenüber offen äußerte, daß ich mich aufhängen wollte, bekam ich wieder eine Tracht Prügel, denn sich aufzuhängen war ja schwere Sünde, die mit der Hölle bestraft würde. Wollte ich also nicht in die Hölle kommen, so blieb mir nichts anderes übrig, als am Leben zu bleiben. Das System war einfach zu perfekt; ich konnte nur daran zerbrechen, mußte aber weiterleben.

Dazu kamen die Sanktionen in der Schule. Da ich Legastheniker war, hatte ich große Schwierigkeiten beim Lesen und in der Rechtschreibung. Zudem brachte ich durch mein „Zappelphillip-Syndrom" oft den ganzen Klassenraum durcheinander. Meine Versetzung in die nächste Klasse war oft gefährdet. Die Leistungen reichten oft nur sehr knapp zur Versetzung. Die herbe und strenge Dorfschullehrerin, ebenso durch den Krieg aus Schlesien geflüchtet wie meine Eltern, besuchte meine Eltern des öfteren, um Mutter zu motivieren mit mir Rechtschreibung zu üben. Auch in der Schule wurde noch geschlagen. Da verständlicherweise die Dorfschullehrerin mit acht Klassen in einem Raum völlig überfordert war, gab es oft Schläge mit dem Rohrstock in die offene Handfläche, was besonders schmerzhaft war.

Noch belastender als die Schule war aber die sexualfeindliche Erziehung durch die katholische Kirche bzw. unseren asthmatischen und häufig kranken Pfarrer, der oft fluchend und schimpfend predigte und die Messe las, währenddessen er asthmatische Hustenanfälle bekam. Vor der Pubertät hatte sich bei mir eine tiefe mystische Religiösität entwickelt, die sich in einem konzentrierten inneren Mitfeiern der heiligen Messe äußerte. Als mir dann der Pfarrer in der Beichte erzählte, daß Onanie Todsünde sei, war das für mich ein unglaublicher Schock. Wer eine Todsünde begangen hatte, war damit aus der Kirche ausgeschlossen und kam in die Hölle, wenn er sterben würde, ohne es gebeichtet zu haben. Um von diesem Makel loszukommen, überlegte ich, ob ich mich selbst kastrieren sollte, denn irgendwo in der Bibel hatte ich gelesen, daß Glieder des Körpers, die sündigen, ausgerissen und ins Feuer geworfen werden sollten. Aber als ich mir vorstellte, mich selbst zu kastrieren, wurde mir allein schon bei der Vorstellung übel, so daß ich fast ohnmächtig wurde. Die Onanie war das einzige Ventil, das ich hatte, um dem Druck, der von allen Seiten auf mir lastete, etwas Lustvolles und Entspannendes entgegenzusetzen.

Das System von Druck und Macht, Elternhaus, Schule und Kirche wirkte so perfekt zusammen, daß ein sehr ängstlicher und schwer neurotischer junger Mann aus mir wurde. Ich hatte massive Angstträume, daß der Teufel mich holen und in die Hölle bringen wollte, so daß ich nachts oft schweißgebadet aufwachte und laut schrie. Ich konnte abends kaum noch allein in den Keller gehen, witterte hinter jedem dunklen Vorhang den Satan und war zeitweise kurz davor, psychisch „abzudrehen“ und in der Psychiatrie zu landen. Ich bekam Psychopharmaka vom Arzt verschrieben, als ich ihm meine Ängste und die massiven Schlafstörungen schilderte. Danach hatte ich große Probleme damit, mir das Mittel schrittweise selbst wieder zu entziehen, das mich fröhlich, pfeifend und singend machte, denn ich merkte schnell, daß ich süchtig danach wurde.

Das war also mein Zustand, als ich mich stark nach einer Freundin sehnte, da ich keinen Menschen hatte, mit dem ich über meine Probleme, soweit ich sie damals erkannte, reden konnte. Der Wunsch war sehr intensiv, weil mir klar war: allein komme ich nicht mehr zurecht. Ich war etwa 19 Jahre, als ich an der Ostsee im DGB-Jugendzeltlager die Gymnasiastin Theresa kennenlernte, damals gerade 14 Jahre alt, in die ich mich wegen ihrer lebendigen und frechen Art verliebte und zu der zunächst eine intensive Brieffreundschaft entstand. Da ich mit 18 Jahren schon ein Auto hatte, fuhr ich später alle zwei bis vier Wochen etwa 50 Kilometer in die Kleinstadt, in der Theresa damals wohnte, um sie zu besuchen. Obwohl mir die Gespräche und die körperliche Nähe zu Theresa sehr guttaten, konnte die Beziehung natürlich nicht meine Probleme und Ängste lösen.

So stand ich auch am Abend des Herbsttages, als ich mich gegen 22.00 Uhr auf dem Heimweg von einem Besuch bei Theresa befand, unter dem starken Einfluß meiner Eltern und trug mein „Paket“ mit Problemen mit mir. Meine Eltern hatten mir schon oft gesagt, daß ich abends vor 22.00 Uhr zurück sein sollte, da sie sich sonst Sorgen um mich machen würden und nicht schlafen könnten. Da ich auf Grund meiner Geschichte ein sehr verständnisvoller junger Mann war, versuchte ich, ihnen diesen Wunsch nach Möglichkeit zu erfüllen, was jedoch im Widerspruch zu Theresas und meinem Bedürfnis stand, den Sonntagabend noch lange zu genießen.

Ich stand also auf meinem Heimweg immer wieder unter Zeitdruck, um den Ansprüchen meiner Eltern gerecht werden zu können.

Der äußere Hergang des Autounfalls

So war es auch am Abend dieses späten Herbsttages sicherlich schon nach 22.00 Uhr, als ich nach Hause fuhr. Ich fuhr für die herrschenden Witterungsbedingungen mit meinem VW-Käfer viel zu schnell. Es hatte nämlich angefangen zu regnen, und der Regen ging langsam in ein leichtes Schneetreiben über. Die Temperatur muß sich um den Nullpunkt herum bewegt haben, als ich die Landstraße nach Hause fuhr. Kurz vor meinem

Heimatort gibt es eine scharfe Linkskurve. Danach geht es durch ein kleines bewaldetes Tal. Es war schon lange dunkel und der Regen ging immer mehr in Schnee über, als ich durch das Tal schon wieder bergauf fuhr.

Am oberen Ende des Tals, hinter dem kleinem Wäldchen, gibt es eine kleine Straße, die links abbiegt. Von dieser Straße, die etwas schräg nach oben führt, kam Wasser auf die Hauptstraße gelaufen, das schon leicht angefroren war, denn etwa an dieser Stelle kam ich mit meinem VW-Käfer ins Schleudern, wohl auch deshalb, weil ich für die Witterungsverhältnisse mit ca. 80 km/h viel zu schnell fuhr. Mein Auto geriet ins Rutschen, so daß ich auf die rechte Straßenseite auf die Grasnarbe kam und fürchtete, gegen einen Baum zu fahren. Es gelang mir, das Fahrzeug durch starkes Gegensteuern wieder auf die Fahrbahn zu bekommen. Das Gegensteuern war aber wohl zu intensiv ausgefallen, denn die Straße war an dieser Stelle sehr glatt. Es bewirkte, daß ich mit voller Geschwindigkeit geradewegs auf die linke Seite zusteuerte, frontal auf einen Baum zu. Mir war augenblicklich klar, daß ich keine Chance mehr hatte, dem Unfall zu entgehen, denn das Lenkrad reagierte nicht mehr auf meine Steuerungsversuche.

Mir war im selben Augenblick auch klar, daß ich den Zusammenprall nicht überleben würde. Ich schloß innerlich mit meinem Leben ab. Meine letzten Gedanken waren, das weiß ich noch, als wäre alles heute erst geschehen:

„Das ist's gewesen. Adios Amigos, es ist alles vorbei."

Genau diese vollständige Selbstaufgabe muß meine Rettung gewesen sein. In dem Moment, in dem der Wagen vor den Baum knallte, lag ich wohl unten quer im Fußbereich des Käfers.

Ich habe mich vermutlich ganz instinktiv, den Baum auf mich zukommen sehend, nach rechts geworfen. Damals waren (zum Glück!?) Sicherheitsgurte noch nicht vorgeschrieben. Hinzu kam, daß mein Käfer vom Vorbesitzer mit einer sogenannten Sportschaltung ausgestattet war, das heißt, anstelle der langen alten Knüppelschaltung war zwischen den Sitzen nur noch ein kurzer Stumpf als Kupplungsgriff. Durch diesen „Zufall" war also genügend Platz, um ganz nach vorn in den Fußbereich rutschen zu können. Der Aufprall geschah mit einer so ungeheuren Wucht, daß ich das Gefühl hatte, als hätte ich mir alle Knochen gebrochen, als würden die gebrochenen Rippenspitzen das Fleisch durchbohren und aus dem Körper ragen.

Der VW-Käfer war tatsächlich frontal vor den noch relativ jungen Baum geprallt, hatte den Baum abgerissen und 10, 20 Meter weiter aufs Feld geschleudert. Das Auto hatte sich anscheinend überschlagen, oder es hatte sich unten gegen den Baum hochgestellt, denn neben der Kühlerhaube war das Dach vollständig verbeult, und das Auto stand in umgekehrter Fahrtrichtung im Graben. Die Hupe hatte sich verklemmt und hupte ohne Unterbrechung. Da mir dieser ohrenbetäubende Lärm sehr auf die Nerven ging, kam ich wieder zu Bewußtsein, das ich wohl kurz verloren hatte, konnte die Tür öffnen und mich auf allen Vieren aus dem Auto ziehen.

Da stand ich nun neben dem Auto und war vollständig schockiert und fassungslos darüber, daß mir offensichtlich absolut nichts passiert war. Ich suchte am ganzen Körper nach Wunden und Blut, doch es war nichts zu sehen, keine gebrochenen Knochen, keine Rippen, die aus dem Körper ragten, keine Gehirnerschütterung. Ich stieg wieder ins Auto, weil ich den Schlüssel herausziehen wollte, damit die Hupe aufhörte zu lärmen. Aber weder das noch brennende Licht erlosch, noch wurde die nervende Hupe still.

Dann versuchte ich, zum Rücksitz zu gelangen, unter dem sich die Batterie befand, um sie zu lösen, aber der Rücksitz war verklemmt, so daß es nicht möglich war, die Hupe abzustellen. Ich kroch wieder aus dem Auto, sah, daß der hintere rechte Kotflügel sich hinter den Reifen des Rades geschoben hatte. Ich war völlig erstaunt und fragte mich, wie der da hingekommen war. Ich kann es mir bis heute nicht erklären. Es muß beim Überschlagen des Autos passiert sein.

Von einem entfernt gelegenen Haus kam ein Mann, der die Hupe des Autos gehört hatte, zur Unfallstelle, sah mich zitternd und frierend dastehen, schaffte es irgendwie, die Hupe abzustellen, holte dann sein Auto und brachte mich nach Hause.

Wie gesagt, der größte Schock war für mich, daß ich vollständig ohne irgendwelche Verletzungen den Unfall überstanden hatte und die intensiven, fassungslosen Fragen:

„Was soll ich hier?
Warum bin ich vollständig unverletzt?
Warum habe ich überlebt?“

Das einzige, was ich, zu Hause angekommen, feststellen konnte, waren leichte Abschürfungen der Haut an den beiden Handgelenken und leichte Kopfschmerzen unter der Schädeldecke. Meine Eltern schienen noch wach gewesen zu sein. Ich kann mich nicht erinnern, ob sie mir Vorwürfe gemacht haben. Ich weiß nur, daß wir zusammen sehr betroffen, schweigend am Küchentisch gesessen haben. Sie waren wohl sehr froh, daß ich den Unfall äußerlich völlig unbeschadet überlebt hatte. Bereits am nächsten Tag fuhr ich wieder zur Arbeit nach Bielefeld und in den nächsten Tagen fuhr ich wieder Auto, als wäre nichts geschehen.

Als ich Wochen später auf Drängen der Eltern einen Arzt aufsuchte, konnte er weder Verletzungen noch sonstige Veränderungen bei mir feststellen. Das Auto, das ich mir nach meinem achtzehnten Geburtstag für 500 DM gekauft und bunt angemalt hatte, wie es damals unter Jugendlichen oft getan wurde – vorn auf der Kühlerhaube befand sich ein großer Schmetterling und hinten auf der Heckklappe ein Gesicht –, hatte nur noch Schrottwert: Totalschaden. Natürlich hatten sich auch die Achsen verzogen, so daß an Reparatur nicht mehr zu denken war.

Das innere Erleben während des Autounfalls

Jahre später versuchte ich mein Erlebnis in zwei kurzen Texten, die ich in Versform geschrieben habe, festzuhalten. Sie sind in der Form eines Gespräches mit mir selbst geschrieben, so als würde eine HÖHERE STIMME zu mir sprechen:

Kennst Du den Tod?

Kennst Du den Tod?
Hast Du Ihn gesehen?
Er ist wunderschön!
Kennst Du das Bild? kennst Du das Schild?
Kennst Du die Nacht? kennst Du die Dunkelheit?
Kennst Du den Weg? kennst Du den Regen?
Kennst Du den Schnee? kennst Du das Glatteis?
Kennst Du das Auto? kennst Du den Menschen?

Kennst Du den Menschen, der am Steuer sitzt?
Kennst Du den Menschen, der Feuer schwitzt?
Hörst Du den Knall?
Hörst Du den Fall?
Siehst Du den Blitz? hörst Du den Donner?
Fühlst Du den Schreck oder ist er schon weg?
Fühlst Du den Sinn oder ist er schon hin?
Ist Dir alles bewußt oder ist es schon Schluß?

Du breitest Dich aus, verläßt das Haus.
Siehst alles klar, was einmal war.

Erkennst den Sinn, er fließt dahin.
Kannst alles verstehen und auch alles sehen.
Kannst alles hören, es wird Dich betören.
Kannst alles schmecken und alles lecken.
Kannst alles riechen, brauchst Dich nicht mehr verkriechen.
Kannst alles erfassen, brauchst nach nichts mehr haschen.
Kannst alles fühlen, brauchst nichts mehr durchwühlen.

Du bist erlöst und frei,
brauchst nicht mehr Deinen Hirsebrei.
Du schwebst davon,
läßt Dich zurück in einem Wrack,
in einem Trümmerhaufen.
Nie wieder brauchst Du Dich besaufen.
Du fühlst Dich frei und losgelöst.
Du bist total, total entblößt.
Und dann,
dann kommst Du zurück zu Dir,
bist wieder auf der Erde hier.
Du bist nicht tot,
bist nur verwundet
und bald vielleicht
bist Du gesundet.
Das Leben muß jetzt weitergehen
und nichts und nichts wirst Du verstehen.
Doch eins, das kannst Du allen sagen:
Kennst Du den Tod?
Hast Du ihn gesehen?
Er ist wunderschön!

13. 2. 1983

Tod und Wiedergeburt
(Original in Farbe)

Du schwebst über Dir,
steigst langsam empor,
siehst Deinen Körper dort unten liegen in einem zertrümmerten Autowrack.
Dir wird alles klar,
als würdest Du erleuchtet.
Alle Lebensfragen:
Wie, Warum, Weshalb, Weswegen,
Wo, Woher, Wohin ???
Alles wird Dir mit einem Schlag beantwortet.
Es ist alles so leicht,
so klar, so simpel, so einfach.
So undifferenziert, so GANZ.
Du weißt einfach alles.
Du weißt, warum Dein Leben so war, wie es war.
Du weißt, warum Deine Eltern sich so verhielten und nicht anders.
Du weißt alles über Schule, Kirche, Freunde, Feinde.
Alles, alles, alles.
Es ist so klar, so unendlich befreiend.
Du entfernst Dich immer weiter von Deinem Körper,
und es wird immer schöner, freier, weiter.
Du breitest Dich aus.

Und dann steigt Dein kleines enges Bewußtsein zusammen mit seinem Körper aus dem Schrotthaufen Auto aus.
Du erhebst Dich vom Boden,
ziehst Dich auf die Sitze,
hast Angst vor Deinem eigenen Blut, vor Deinem zermalmten Körper.
Dein ganzer Körper schmerzt.
Aber Du steigst aus.
Die Tür klemmt, Du kannst sie öffnen, Du kommst heraus.
Stehst wie im Traum, wie benommen vor dem Trümmerhaufen,
vor der zerstörten Technik, vor dem Wrack.
Du befühlst Deinen Körper.
Tastest Deine Knochen ab,
Deinen Bauch, Deinen Kopf, Dein Fleisch.
Dir ist nichts passiert, absolut nichts.
Kein Blut, kein Knochenbruch.
Es ist, als wärst Du mit der Hölle bestraft worden.
Du lebst und fühlst Dein kleines winziges Höllenego.

Das Auto ist wie Spott zu Schrott.
Doch alle Lichter brennen.
Die Hupe, hupt, hupt, schreit, brüllt, brüllt.
Das verletzte Auto schreit um sein Leben,
liegt im Todeskampf.
Und ich stehe daneben, beginne am ganzen Körper zu zittern
und kann kein Wort mehr sagen, bin stumm.
Langsam fange ich an, mich zu bewegen,
ziehe den Zündschlüssel heraus,
damit diese idiotische Hupe aufhört zu schreien.
Ich halte den Schlüssel in der Hand.
Das Licht brennt weiter, die Hupe brüllt fast lauter.
Ich will an die Batterie heran, um dem schreienden Fahrzeug den letzten Todesstoß zu geben, um den wahnsinnigen Lärm abzustellen.
Doch es gelingt mir nicht. Das Fahrzeug ist zu demoliert, zu verzogen.
Von einem entfernten Bauernhaus kommt ein Mensch herbeigelaufen und nimmt mir die restliche Arbeit ab.
Er fährt mich nach Hause.
Ich habe den Unfall völlig gesund und unverletzt überlebt,
doch ich bin krank.

Ich liege mitten im Geburtstrauma.
Sterbend erwache ich zu neuem Leben.
Das Fruchtfleisch verfault, stirbt ab
und nährt den gesunden Kern,
damit es erwachsen kann zu neuem Leben,
neue Früchte hervorbringen kann.
Jeder Tod ist eine Geburt.

13. 2. 1983

Die Darstellung des inneren Erlebens bzw. meiner inneren Erfahrung möchte ich an den Forschungsergebnissen von Raymond A. Moody ausrichten. Er hat etwa 1975 als erster 150 Personen, die im medizinischen Sinne gestorben waren und doch überlebt haben, über ihre Nahtod-Erlebnisse interviewt und die Gemeinsamkeiten und Unterschiede in diesen Erfahrungen herausgearbeitet. Er nennt in seinem ersten Buch: „Leben nach dem Tod“ fünfzehn gemeinsame Elemente in Nahtod-Erfahrungen und in seinem zweiten Buch: „Nachdenken über das Leben nach dem Tod“ weitere vier weniger häufig auftretende Elemente.

Durch Moodys Untersuchung wird suggeriert, daß nur Personen, die im medizinischen Sinne tot waren, sogenannte Nahtod-Erlebnisse haben können. Ich war anscheinend nicht im medizinischen Sinne tot, denn ich stieg ja völlig unverletzt aus dem Auto. Allerdings stimmt mein inneres Erleben in fast allen wesentlichen Punkten mit den Ergebnissen von Moodys Untersuchung überein. Möglicherweise habe ich durch den Schock bzw. die Erschütterung des Aufpralls einen kurzen oder längeren Herzstillstand erlitten. Meine persönliche „Erklärung“ ist, so lächerlich es klingen mag, daß mich das „Schreien“ der Hupe so aufgeregt hat, daß ich wieder „zurückkam“ aus der „anderen Welt“, um die Hupe abzuschalten.

Nachfolgend nun der Versuch, meine inneren Erfahrungen anhand von Moodys Elementen der Nahtod-Erfahrung in der Reihenfolge, wie ich sie erlebt habe, darzustellen:

„Unbeschreibbarkeit“

Aus meiner Erfahrung kann ich Moodys Forschungsergebnis der Unbeschreibbarkeit von Nahtod-Erfahrungen bestätigen. Das ist sicherlich deshalb so, weil man in eine Erfahrungswelt eintaucht, die mit unserer alltäglichen Wirklichkeit nichts zu tun hat. Also gibt es für diese Erfahrungswelt auch keine adäquate Sprache und keine Begriffe, mit denen für andere Menschen verständlich ausgedrückt werden kann, was man durchlebt hat. Das war auch mein Hauptproblem, als ich meinen Eltern und Freunden von meinem Erlebnis berichten wollte. Alle Versuche, dieses Ereignis mit Worten darzustellen, waren von meinem tatsächlichem Erleben weit entfernt. Erschwerend kam für mich hinzu, daß meine Sprach- und Ausdrucksmöglichkeiten damals sicherlich nicht besonders weit entwickelt waren.

Nach meinem Empfinden eignet sich die Sprache der Poesie, der Malerei oder der Musik am ehesten, das innere Erleben in einer solchen Situation auszudrücken. Aber selbst diese Mittel sind unzureichend, denn es handelt sich um „irdische“ Mittel, während die Erfahrung sich in „himmlischen“ Sphären abspielt. Gänzlich unzureichend ist die rational analytische Sprache. Sie kann nur einen groben Rahmen von dem abstecken, was erlebt worden ist, und für den Leser, der diese Erfahrung nicht selbst gemacht hat, wird es, trotz aller Mühe, nur schwer nachvollziehbar sein. Eine Nahtod-Erfahrung übersteigt ein normales Traumerlebnis in seiner Intensität um ein Vielfaches.

„Das Hören der Todesnachricht"

In Moodys Berichten wird erzählt, daß die Patienten von ihrer Todesnachricht „hörten", als z. B. der Arzt sie für tot erklärte, was dann später vom Arzt bestätigt wurde. Das trifft in meinem Fall nicht zu, da mich niemand für tot erklärte; auch wenn ich möglicherweise einen ausreichend langen Herzstillstand hatte und tatsächlich im medizinischen Sinne tot gewesen bin. Abweichend davon, habe ich in gewisser Weise meine Todesnachricht auch „gehört", aber bereits bevor ich möglicherweise auf Grund eines Herzstillstandes tot war. Das drückte sich für mich in der intensiven Gewißheit aus: „Gleich bin ich tot." Das geschah aber schon, als ich den Baum auf mich zukommen sah, noch vor dem Aufprall, und da war ich mit Sicherheit noch am Leben. Die Gewißheit „Gleich bin ich tot" bezog sich auf die nun bevorstehende innere Erfahrung.

„Begegnung mit anderen"

Es wird bei Moody davon berichtet, daß Sterbende von anderen verstorbenen Personen bei ihrem Sterben begleitet bzw. abgeholt werden und sie ihnen das Sterben damit erleichtern. Es wird sogar oft von vielen „Personen" gesprochen, die an der Todespforte auftauchen und den Sterbenden abholen.

Noch vor dem Aufprall des Autos sah ich, als mein Fahrzeug sich noch auf der rechten Fahrbahn befand, in einer Entfernung von etwa fünf Metern, vorne rechts am Straßenrand eine Vision des Gesichts meines bereits verstorbenen Großvaters vor mir. Das Gesicht glich dem Abdruck des Christuskopfes auf einem Leichentuch. Ich konnte es durch die Windschutzscheibe sehen. Meinen Großvater hatte ich sehr gern gehabt und hatte ein gutes Verhältnis zu ihm. Er war bereits etwa 5 Jahre zuvor gestorben und ein sehr religiöser Mensch gewesen. Das Gesicht meines Opas erschien ätherisch und überweltlich, wie ein Portrait. Es beeindruckte und beruhigte mich sehr und trug dazu bei, daß ich bereitwillig in mein „Sterben" einwilligte.

„Die Rückschau und das Gericht"

Nach der Einwilligung in meinen Tod begann mit unglaublicher Geschwindigkeit, wie in einem panoramaartigen Film, mein gesamtes Leben rückwärts vor mir abzulaufen bis zu meiner Geburt. Das Unfaßbare daran war, daß es möglich war, in Bruchteilen von Sekunden meinen gesamten Lebensinhalt in Form von Bildern noch einmal zu erleben. Ich sah in dem Lebensfilm nicht alles, aber es waren doch alle wesentlichen Ereignisse darin enthalten. Diese Lebensszenen sausten an mir vorüber, und ich verstand ihren Sinn und ihre Bedeutung, sah die lichten Seiten und vor allen Dingen auch die Schattenseiten mit aller Deutlichkeit und Klarheit.

Moody schreibt: „Obwohl sie so außerordentlich rasch vor sich geht, wird die Rückschau, die fast durchweg als Spiel visueller Vorstellungsbilder bezeichnet wird, von den Betroffenen doch übereinstimmend als erstaunlich lebendig und lebensecht dargestellt. In manchen Fällen wird von dreidimensionalen und sogar bewegten Bildern in lebhafter Form berichtet. Selbst wenn sie Schlag auf Schlag vorbeiflimmern, wird dennoch jedes einzelne Bild wahrgenommen und auch erkannt, ja während des Betrachtens werden die mit den Bildern zusammenhängenden Gefühle und Gemütsbewegungen manchmal sogar erneut durchlebt" (*Moody*, 1977).

Dies trifft nur zum Teil auf mich zu. Ich kann mich nicht daran erinnern, daß ich Gefühle oder Gemütsbewegungen selbst durchlebt habe, sondern es war eher so, daß ich alles von außen wie bei einem Film betrachten konnte. Auch kann ich nicht bestätigen, daß die Bilder dreidimensional waren. Des weiteren würde ich die Bilder nicht als „Spiel visueller Vorstellungsbilder" bezeichnen, denn die Bilder hatten mit meiner persönlichen Vorstellungskraft nichts zu tun. Sie wurden mir sozusagen von außen, von einer anderen Dimension aus übermittelt.

Bei dieser Rückschau wurde mir die psychische Belastung meiner Eltern, die durch Erziehung, Krieg und Vertreibung geprägt war, schlagartig klar und auch meine eigene psychische Verfassung, die durch Elternhaus, Schule und Kirche, wie anfangs beschrieben, sehr problematisch war. Es war so, als hätte ich plötzlich den totalen Durchblick gehabt.

Moody erwähnt in seinem Bericht auch, daß die Rückschau nicht nur bei klinischem Tod auftaucht, sondern auch beim Vorliegen von akutem physiologischen Streß oder bei Verletzung. Des weiteren kann sie auch bei einer ernsten seelischen Notlage auftauchen, obwohl es zu keinerlei Verletzungen gekommen ist. Dies trifft insoweit auf mich zu, da ich mich bei dem Autounfall in einer akuten seelischen und physiologischen Notlage befand, aber keinerlei Verletzungen davongetragen hatte.

Moody berichtet, daß nach der Rückschau ein Lichtwesen oder eine Lichtgestalt über das gelebte Leben zu Gericht sitzt bzw. richtet. Das kann ich aus meiner Erfahrung nicht bestätigen. Ich erkannte und verstand eher meine eigenen Schattenseiten und die meines Umfeldes und „richtete“ somit über mich selbst und andere.

„Der dunkle Tunnel“

Während Moody beschreibt, daß die Rückschau zum Teil in gleichzeitigen Bildern oder auch vorwärts wahrgenommen wird, lief der Film bei mir eindeutig rückwärts bis zu meiner Geburt. Dann tauchte ich sozusagen in den Film ein und bewegte mich in rasender Geschwindigkeit durch einen engen dunklen Tunnel hindurch. Dieser Tunnel wird bei Moody auch als „Höhle“, „Schacht“. „Rinne“, „eingegrenzter Raum“, als „Vakuum“, „Leere“, „Rohr“, „Tal“ und „Zylinder“ bezeichnet. Für mich ist er vom heutigen Standpunkt aus betrachtet so etwas wie ein „spiritueller Geburtskanal“ in eine andere Dimension des Bewußtseins. Am Ende des Tunnels ging es auf ein Licht zu, aber daran erinnere ich mich nur noch undeutlich.

„Das Lichtwesen“

Beim Verlassen des Tunnels entstand ein sehr intensiver weißer Lichtblitz von einer übernatürlichen Helligkeit und Leuchtkraft. Er tauchte entweder in dem Moment auf, als das Auto vor den Baum prallte, oder es ist auch möglich, daß ich den Lichtblitz bereits vor der Rückschau wahrgenommen habe. Leider kann ich mich an das nicht mehr genau erinnern.

Moody schreibt dazu: „Ungeachtet seiner ungewöhnlichen Erscheinungsform hat keiner der Beteiligten auch nur den leisesten Zweifel daran geäußert, daß dieses Licht ein lebendes Wesen sei, ein Lichtwesen. Und nicht nur das, es hat personalen Charakter und besitzt unverkennbar persönliches Gepräge. Unbeschreibliche Liebe und Wärme strömen dem Sterbenden von diesem Wesen her zu. Er fühlt sich davon vollkommen umschlossen und ganz darin aufgenommen, und in der Gegenwart dieses Wesens empfindet er vollkommene Bejahung und Geborgenheit. Er fühlt eine unwiderstehliche, gleichsam magnetische Anziehungskraft von ihm ausgehen. Er wird unausweichlich zu ihm hingezogen“ (*Moody*, 1977).

Den personalen Charakter des Lichtwesens bzw. des Lichtblitzes kann ich aus meiner Erfahrung nicht bestätigen. Das Lichtwesen war aber ein WESEN. Es hatte für mich eher etwas ÜBERWELTLICH SEIENDES. Die übrige Beschreibung trifft auch auf mein Erleben zu. Es ist in meiner Erinnerung so, daß anfangs ein intensiver, kurzer Lichtblitz, den ich nur noch schwach in Erinnerung habe und der für mich kaum noch näher zu beschreiben und zu charakterisieren ist, auftauchte, und danach ein länger andauerndes, anders geartetes Licht von mehr Transparenz und Durchsichtigkeit in Erscheinung trat.

„Das Verlassen des Leibes"

Nachdem ich den Tunnel durchquert hatte, löste sich mein Bewußtsein durch einen intensiven Ruck von meinem physischen Körper und begann nach oben zu schweben in Richtung eines überirdischen Lichts, welches sich in Form einer sonnenhaften Kugel, weit über mir, leicht rechts von meinem nun unsichtbaren, aber trotzdem voll wahrnehmbaren Geist-Körper befand. Ich nehme an, daß dieser Ruck verbunden war mit dem Aufprall an den Baum, mit dem Gefühl, daß mir alle Knochen zerbrächen und die Rippenspitzen aus der Brust ragten.

Ich schaute nach unten und konnte etwa 5 bis 10 Meter unter mir das zerstörte Auto sehen, in dem mein physischer Körper lag. Ich konnte also ohne weiteres durch das Dach des Autos hindurch auf meinen Körper sehen. Es war für mich in diesem Augenblick vollkommen klar, daß ich bereits gestorben war. Dies erschreckte mich aber nicht im geringsten. Es war ein Gefühl von Schwerelosigkeit, und mein Bewußtsein befand sich offensichtlich in einer Art spirituellem Körper. Das Denken, soweit es als ein Denken in herkömmlichem Sinne bezeichnet werden konnte, war von außerordentlicher Klarheit.

An dieser Stelle wird bei Moody oder auch in anderen persönlichen Erfahrungen über Nahtod-Erlebnisse davon berichtet, daß im Zustand der Schwerelosigkeit der geistige Körper Reisen zu anderen Orten und Plätzen der realen Welt oder auch zu anderen Bewußtseinsebenen unternommen hat, wo dem „Verstorbenen" mit enormer Bildervielfalt neue Einsichten über sich selbst oder über das Leben geistiger Wesen vermittelt wurden.

Erfahrungen von Reisen zu Orten und Plätzen der realen Welt sind in meinem Nahtod-Erlebnis nicht vorgekommen. Ebenso fehlt die oft beschriebene Bildervielfalt. Ich nehme an, daß es daran lag, daß ich den

Körper nur kurz verlassen hatte. Moody schreibt, daß diese Art von Erfahrungen nur bei längeren Phasen des „Totseins" auftauchen.

„Gefühl von Frieden und Ruhe"

Es war ein sehr intensives Gefühl von Befreiung und Ruhe in mir. Ich befand mich in einem dämmerigen, nebelhaften Umfeld, in dem ich trotzdem die ganze Landschaft, über der ich mich bewegte und nach oben strebte, mit äußerster Klarheit und überirdischer Schönheit wahrnehmen konnte. Ich befand mich in einem Zustand von schwebender, friedlicher Leichtigkeit und Gelassenheit, vollständig ohne jegliche Gefühle von Angst.

Bei Moody ist zu lesen: „Auf einmal erfüllten mich die denkbar wohltuendsten Gefühle. Nichts auf der Welt existierte mehr, es gab nur noch Frieden, Wohlbehagen, Harmonie – vollkommene Ruhe. Alles, was mich je bedrückt hatte, schien von mir genommen zu sein, und ich dachte bei mir: ‚oh wie still und friedlich'." Und später: „Niemals zuvor habe ich je ein solches Gefühl des Entspanntseins gehabt. Ich fühlte eine große Harmonie in mir. Alles war gut" (*Moody*, 1977). Genauso habe ich es auch empfunden.

„Die Vision des Wissens"

Je weiter ich dem über mir befindlichen LICHT zustrebte, desto mehr hatte ich das Gefühl, daß mein Bewußtsein sich ausbreitete und ich in verschiedene Wahrnehmungsebenen „hineinschauen" konnte.

In einer Wahrnehmungsebene hörte ich wunderschöne Geräusche und Klänge bis hin zu verzaubernden Glockenklängen und hinreißenden Melodien und Symphonien. Alle Klänge waren emporgehoben in eine überzeitliche Dimension von überirdischer Schönheit und Erhabenheit.

In einer weiteren Ebene hatte ich das Gefühl, in ein globales, ökologisches Netzwerk von Kommunikation und Information hineinhören zu können. Es wurden weltweit Daten und Nachrichten ausgetauscht, und auf den verschiedensten Ebenen flossen die unterschiedlichsten Informationen. Sie wurden über verschiedene Verständigungssysteme weitergegeben. Ich hatte dabei die Wahrnehmung, wirkliche „Gespräche" mithören zu können und mitzubekommen, welche Art von Information dort ausgetauscht wurde. Es war, als hätte ich Einblick bekommen in das mehrdimensionale Seelenleben bzw. in das „Gehirn“ des Planeten Erde.

Auf der allerhöchsten Wahrnehmungsebene, die ich erreichte, hatte ich das Gefühl, das Wissen der ganzen Welt, des ganzen Universums, würde mir für Bruchteile von Sekunden zufallen. Ich wußte und verstand plötzlich einfach alles und hatte keine Fragen mehr. Es war ein Gefühl von vollkommener Glückseligkeit.

„Es war, als ob mit einem Schlag – über alles, was seit dem Urbeginn jemals geschehen ist und was immer und ewig weitergehen würde – es war, als ob ich für eine Sekunde sämtliche Geheimnisse aller Zeiten verstanden hätte, alle Rätsel des Universums, die Sterne, den Mond, einfach alles“ (*Moody*, 1978). Diesen Aussagen kann ich mich nur anschließen. Alle Informationen, die für dieses Wissen notwendig waren, flogen mir einfach so zu. Es war, als hätte ich einen Einblick in eine universale Bibliothek, und als könne ich alles darüber gespeicherte Wissen auf einmal in mich aufnehmen. Das war ein berauschendes Gefühl. Um so schrecklicher war es, daß ich später den Eindruck hatte, fast nichts davon mitnehmen zu können in mein irdisches Leben, und daß der größte Teil des Wissen wieder hinter einem Schleier verschwand.

„Die Umkehr“

Moody berichtet: „Im Hinblick auf die Frage, wie die Rückkehr ins physische Leben vor sich ging und aus welchem Grund es dazu kam, bieten die von mir gesammelten Zeugnisse ein außerordentlich uneinheitliches Bild. Die meisten Beteiligten sagen darüber nichts weiter aus, als daß sie nicht wüßten, wie und warum sie zurückgekehrt seien, daß sie allenfalls Vermutungen anstellen könnten“ (*Moody*, 1977). Als ich nach oben, dem LICHT entgegen schwebte, warf ich einen kurzen Blick hinunter zum Autowrack. In diesem Moment wurde mein Bewußtsein mit einem gewaltigen Ruck zurück in meinen Körper gezogen.

Moody dazu: „Nur sehr wenige erleben den eigentlichen Wiedereintritt in ihren Körper bewußt mit“ (*Moody*, 1977). Bei mir war das deutlich anders. Ich war bewußt dabei, als ich mich wieder zurück in den Körper gezogen fühlte. Heute erkläre ich mir das so, daß ich deshalb zurückgezogen wurde, weil mir klar geworden war, daß ich meine Aufgaben auf der Erde noch nicht erfüllt hatte, obwohl ich natürlich viel lieber geblieben wäre, wo ich war, weil ich mich im „Jenseits“ einfach viel wohler fühlte.

„Übernatürliche Rettung"

Der Anlaß meiner Rettung war für mich – und das mag lächerlich bzw. „verrückt" klingen –, daß die Hupe sich im Auto verklemmt hatte und ihr ohrenbetäubender Lärm mich so sehr störte, daß ich nichts anderes mehr im Sinn hatte, als diese Hupe abzustellen. Bei Moody wird die übernatürliche Rettung so erklärt, daß eine Stimme, das Lichtwesen oder ein Helfer erklärten, man habe noch einmal zurückzugehen, um seine Aufgaben auf der Erde zu erfüllen. Diesem Befehl bzw. diesem dringenden Rat werde dann Folge geleistet, obwohl die meisten lieber in der anderen Welt geblieben wären.

Die Folgen des Unfalls

„Mitteilungsversuche"

Wie man sich sicher leicht vorstellen kann, hatte ich große Schwierigkeiten damit, von meinem Erlebnis zu berichten. Zum einen war es für mich, wie bereits anfangs erwähnt, fast unmöglich, das Ereignis in Worte zu fassen und zu beschreiben. Zudem hatte ich noch nie von ähnlichen Ereignissen oder Erfahrungen gehört. Des weiteren kam hinzu, daß mich Erzählungsversuche in eine derartige innere Erregung versetzten, daß ich anfing zu zittern und Schweißausbrüche bekam. Nach meiner Erinnerung unternahm ich mehrfach den Versuch, meinen Eltern diese Erfahrung mitzuteilen. Die Reaktionen darauf waren aber so abweisend und lösten offensichtlich bei den Eltern Ängste aus. Sie hielten meine Erzählungsversuche möglicherweise für Halluzinationen. So hatte ich den Eindruck, daß, wenn ich noch mehr davon erzählt hätte, sie mich in die Psychiatrie bzw. ins „Irrenhaus" gesteckt hätten.

Ich sah keine Möglichkeit, einen verständigen Menschen zu finden, den ich um Rat fragen konnte – Lehrerin und Pastor kamen für mich ebenfalls aus vorn beschriebenen Gründen nicht in Frage. So traute ich mich auch nicht, mit einem Arzt darüber zu sprechen, da ich das Mißtrauen, das ich ihnen gegenüber entwickelt hatte, auch auf andere Personen übertrug. Versuche, das Erlebnis meinen drei Freunden mitzuteilen, habe ich schnell wieder eingestellt. Sicher weiß ich, daß ich mehrfach versucht habe, mit meiner Freundin Theresa über diese Nahtod-Erfahrung zu reden. Aber auch bei ihr merkte ich schnell, daß ich auf

Grenzen ihres Interesses bzw. auf Ablehnung traf. Also begann ich, das Ereignis für mich zu behalten und mehr und mehr zu verdrängen. Es hatte jedoch eine solche Intensität gehabt, daß mir eine vollständige Verdrängung nicht gelang und die Erinnerung daran in meinem Leben immer wiederkehrte.

Moody schreibt dazu: „In der Tat habe ich von vielen erfahren, sie hätten von vornherein damit gerechnet, für geistig labil gehalten zu werden, falls sie sich offen über ihr Sterbeerlebnis äußerten", oder „sie schauten einen an, als ob man übergeschnappt wäre", „dir ist wohl gleich noch der Verstand abhanden gekommen, als dir das Herz stehen blieb", und „als sie jedoch nur auf Ablehnung stießen, verlegten sie sich aufs Schweigen" (*Moody*, 1977). Für mich kam noch die Befürchtung hinzu, daß andere glauben könnten, ich würde mich für etwas Besonderes halten, und sie würden mich dafür als „Spinner" abwerten.

„Für die Scheu der Menschen, anderen das Erlebte mitzuteilen, gibt es noch einen anderen Grund. Sie empfinden ihr Erlebnis als so schwer in Worte zu kleiden, also weit jenseits der menschlichen Sprache, der menschlichen Wahrnehmungs- und Daseinsform liegend, daß jeder Versuch, darüber zu sprechen, von vornherein zum Scheitern verurteilt ist" (*Moody*, 1977). „Dieses Erlebnis war etwas ganz anderes als eine Halluzination, etwas vollkommen anderes. Solche Feststellungen stammen von Menschen, die sehr wohl fähig sind, Traum und Einbildung von der Wirklichkeit zu unterscheiden" (*Moody*, 1977).

Dieses letzte Zitat von Moody scheint mir besonders wichtig, weil man, wenn man meine eigene Geschichte betrachtet, durchaus hätte unsicher sein können, ob ich nicht auf Grund meiner psychischen Belastung, die ich anfangs dargestellt habe, in Träumereien, Phantastereien und Halluzinationen gefallen sei. Es kamen mir dann auch immer wieder Zweifel, ob mein Erlebnis „normal" gewesen sei oder sich damit bereits erste Anzeichen von Verrücktheit und Wahnsinn äußerten. Auf der anderen Seite war mein Erlebnis aber von so großer Klarheit gewesen, daß ich für mich nichts Verrücktes daran erkennen konnte, sondern eher den Eindruck gewann, die Welt bzw. das Umfeld, die Menschen, die das nicht erkannten, wären verrückt. Doch das, was ich im Nahtod-Erlebnis erfahren hatte, ist völlig normal. Diese Einstellung trug sicher dazu bei, daß ich immer introvertierter und im Umgang mit Menschen immer zynischer und oft auch arrogant wurde.

„Folgen im Leben"

Die Nahtod-Erfahrung hatte für mich, wie man vielleicht nachvollziehen kann, einschneidende Folgen für mein weiteres Leben auf diesem Planeten. Als erstes war da die Erkenntnis, die ich mit hinüber in den Alltag gerettet hatte:

- mein ganzes persönliches Umfeld, insbesondere meine Eltern, waren psychisch so schwer belastet und hatten so negativ auf mich eingewirkt, daß ich, wenn ich die Chance haben wollte zu gesunden, so schnell wie möglich das Elternhaus verlassen mußte,
- daß ich zweitens so bald wie möglich Hilfe von außen brauchte, um wieder vollständig gesund zu werden. Mir war klar, daß ich eine Therapie machen mußte, obwohl ich nichts darüber wußte, denn ein Arzt konnte das, was mir fehlte, sicherlich nicht heilen.

In meiner persönlichen Entwicklung – und das war mein wesentliches Dilemma – war ich aber noch lange nicht so weit, dieses Vorhaben sofort in die Tat umzusetzen. Zudem hatten sich seitdem zentrale Lebensfragen in mein Bewußtsein eingebettet, die mich zutiefst bewegten und immer wieder aufrüttelten:

- Was ist der Sinn des Lebens?
- Warum lebe ich noch?
- Was ist der Sinn meines Lebens?
- Was ist meine Lebensaufgabe?

Alles, was mir in meiner „Vision des Wissens" vollkommen klar gewesen war, war nun auf einmal wieder verschwunden. Noch zu leben und wieder auf der Erde zu sein empfand ich nach dieser Erfahrung eher als „Strafe Gottes". Das Erdenleben kam mir vor, als sei ich direkt in der „Hölle" oder zumindest in einem unerträglichen „Fegefeuer" gelandet. Ich hatte also von der „Vision des Wissens" bzw. von der Erleuchtungserfahrung scheinbar zunächst nicht viel mit in den Alltag hinüberretten können. Auf der anderen Seite war diese Fragestellung immer wieder der Antrieb für mich, mich mit mir selbst auseinanderzusetzen und Schritte und Wege zu finden, diese Frage, dieses Rätsel, dieses Koan zu lösen.

Wenn man Moodys Kapitel über „Folgen im Leben" liest, wird deutlich, daß er in seiner Untersuchung wohl keinen Menschen dabei hatte, der sich in einer so schlechten psychischen Verfassung befand wie ich. Das heißt, auf mir lastete eine große Bürde, und ich empfinde mich im nachhinein als „dicken Brocken", der viel aufzuarbeiten hatte.

Und so kann ich die eher positive Stimmung der Menschen nach der Nahtod-Erfahrung leider für mich nicht bestätigen Ich empfand große Traurigkeit und Niedergeschlagenheit, die ich zwar zu verdrängen versuchte, aber ich hatte Mühe, den Alltag angemessen zu bewältigen.

Es gab für mich in vielerlei Hinsicht zu tun: Das Elternhaus verlassen. Das schaffte ich nur, indem ich zur selben Zeit heiratete. Mein Wissen erweitern. Ich begann, mich auf ein Studium vorzubereiten. An meiner Persönlichkeit arbeiten. Dies in Angriff zu nehmen gelang mir erst nach dem Scheitern meiner Ehe. Mein Dilemma war, daß ich über mich und die Welt bereits vieles wußte, aber nur dann, wenn ich Kontakt zur Nahtod-Erfahrung hatte, das heißt sie nicht verdrängte und mir bewußt machte, was ich durch sie erfahren hatte, was immer wieder vorkam. Das führte oft zu für andere ungewöhnliche Betrachtungsweisen, die nicht jeder nachvollziehen konnte. Zum Beispiel war mir klar, daß wenn Menschen eine Seele haben, wie ich es erfahren hatte, dann mußten auch Tiere, Pflanzen, sogar Steine und die ganze Erde eine Seele haben. Über solche Denkweisen hatte ich nie etwas gelesen. Das war mir intuitiv vollkommen klar. Auf der anderen Seite war ich in meinen psychischen Verstrickungen und Knoten gefangen und hatte große Mühe damit, Ansätze zu finden, diese aufzulösen und zu entwirren.

„Neue Sicht des Todes"

Nach meinem Erleben hat sich auch meine Sicht von Sterben und Tod stark verändert. Ich hatte erfahren, daß TOT SEIN keine schreckliche Sache ist, sondern im Gegenteil eine große Erleichterung bzw. Erlösung von den Verhaftungen des irdischen Daseins. Und so wurde ich in mancher Hinsicht mutiger im Leben, als ich es vor dem Unfall sein konnte. Diese Angst vor dem Tod schwand aber nur dann, wenn ich den bewußten Kontakt zu meinem Nahtod-Erlebnis hatte, und er ging mir, wie schon oben beschrieben, zeitweise immer wieder verloren, so daß ich dann Angst vor dem Tod hatte wie jeder andere „normale" Mensch auch.

Heute – nachdem es mir gelungen ist, das Nahtod-Erlebnis schon sehr viel besser in mein Leben zu integrieren (für die vollständige Integration braucht man sicherlich das ganze Leben, soweit sie überhaupt möglich ist), ist die Angst vor dem TOT SEIN vollständig verschwunden. Das heißt natürlich nicht, daß der Gedanke an das Sterben, insbesondere wenn es mit Leid und Schmerzen verbunden ist, nicht sehr beängstigend sein kann. Da jedoch die Medizin entsprechende Schmerzmittel hat, gibt es keinen Grund mehr, sich länger Sorgen über das Sterben zu machen. Ich kann Stefan Jankovich und seinem Buchtitel zum Thema Nahtod-Erfahrung nur beipflichten: „Ich war klinisch tot. Der Tod – Mein schönstes Erlebnis."

Nachfolgend noch einige Zitate aus Moodys Bericht, in denen Personen das ausdrücken, was auch ich zum Thema Tod empfinde: Sie schildern den Tod „als Übergang von einem Zustand in einen anderen oder als das Aufsteigen auf eine höhere Ebene des Bewußtseins oder des Seins." „Wenn man einmal den Tod erlebt hat, wie ich es getan habe, dann weiß man im Innersten: es gibt gar keinen Tod." „Das Leben ist wie eine Gefangenschaft. In diesem Zustand gefangen, können wir einfach nicht begreifen, was für ein Gefängnis unser Körper ist. Der Tod ist eine große Befreiung – gleichsam ein Ausbruch aus dem Kerker. Das ist der beste Vergleich, der mir einfällt." „Beerdigungen sind mir nicht mehr zuwider. Ich fühle dabei so etwas wie Freude, weil ich weiß, was der Tote hinter sich gelassen hat." „Sie haben alle das Gefühl, daß sie eine Aufgabe zu erfüllen haben, solange sie am Leben sind". „Ich muß mich noch erheblich verändern, bevor ich hier weggehe." „Sie tragen in sich eine Vision, die nicht von einseitiger Verurteilung spricht, sondern von gemeinsam vorangetriebener Entwicklung auf das Endziel Selbstverwirklichung hin." Und weiter: „Sie erlebten zu ihrem tiefen Erstaunen, daß, selbst wenn ihre ganz eindeutig schlimmen und sündigen Taten offenbar wurden vor dem Lichtwesen, diese Wesen nicht voll Zorn und Groll reagierten, sondern nur immer mit Verständnis und sogar mit Humor" (*Moody*,1977).

Und so hatte sich mit dem Nahtod-Erlebnis auch meine Vorstellung von Gott tiefgreifend verändert. Mir wurde klar, daß Gott viel großzügiger, gütiger, verständnisvoller und auch humorvoller ist, als ich mir es bis zu meinem Nahtod-Erlebnis vorstellen konnte, und das kleinliche Gottesbild, das mir von Kirche, Elternhaus und Schule in der Kindheit vermittelt wurde, nichts mit dem zu tun hatte, was GOTT WIRKLICH IST.

Moodys Elemente einer Nahtod-Erfahrung

Von den 19 Elementen einer Nahtod-Erfahrung, die Moody nennt, können 14 von mir bestätigt werden. Die 14 Elemente erscheinen hier als Überschriften der Absätze in den Kapiteln: „Das innere Erleben des Unfalls" und „Die Folgen des Unfalls". Von 15 Elementen, die Moody für das eigentliche innere Erleben nennt, kann ich, wie ich oben dargestellt habe, aus meiner eigenen Erfahrung 11 Elemente bestätigen. Die drei Elemente: „Das Geräusch“, „Die Grenze oder Schranke“ und „Ein Reich der verwirrten Geister“, die in meinem Bericht nicht erscheinen, würde ich nicht als gesonderte Elemente betrachten bzw. in andere Elemente einordnen. „Das Geräusch“ habe ich beschrieben unter der „Vision des Wissens“ als die Wahrnehmung von Musik. Möglicherweise ist dieses Geräusch bereits vor dem Lebensfilm wahrzunehmen gewesen, wie Moody es in seinem Bericht schreibt. Ich habe eher die Erinnerung, daß diese Wahrnehmung in die Vision des Wissens gehört. Die „Grenze oder Schranke“, wie Moody sie beschreibt, habe ich bei meinem Erleben nicht wahrgenommen. Er beschreibt sie als „Scheidelinie“, „grauer Nebel“, „Tür“, „durch ein Feld laufenden Zaun“, „Gewässer“ oder „Linie“, die zur Umkehr zwingen.

Für mich war der Grund zur Umkehr die Hupe, im gewissen Sinne war sie also auch eine Schranke, und die Wirkung der Hupe habe ich unter „Übernatürliche Rettung“ beschrieben. Das „Reich der verwirrten Geister“ habe ich nicht erfahren. Ich erkläre mir das heute so, daß es mir gereicht hat, meine eigene irdische „Verwirrtheit“ und die „Verwirrtheit“ meines Lebensumfeldes vor Augen geführt zu bekommen, so daß es nicht mehr notwendig war, mir andere „verwirrte Geister“ anzuschauen.

Von 4 Elementen nach der Erfahrung können 3 von mir bestätigt werden. Die vier Elemente sind „Mitteilungsversuche“, „Folgen im Leben“, „Neue Sicht des Todes“ und die „Bestätigung“. Die ersten drei Elemente habe ich ebenfalls erlebt.

Das letzte Element „Bestätigung“ habe ich nicht erfahren. In ihm wird darüber berichtet, daß Menschen mit Nahtod-Erfahrungen sozusagen „beweisen“ konnten, daß sie sich außerhalb ihres Körpers befanden, weil sie Wahrnehmungen hatten, die sie nur aus der Sicht eines nicht physischen Körpers, der weit über dem realen Körper schwebt, gemacht haben konnten.

Moody schreibt in seiner Untersuchung, daß Menschen mit Nahtod-Erfahrung durchschnittlich etwa 8 der 19 der von ihm angeführten Elemente bestätigen können. Bei mir treffen 14 Elemente zu, was aber nach meiner Einschätzung nichts über die Erlebnisqualität bzw. die Erlebnistiefe einer solchen Erfahrung aussagt. Die Erlebnistiefe hängt damit zusammen, wie intensiv der Kontakt mit „Lichtwesen“ war.

Der Zusammenhang zwischen innerer und äußerer Erfahrung

Die äußere Situation war für mich extrem belastend. Aus der spirituellen Literatur ist mir bekannt, daß in außergewöhnlichen Lebens- und Belastungssituationen (Lebensgefahr, drohender Tod z. B. im Krieg, Reizentzug durch längeren Aufenthalt in der Wüste, vollkommene Isolation über einem längeren Zeitraum, bei extremen physischen oder psychischen Schmerzen, wie beispielsweise bei einer Folterung, bei einem Unfall oder bei mönchischen Selbstfolterungen im Mittelalter, ebenso bei längerem Schlafentzug oder längeren Fastenzeiten) das Bewußtsein sozusagen in eine andere Richtung kippen bzw. in eine neue Dimension treten kann. So gesehen können die äußeren Umstände den Impuls für die innere Erfahrung setzen. Diese innere Erfahrung kann dann so überwältigend sein, daß es zu einer vollständigen Verwandlung des Menschen in körperlich-geistig-seelischer Hinsicht kommt und somit ein neuer Mensch, der tief von der Dimension des SEINS bestimmt ist, geboren wird.

Solche Erfahrungen können aber nicht nur in extremen Belastungssituationen auftreten, sondern auch in besonders glücklichen oder berauschenden Lebenssituationen und in abgeschwächter Form auch in alltäglichen Lebenssituationen, die uns mit besonderer Intensität anrühren und „gefangennehmen".

Ich denke, daß diese Extremsituation nicht nur bei mir auftrat, sondern bei allen Nahtod-Erlebnissen in irgendeiner Form eine wichtige Rolle spielt. Dieser Zusammenhang zwischen Lebenssituation und Nahtod-Erfahrung, zwischen äußerem und innerem Erleben wird in Moodys Untersuchung nicht ausdrücklich untersucht und dargestellt. Außerordentliche Lebenssituationen können, nach meiner persönlichen Erfahrung, einen Geburtsimpuls, also so etwas wie eine geistige Neugeburt, auslösen.

Wo und wie werden Erinnerungen gespeichert

Die traditionelle, am mechanistischen Newtonschen Weltbild ausgerichtete Wissenschaft geht davon aus, daß Erinnerungen im Gehirn gespeichert werden. Die Vorstellung ist, daß vom Gedächtnis die Fakten direkt im Gehirn wie auf einer Festplatte im Computer gespeichert werden. Diese

Hypothese konnte, wie Rupert Sheldrake schlüssig darlegt, bisher nicht bewiesen werden.

Eine andere Hypothese, die bisher ebenfalls nicht bewiesen werden konnte, scheint mir schlüssiger zu sein, die Hypothese der morphogenetischen Felder nach Rupert Sheldrake. Sie besagt folgendes: Morphogenetische Felder sind analog den elektrischen Kraftfeldern Informations- oder Energiefelder mit formbildender Kraft. Sie sind z. B. beim Menschen dafür zuständig, daß die Organe, ausgehend vom Embryo, so wachsen, wie sie wachsen. In diesen formbildenden Feldern werden die Informationen gespeichert und nicht ausschließlich in den Genen. Bei den Feldern, die einen heranwachsenden Menschen, ein Tier oder eine Pflanze formen, „geht es darum, daß sie von den Formen der früheren Organismen derselben Spezies abgeleitet sind. Der Embryo ‚schwingt' sich sozusagen auf die Formen der früheren Organismen derselben Spezies ein.... Der Prozeß, durch den dies geschieht, heißt ‚morphische Resonanz'. In ähnlicher Weise leiten die Felder, die die Aktivitäten des Nervensystems eines Tieres formen, sich von früheren Tieren derselben Gattung her. In ihrem instinktiven Verhalten zapfen Tiere eine Art ‚Gedächtnisbank' oder einen ‚Gedächtnispool' ihrer Spezies an" (*Sheldrake*, in: Michael Schaeffer u. Anita Bachmann, 1988).

Diese Denkweise kann man auch auf den Menschen übertragen. Aus der Sicht meiner Nahtod-Erfahrung kann ich diese Hypothese bestätigen, denn dort habe ich Zugang zu Informationen bekommen, die nicht aus meinem persönlichen Gedächtnis stammen können, da ich mich bis zu diesem Zeitpunkt nicht mit meiner persönlichen, überpersönlichen oder unbewußten Psyche beschäftigt hatte. Mein persönlicher Erfahrungsschluß ist also: Es muß so etwas wie ein überpersönliches Gedächtnis oder eine „kosmische Datenbank" geben, die wir mit unserem persönlichen Bewußtsein „anzapfen" können.

Ich bin davon überzeugt, daß sowohl die eine wie die andere Denkweise über das Gedächtnis mit der Wirklichkeit übereinstimmt. Je nachdem um welche Informationen es sich handelt, können sie im physischen Gehirn gespeichert werden bzw. auf einer „überpersönlichen Datenbank".

Wenn wir also davon ausgehen, daß diese Theorie über das Gedächtnis richtig ist, dann wird deutlich, daß es nicht mehr wichtig ist, ob die Informationen, die ich mich über mein Nahtod-Erlebnis erinnere, aus meinem persönlichen Gedächtnis stammen, abgespeichert in meinem Gehirn, oder ob sie aus einer „kosmischen Datenbank" stammen, zu der ich beim Erleben der Nahtod-Erfahrung, möglicherweise durch „morphische Resonanz", Zugang zu anderen Informationsfeldern hatte.

„Nun ist der wahre Schatz, der unser Elend und unsere Prüfungen zu einem Ende bringen kann, nie weit weg. Man muß ihn nicht in fernen Gegenden suchen. Er liegt in der inneren Nische unseres eigenen Herzens begraben, das heißt in unserem eigenen Wesen.... Aber es gibt die merkwürdige und beständige Tatsache, daß die Bedeutung der inneren Stimme, die unsere Suche leiten soll, uns erst nach einer vertrauensvollen Reise in entlegene Gebiete, ein fernes Land oder ein fremdes Gebiet enthüllt werden kann.“

Heinrich Zimmer

2. Teil
Die Reise durch das Tal der Schatten

Nach meiner Nahtod-Erfahrung mußte ich durch viele Höhen und Tiefen gehen, bevor ich Anschluß an einen spirituellen Übungsweg fand, der es mir schrittweise ermöglichte, meine Erfahrung des geistigen Sterbens zu integrieren und geistig und spirituell zu erwachen bzw. neu geboren zu werden. Etwa 13 Lebensjahre waren für mich notwendig, um auf einen Weg zu stoßen, der mich durch regelmäßiges Üben mir selbst näher brachte.

Veränderungen und Neuanfang

Nach Abschluß der zweijährigen kaufmännischen Handelsschule begann ich eine zweieinhalbjährige Lehre zum Großhandelskaufmann. Den Abschluß der Handelsschule hatte ich nur mit sehr viel Mühe geschafft. Wegen meiner Legasthenie (Lese- und Rechtschreibschwäche) hatte ich im Deutsch- und Englischunterricht schlechte Noten und war auch in anderen Fächern oft sehr langsam. Ich machte zwar oft alles richtig, konnte aber z. B. bei Klassenarbeiten in der vorgegebenen Zeit nicht alle Aufgaben lösen. So wurde ich nur mit sehr viel Wohlwollen meiner Lehrer versetzt.

Die Ausbildung bei der Edeka zum Großhandelskaufmann fiel mir dagegen sehr leicht, da ich den gesamten Stoff in der Handelsschule schon absolviert hatte. Ich bekam durch diese Wiederholung mein erstes großes Erfolgserlebnis im Leben und damit einen Motivationsschub weiterzumachen. Ich erhielt einen Kaufmannsgehilfenbrief mit der Note „gut“ und war stolz auf meine Leistung. Während der gesamten Hauptschul- und Handelsschulzeit hatte ich mir nur Frustrationen eingehandelt. Nur beim Malen und Zeichnen hatte ich oft die Note „gut“ oder „sehr gut“, aber dieses Fach wurde in der persönlichen Bewertung nicht hoch eingestuft.

Nach erfolgreichem Abschluß der Lehre trat ich in die Firma meines Vaters ein und absolvierte bei ihm eine zweite Lehre als Facharbeiter in der Fruchtsaftindustrie.

In diese Zeit der Lehre bei meinem Vater fiel auch mein Nahtod-Erlebnis. Danach begann ich mich stark zu verändern, was sich insbesondere im Verhalten meinen Eltern gegenüber zeigte. Ich wußte ja, daß ich das Elternhaus dringend verlassen mußte. Ich begann meine drei Dorffreunde immer mehr zu vernachlässigen und besuchte lieber mit meinem alten VW-Käfer meine Freundin Theresa. Es machte mir Freude, mit der intelligenten und lebendigen Gymnasiastin zu diskutieren und mit ihr tanzen zu gehen.

Das kleine Dorf, in dem ich lebte, hatte nicht viel an Abwechslung und Freizeitgestaltung zu bieten. So arbeitete ich abends oft an meinen Berichtsheften für die Facharbeiterprüfung. Mein Eifer war so groß, daß ich die Berichtshefte für die zweijährige Lehrzeit bereits nach einem Jahr fertiggestellt hatte. Danach verbrachte ich einen großen Teil meiner Freizeit damit, einen Fernlehrgang zum Werbekaufmann durchzuarbeiten. Die Ausbildung reizte mich sehr, da sie Lehrhefte über Grafik, Kunst, Allgemeine Menschenkunde und Werbepsychologie enthielt, die ich mit großem Interesse studierte.

Die Abschlußprüfung zum Facharbeiter in der Fruchtsaftindustrie fiel fast mit meinem 21. Geburtstag, meiner Volljährigkeit, zusammen. Am Tag vor der schriftlichen Prüfung hatte ich einen großen Teil der Berufschulklasse in Limburg an der Lahn zur Geburtstagsfeier in eine Gaststätte eingeladen. Ich war sehr betrunken, als ich die Gaststätte verließ. Mein erster starker Rausch, und das am Abend vor einer wichtigen Prüfung! Übelkeit und Kopfschmerzen noch am Morgen vor der Prüfung führten zu großer Angst, in diesem Zustand das Examen nicht zu bestehen. Viel kaltes Wasser half, mich wieder frisch zu machen, und zu meiner eigenen großen Überraschung bestand ich das Examen mit der Note „gut".

Bei einem Praktikum während meiner Ausbildung hatte ich einen sympathischen jungen Getränkeingenieur kennengelernt. Er brachte mich auf den Gedanken, Getränketechnologie zu studieren, denn damit konnte ich meine Absicht realisieren, das Elternhaus zu verlassen. Auf Grund dieses Wunsches kam es dann zu häufigen Auseinandersetzungen mit meinem Vater, insbesondere über die Arbeit in der Fruchtsaftkelterei, wo ich vieles zu bemängeln hatte und verbessern wollte. Meine Vorstellung, mich auf ein Studium an der Ingenieurschule in Geisenheim vorzubereiten, wurde von meiner Freundin Theresa unterstützt, so daß ich mich entschloß, die Mittlere Reife nachzuholen. Dafür mußte ich die naturwissenschaftlichen Fächer, wie Mathematik, Physik, Chemie und Biologie, an der Volkshochschule bzw. in Privatunterricht nachholen.

Nachdem ich die entsprechenden Bescheinigungen vorweisen konnte, die ich mir recht mühsam erkämpft hatte, bewarb ich mich bei der Ingenieurschule. Ich bekam aber zu meinem Entsetzen eine Absage, da aus den Ingenieurschulen unter der Bildungsreform inzwischen Fachhochschulen geworden waren. Fachhochschulen hatten aber als Eingangsvoraussetzung das Abitur oder das Fachabitur. Ich legte Widerspruch gegen die Absage ein. Eine Sonderkommission entschied während der Übergangsphase von der Ingenieurschule zur Fachhochschule über Härtefälle. Ihnen wurde zusätzlich zu den 32 Pflichtstunden im Grundstudium, 8 Sonderstunden „aufgebrummt". Ich war glücklich über meine Zulassung, da ich damals nicht abschätzen konnte, was das für mich bedeuten würde.

Theresa bestand inzwischen ihr Abitur mit der Note 1,7. Da sie in fast allen Fächern gleich gut war, wußte sie nicht, was sie studieren sollte, und so versuchte ich sie dazu zu überreden, Betriebswirtschaft zu studieren. Ich stellte mir vor, später die elterliche Firma weiterzuführen. Zusammen wären wir dann sowohl für die technische als auch für die kaufmännische Seite einer Firma ausgebildet gewesen. Theresa aber wollte Lehrerin werden und interessierte sich für Literatur. Auf Grund meines Einflusses entschloß sie sich dann doch, Ökonomie und Deutsch zu studieren. Erst sehr viel später begriff ich, daß dies ein „Eigentor" war. Diesen Überredungsakt hat sie mir dann später oft vorgehalten, denn es stellte sich heraus, daß ihr der Abschluß in Ökonomie nicht leicht fiel.

Theresa hatte, ebenso wie ich, ihre handfesten Neurosen. Beide hatten wir Mühe, uns vom Elternhaus abzunabeln. Mit unserem Studienwunsch aber hatten wir ein gemeinsames Ziel, das uns zusammenschweißte. Wir beschlossen, nach Süddeutschland zu ziehen. Theresa konnte dort Ökonomie studieren, und ich konnte in der benachbarten Region am Rhein, die mit dem Auto leicht erreichbar war, Getränketechnologie studieren.

Wir wollten ohne „Trauschein" zusammenziehen, wie es damals Anfang der 70er unter vielen jungen Leuten üblich war. Als wir dies unseren konservativen Eltern mitteilten, sprachen sie uns daraufhin sofort jede finanzielle Studienunterstüzung ab. Wir mußten also heiraten, wenn wir von unseren Eltern unterstützt werden wollten. Da wir es, wenn es nun schon sein mußte, gründlich machen wollten, besuchten wir ein Ehevorbereitungsseminar. Es wurde von einem katholischen Priester gehalten, der in so abgehobenen Tönen von den Idealen einer Ehe referierte, daß die meisten Teilnehmer eher belustigt wirkten. Also besuchten wir noch ein zweites in der Katholischen Bildungsakademie Sögel. Dies wurde von einem verheirateten Paar gehalten, er war Arzt und sie Lehrerin, und von einem jungen Kaplan begleitet. Die Atmosphäre war offen und diskussionsfreudig, so daß wir danach „wild" entschlossen waren, uns in die Ehe zu stürzen.

Ein junger Pfarrer aus der Nachbargemeinde sollte uns trauen. Leider verärgerten wir damit sogleich unseren Dorfpfarrer. Wir gingen in unserem jugendlichem Eifer so weit, große Teile der Messe inhaltlich selbst zu gestalten und stellten alles, was üblich war, auf den Kopf, wie es in sogenannten Jugendmessen damals modern war.

Der Anzug des Bräutigams war nicht schwarz, sondern weiß. Das Kleid der Braut nicht weiß, sondern rosa und selbstgestrickt. Die Eheringe nicht aus Gold, sondern silbern. Die Lieder wurden nicht von der Orgel, sondern mit der Gitarre begleitet, die Fürbitten nicht aus dem Gebetbuch vorgelesen, sondern von Freunden und Verwandten selbst getextet und vorgetra-

Selbstportrait

Jugendliebe

gen. Die Eheringe wurden uns nicht vom Pfarrer an die Finger gesteckt, sondern wir übernahmen die Aufgabe selbst. Ich weiß noch wie heute, was ich dachte, als der Pfarrer uns seinen Segen gab. Bei dem Satz „bis daß der Tod Euch scheidet“, waren meine Gedanken: „Oh lieber Gott, wenn dies alles einmal in die Hose geht, sei mir nicht böse und verzeih mir“. Auch wenn ich im nachhinein unsere Gottesdienstgestaltung eher mit einem Schmunzeln betrachte, so waren wir doch damals von der Richtigkeit unseres Handelns überzeugt und mit großem Ernst bei der Sache.

Der Abschied aus dem Elternhaus und der Umzug in den Süden fielen mir außerordentlich schwer. Ich mußte feststellen, daß ich doch sehr in meinem Umfeld verwurzelt war. Meine Tränen flossen reichlich. Mein Vater, der schon über sechzig war, hatte schon viele Aufgaben in der Firma an mich abgetreten. Er mußte nun vieles wieder selbst übernehmen. Ich hatte ein schlechtes Gewissen, ihn im Stich zu lassen, so daß ich ihm versprach, ohne daß er es von mir gefordert hätte, nach meinem Studium wieder zurückkommen und die Firma weiterzuführen. Dieses Versprechen sollte sich später als folgenschweres Verhängnis für unsere Ehe herausstellen.

Den ersten Schritt meiner Erkenntnis aus der Nahtod-Erfahrung hatte ich nun scheinbar umgesetzt. Ich hatte mich von meinen Eltern getrennt. Erst sehr viel später ging mir auf, daß die äußere Trennung zwar wichtig sein kann, daß es aber eigentlich um eine innere Trennung bzw. Loslösung von den Eltern und damit um ein Selbständigwerden bzw. ein Erwachsenwerden geht. Von dem zweiten Schritt, eine Therapie zu machen, war ich noch immer sehr weit entfernt.

Wer hat Angst vor Virginia Woolf oder intuitive Einsicht in Beziehungsmuster

Ich war mit Theresa gleich nach unserer Hochzeit zum Studium nach Süddeutschland gezogen. Den ersten Kinofilm, den wir uns gemeinsam ansahen, hieß: „Wer hat Angst vor Virginia Woolf“. Ich weiß noch wie heute, daß mich der Film tief in meinem Innern berührte und mir schlagartig klarmachte, daß ich dort den zukünftigen Ablauf meiner Ehe vor mir gesehen hatte. Ich war tief bestürzt und innerlich ganz aufgewühlt, weil mir klar war: genau dieselben Muster, die sich in der Beziehung zwischen den beiden Hauptdarstellern abspielten, würden sich auch in meiner Beziehung zu Theresa wiederfinden. Die Tränen standen mir im Gesicht, ich wollte Theresa meine Ahnungen mitteilen und mit ihr darüber reden. Sie wehrte sich aber mit aller Kraft dagegen, daß der Inhalt dieses Films irgend etwas mit uns zu tun haben könnte. Ich besaß nicht die Kraft und die sprachlichen Möglichkeiten, ihr zu vermitteln, was ich erkannt hatte. Ich konnte diese Einsicht leider nicht mit ihr teilen, fühlte mich ziemlich allein und gab schließlich den Versuch auf, ihr zu sagen, was ich auf uns zukommen sah.

Nach genau diesem Muster verlief dann in den kommenden sieben Jahren unsere Ehe. Ich versuchte immer wieder, Theresa davon zu überzeugen, daß es für uns richtig sei, gemeinsam eine Therapie zu machen, aber vollkommen ohne Erfolg. Für sie stand eindeutig fest, daß sie keine Therapie nötig hatte und daß ich das gegebenenfalls allein machen müßte. Da ich sie aber nicht verlieren wollte – denn irgendwie spürte ich wohl, daß dann für uns eine Trennung unausweichlich war –, unternahm ich allein keine Versuche, eine Therapie zu beginnen.

Kurz vor dem Ende unserer Beziehung, bekam ich von einer Freundin ein Buchgeschenk: Es war von den Psychologen Watzlawick, Baewin und Jackson und hatte den Titel: „Paradoxe Kommunikation". In diesem Buch werden schizoide Kommunikationsmodelle zwischen Paaren vorgestellt und als Beispiel dafür der Film „Wer hat Angst vor Virginia Woolf" analysiert. Ich las das Buch begierig in einem Rutsch, war ich mir doch darüber im klaren, daß ich hier die Analyse meiner Ehe nachlesen konnte. Noch einmal versuchte ich, meine Erkenntnisse Theresa zu vermitteln und sie für eine gemeinsame Therapie zu gewinnen, doch wiederum vergeblich. Das Lesen dieses Buches lehnte sie vollkommen ab. Ich hatte mit diesem Anliegen keine Chance bei ihr. Die Autoren nannten drei Möglichkeiten, das Beziehungsmuster einer solchen Haßliebe aufzulösen: Gegenseitiger Mord oder Mord eines Partners, Trennung oder gemeinsame Therapie. Gemeinsame Therapie war nicht möglich. Meine Angst war inzwischen oft sehr groß, daß Theresa mich oder ich sie im Affekt wirklich umbringen würde, denn ihr aggressives Verhalten mir gegenüber und ihre Wutanfälle flößten mir sehr viel Angst ein. Sie provozierte mich oft so sehr, daß ich befürchtete, mich nicht mehr unter Kontrolle halten zu können und sie möglicherweise tatsächlich in einem aggressiven Affekt umzubringen.

Studium, Partnerschaft und Familie

Im August 1972 hatten wir geheiratet und im Oktober begann unser Studium. Theresa studierte an einer Universität und ich in der Außenstelle der Fachhochschule der Nachbarstadt im Fachbereich Getränketechno-

Abhängigkeit

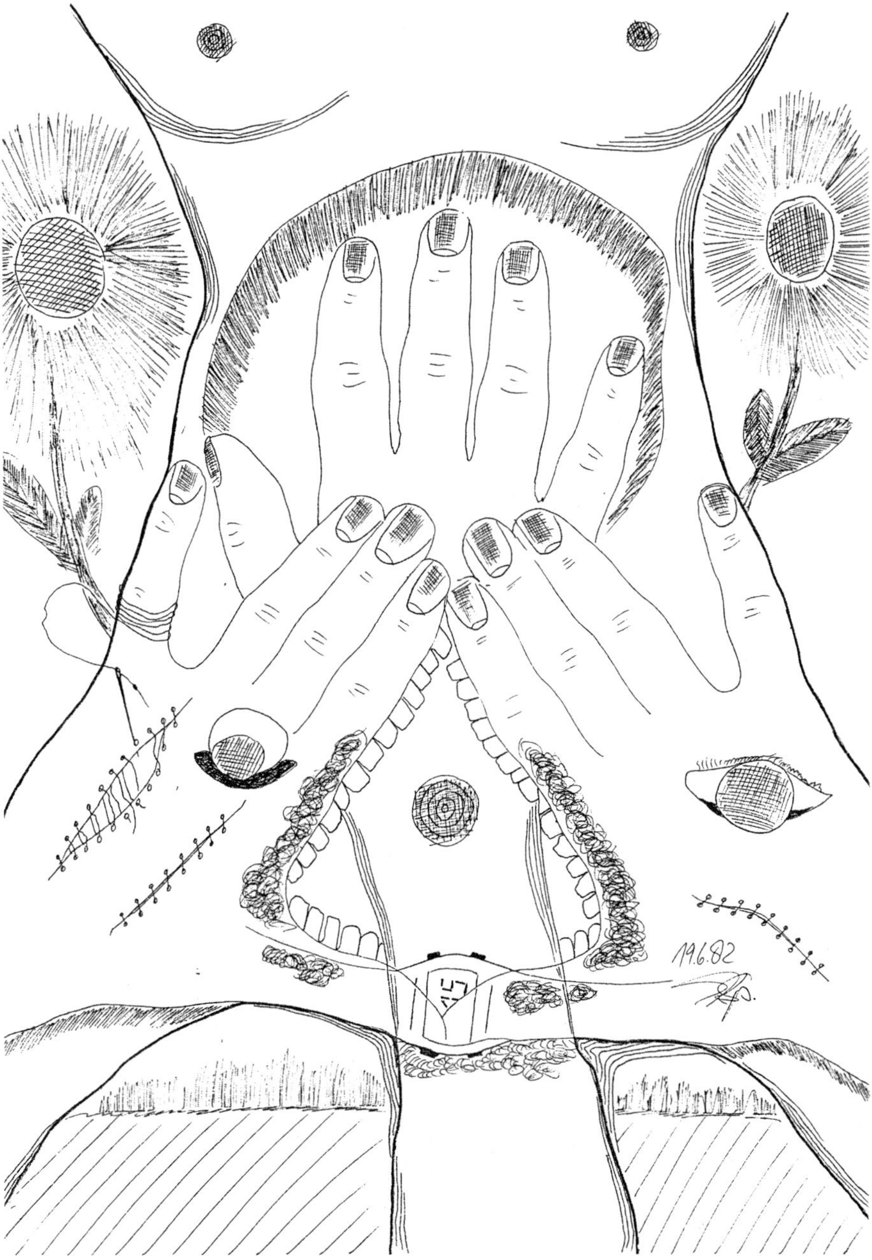

Angst vor verschlingender Wärme

logie. Der Abschied aus meinem Geburtsort und dem alten Umfeld und der Umzug in die Großstadt fielen mir außerordentlich schwer. Die Verbindung zu meinen Eltern, meinem Bruder, meinen Freunden waren doch enger als ich angenommen hatte. Es war mir zumute, als müßte ich sterben, und ich war innerlich sehr aufgewühlt. Aus der Ruhe und Beschaulichkeit des Dorfes kam ich mitten in die hektische Großstadt mit ihren vielen Reizen. In Kaufhäusern hatte ich das Gefühl, daß die Reizüberflutung mich völlig überforderte. Theresa konnte dagegen in Ruhe einkaufen. Ich jedoch hatte nichts anderes im Sinn, als diesen Ort so schnell wie möglich wieder zu verlassen. Große Selbstzweifel überfielen mich: Werde ich das gesteckte Studienziel erreichen können, oder habe ich mein Ziel zu hoch gesteckt, und wie werden wir es schaffen, unser Studium zu finanzieren?

Theresa bekam regelmäßige monatliche Unterstützung von ihren Eltern. Sie waren sehr stolz darauf, daß ihre Tochter nun studieren konnte. Da inzwischen auch ihre Mutter als Bürogehilfin arbeitete, taten sie alles, um ihre Tochter zu unterstützen.

Für meine Eltern war es keineswegs selbstverständlich, mein Studium zu finanzieren, zumal sie wegen meines Weggehens eher in einer bedrückten Stimmung waren und mich sicher gern als Mitarbeiter im Betrieb behalten hätten. Von meiner Tante bekam ich eine größere Summe geschenkt, zudem hatte ich einiges selbst angespart, so daß ich froh war, die Hilfe meiner Eltern zunächst nicht in Anspruch nehmen zu müssen. Von einem Teil des Geldes hatte ich mir einen neuen sportlichen Kleinwagen, einen Fiat 127, gekauft. Ich benötigte ein Fahrzeug, um täglich von unserem Wohnort etwa 50 km zur Fachhochschule fahren zu können. Den Rest des Geldes setzte ich dafür ein, mein Studium zu finanzieren. In den Semesterferien arbeitete ich oft in der Firma meines Vaters. Da mein Vater mich recht gut bezahlte, konnte ich mir einiges zur Finanzierung meines Studiums und auch für den ersten größeren Urlaub dazuverdienen.

Die tägliche Fahrt zur Fachhochschule durch den Rheingau, links der Rhein und rechts die wunderschönen Weinberge, genoß ich sehr. Diese Gegend hatte immer eine ganz besondere Ausstrahlung und Anziehungskraft auf mich. Die großen Containerschiffe, die auf dem Rhein fuhren, und deren Horn weit zu hören war, hatten etwas „Weltläufiges". Das war schon so, als wir zum ersten Mal die große Rheinbrücke überquerten und die ganze Stadt, in der wir nun lebten, vor uns liegen sahen. Der Rhein gab der Stadt eine ganz besondere Atmosphäre. Alle Straßen der Innenstadt waren am Rhein ausgerichtet. Blaue Schilder für Straßen, die parallel zum Fluß verliefen, rote, die quer zu ihm ausgerichtet waren.

Der Beginn des Studiums war für mich schwerer als erwartet. Geistige Arbeit in konzentrierter Form war ich nicht gewohnt. Die Schulzeit lag über 7 Jahre hinter mir. Theresa, die direkt vom Gymasium kam, fiel die Umstellung natürlich sehr viel leichter. Ich wurde oft bis an die Grenze meiner Leistungsfähigkeit gefordert, so daß ich in den Semesterferien nach den Klausuren oft für mehrere Wochen krank war.

Da es keine allgemeine Studienberatung gab, mußte ich mich selbst orientieren. Nicht allen Vorlesungen wurde das gleiche Gewicht beigemessen. So setzte ich anfangs meine Lernintensität falsch ein und lernte so für einfache Vorlesungen zu viel und für die schweren zu wenig, so daß mir am Abschluß des Semesters Scheine fehlten. Das führte zu einer Doppelbelastung, da ich in den fortgeschrittenen Semestern sowohl Scheine nachholen als auch neue Vorlesungen besuchen mußte, wenn ich nicht ein ganzes Jahr Studienzeit verlieren wollte. Die ersten vier Semester bereiteten mir dadurch sehr großen Streß. In den höheren Semestern gelang mir dann vieles besser als manchen Abiturienten, so daß mein Selbstbewußtsein ernorm wuchs.

Die Beziehung zu Theresa war von Anfang schwierig. Wir kannten uns ja nur aus Gesprächen und vom Tanzen; doch schon bei unseren Unterhaltungen hatte sich herausgestellt, daß wir oft ganz unterschiedliche Ansichten hatten. Wir wollten beide das Elternhaus verlassen, das hatte uns zusammengeschweißt. Keiner von uns wäre eigenständig dazu in der Lage gewesen. Wir hatten keinerlei Erfahrung in selbständiger Lebensführung. Da wir uns aber wegen unserer Unselbständigkeit eng aneinander klammerten, entstand schnell eine symbiotische Streitbeziehung. Beide kannten wir diese Beziehungsmuster von unseren Eltern; also übernahmen wir sie unreflektiert in unsere Beziehung. Bei meinen Eltern war mein Vater der Dominante, und bei Theresas Eltern war es umgekehrt. Ihre Mutter dominierte, ihr Vater ordnete sich unter. Dieses Spiel hatten wir schnell auf uns übertragen: Theresa die Dominante und Extrovertierte, ich der Zurückhaltende und Introvertierte.

Meine Beziehung zu Theresa war auch deshalb so schwierig, weil wir alles andere als ein befriedigendes Sexualleben hatten. Das Gegenteil war der Fall. Beide waren wir sehr prüde und puritanisch katholisch erzogen worden. Meine Unfähigkeit, über meine sexuellen Bedürfnisse zu sprechen und sie auszudrücken, führte dazu, daß Theresa mich als sehr ungestüm und erdrückend empfand. Dies trug natürlich ebenso zu unseren sexuellen Problemen bei wie Theresas strenge Sauberkeitserziehung. Sie wollte schon nach wenigen Monaten des Zusammenlebens nicht mehr mit mir schlafen. Das war das bedrückende Ergebnis nach einigen Monaten Ehe.

Ich erinnerte mich wieder an meine Erkenntnis, eine Therapie machen zu müssen, um emotional gesund zu werden, und versuchte, Theresa dafür zu gewinnen, gemeinsam eine Therapie zu beginnen, denn ich empfand das Thema Sexualität als ein gemeinsames Problem von uns. Theresa, als die Dominante von uns beiden, empfand ihre Einstellung aber als völlig normal und schob mir alle Schuld zu. Sie zeigte keinerlei Interesse an einer Paartherapie. Leider war ich zu unselbständig, um allein etwas zu unternehmen. So dachte ich schon nach einigen Monaten des Zusammenlebens über eine Trennung nach. Nachdem ich meine Gedanken ausgesprochen hatte, war Theresa bereit, sich auf ein Beratungsgespräch einzulassen. Danach nahm sie die Pille, aber auch das allein verbesserte natürlich nicht unser Sexualleben.

Unsere Auseinandersetzungen brachten Theresa nach etwa einem guten Jahr unseres Zusammenlebens bereits auf den Gedanken, ein Kind zu wollen. Damit hatte sie die Möglichkeit, mich fester an sich zu binden, denn sie schien trotz allen Streits genauso von mir abhängig zu sein wie ich von ihr. Mir wurde mit der Zeit immer bewußter, wie sehr ich mich von ihren Stimmungen beeinflussen ließ.

Als unsere Tochter Andrea geboren wurde, landete mein Namensvorschlag auf Platz drei der Namenshitliste. Theresa hatte sich wieder einmal durchgesetzt. Eigentlich war es ja auch nur folgerichtig, daß sie den Namen ausgesucht hatte, denn sie wollte ja eindeutig ein Kind. Natürlich war ich begeistert, als ich unsere Tochter zum ersten Mal sah, obwohl ich mich kaum dazu in der Lage fühlte, bereits Vater zu werden. Ihr erster Laut, den sie von sich gab, rührte mich tief an. Ganz stolz war ich auf ihre schwarzen Haare und ihre dunklen Augen, die sie offensichtlich von mir hatte. Leider behielt sie beides nicht lange. Die Haare fielen schnell aus und wurden später blond, die Farbe der Augen veränderte sich in blaugrau. Beides stammte eindeutig von ihrer Mutter.

Schwangerschaft und Geburt waren kompliziert verlaufen. Auch danach traten schwere Komplikationen auf. Gott sei dank wurde Andrea völlig ohne gesundheitliche Schäden geboren. Andrea war so die ersten Tage von ihrer Mutter getrennt, denn sie durfte aufgrund der Medikamente, die Theresa nehmen mußte, nicht gestillt werden.

Mein Gefühlsleben war ziemlich aufgewühlt zu dieser Zeit. Ich war bereits im fünften Semester, mußte mich auf mein Examen vorbereiten und schrieb an meiner Diplomarbeit. Ich hatte also reichlich Arbeit und Streß. Zudem hatte sich meine Beziehung zu Theresa nicht verbessert. Als sie schwanger wurde, war mir klar, daß ich nun fest an sie gebunden war. Das wollte sie sicherlich auch mit der Schwangerschaft bewußt oder unbewußt erreichen. Ich hätte mir damals nie vorstellen können, Mutter und Kind zu verlassen. Jetzt war ich Vater geworden und hatte die Verantwortung für unser Kind mitzutragen.

Bereits vor der Schwangerschaft hatten wir im Radio von einem Streßtest gehört. Ab 100 Punkten bestand akute Lebensgefahr. Nach dem Zusammenzählen meiner Punkte kam ich auf 250 und Theresa auf 200. Ich hätte also schon ca. 2,5 mal tot sein müssen und Theresa zweimal. Wir amüsierten uns köstlich über diesen Test, hielten wir ihn doch für den Beweis, wie schwachsinnig psychologische Tests sind. Beide kamen wir nicht auf die Idee, daß wir ständig an unseren Leistungsgrenzen entlangbalancierten und dringend etwas für uns hätten unternehmen müssen.

Durch Andreas Geburt wurde zunächst vieles überdeckt. Einerseits waren wir natürlich fasziniert von dem kleinen neuen Erdenbürger. Er berührte unsere Emotionalität und stärkte unser Selbstbewußtsein – schließlich waren wir nun Eltern geworden! Auf der andern Seite stellte er uns vor neue zusätzliche Herausforderungen, die unseren Streßpegel weiter ansteigen ließen.

Nach meinem Examen wollte Theresa, die nun mit unserer Tochter ganz ausgelastet war, wieder mehr Zeit für ihr Studium einsetzen. Also entschied ich mich, ein sechssemestriges betriebswirtschaftliches Fernstudium an der Betriebswirtschafts-Akademie in Wiesbaden aufzunehmen. So rutschte ich schnell in die Rolle des Hausmannes, da ich ja von zu Hause aus studieren wollte. Theresa nahm ihr Studium an der Universität wieder auf, und so kam es, daß ich die meiste Zeit tagsüber mit Andrea verbrachte und sehr wenig Zeit für mein Studium blieb.

Unsere Streit- und Zankbeziehung blühte wieder auf. Nun ging es nicht nur um das Thema Sexualität, Haushalt und Küche, sondern auch um die Aufteilung von Lern- und Arbeitszeiten und um die Kinderbetreuung. So sehr ich von der Gleichberechtigung der Geschlechter überzeugt war, so schwer fiel es mir aber dennoch, alle Arbeiten und Dienste genau zur Hälfte zu übernehmen, zumal mir vom Elternhaus ein ganz anderes Rollenverständis vorgelebt worden war.

Unsere Streitereien spitzten sich oft so zu, daß mir mit der Zeit immer klarer wurde, daß ich diesen Zustand auf Dauer nicht ertragen konnte und wollte. Vor Freunden hielten wir gemeinsam, so gut es ging, unsere tieferen Probleme versteckt. Wir spotteten dann über uns selbst und erklärten im Spaß, wir hätten uns schon zwei getrennte Fotoalben zugelegt, damit wir uns, wenn wir uns einmal trennen sollten, nicht über jedes einzelne Foto streiten müßten. Ab und zu blitzte tatsächlich Humor über uns selbst auf, allerdings eher ein verzweifelter, denn Lösungen für unsere Probleme fanden wir nicht. Trotz allem liebte ich Theresa, auch wenn ich damals nicht erkannte, wie sehr ich emotional und sexuell von ihr abhängig war und wie sehr sie dadurch in der Lage war, mich unter Druck zu setzen.

Andrea war ein Schreikind. Gott sei Dank schlief sie nachts schnell durch. Mitten in der Nacht aufzustehen und ihr die Flasche zu geben, fiel mir besonders schwer. Kurz bevor sie laufen lernte, hatte sie eine besonders intensive Schreiphase. Ihr Schreien entwickelte sich zu Schreikrämpfen, bei denen sie rot bis blau anlief und wir Angst bekamen, sie würde ersticken. Da wir keinerlei Grund für diese Schreikrämpfe feststellen konnten – auch der Kinderarzt konnte uns nicht weiterhelfen –, suchten wir eine Kinderpsychologin auf.

Eine bekannte Kinderpsychologin, die in Mainz ihre Praxis hatte, hatte Andrea anhand verschiedener Spiele und Aufgaben getestet. Es stand schnell fest, daß an ihr nichts Auffälliges festzustellen war. Also wurden die Eltern, Theresa und ich, anhand von Fragebogen intensiv interviewt. Das Ergebnis war, daß uns beiden eine Therapie empfohlen wurde und die Kinderpsychologin Theresa, die getrennt von mir bei ihr gewesen war, mit guten Erziehungsratschlägen, entspannter mit Andrea umzugehen, wieder entließ. Für Theresa stand fest, daß nur ich für eine Therapie in Frage kam.

Erstaunlicherweise legten sich die Schreikrämpfe plötzlich. Es war zu dem Zeitpunkt, als es Sommer wurde und Andrea draußen im Sandkasten, den wir vor unserer kleinen Zweizimmerwohnung eingerichtet hatten, im Sand spielen konnte. Wir ließen sie, da wir sie vom Balkon aus beobachten konnten, oft allein im Sandkasten spielen, und so wurde auf einmal ein völlig ruhiges und ausgeglichenes Kind aus ihr. Vielleicht war ein Grund ihrer Schreikrämpfe, daß Andrea sich von uns beiden völlig überbetreut fühlte und einfach mehr Zeit für sich allein brauchte. Gleichzeitig fiel das Ausbleiben der Schreikrämpfe aber auch damit zusammen, daß sie laufen gelernt hatte. Da sich unsere Probleme mit unserer Tochter gelegt hatten, bestand natürlich auch kein Anlaß mehr für mich, eine Therapie zu machen. Zudem war ich immer noch der Meinung, nur zusammen mit Theresa eine Paartherapie in Angriff zu nehmen. Dafür aber sah Theresa nach wie vor keinen Anlaß.

Nachdem Theresa ihr Studium abgeschlossen hatte, bekam sie kurzfristig mit sehr viel Glück eine halbe Stelle als Lehrerin in einer nahegelegenen Kleinstadt. Sie hatte wider Erwarten sehr viel emotionale Unterstützung von mir gebraucht, um den Prüfungsstreß zu überstehen, so daß ich für kurze Zeit tatsächlich einmal in der stärkeren Rolle war. Das änderte sich aber schnell, nachdem sie einen Arbeitsplatz hatte. Nun verdiente sie Geld und bestimmte, was wir uns finanziell erlauben konnten.

Ich hatte mein Fernstudium an der privaten Akademie erfolgreich abgeschlossen und mich für eine Externenprüfung an der Fachhochschule Frankfurt, Fachbereich Wirtschaft, eingeschrieben. Die Externenprüfung gestaltete sich außerordentlich schwierig, da ich in der Rolle des Hausmannes zu wenig zum Lernen kam und mir andererseits der Kontakt zu den Dozenten fehlte. Erst im dritten Anlauf wurde ich zur Externenprüfung zugelassen, nachdem ich mich als Gasthörer in Frankfurt eingeschrieben hatte und dadurch meine Prüfer kennenlernen konnte. Das eigentliche Examen machte ich dann mit der Gesamtnote „gut“, und meine Diplom-Arbeit mit dem Thema: „Langfristige Unternehmensplanung in der Getränkewirtschaft“ wurde sogar mit „sehr gut“ bewertet. Es war ein Wahlthema von mir gewesen, in das ich viel Arbeit und Energie investiert hatte und über dessen Inhalt es heiße Auseinandersetzungen mit Theresa gab. Mein theoretischer Ansatz, den ich zwar mit vielen guten Zitaten reichlich untermauert hatte, stand damals völlig außerhalb der gängigen Betriebswirtschaftlehre.

Auch wenn unsere Beziehung und unsere Studienzeit von vielen anstrengenden Auseinandersetzungen gekennzeichnet war, so gab es doch immer wieder auch entspannte und glückliche Momente in unserem Leben: Am Sonntagmorgen lange zu frühstücken und uns über unsere pfiffige Tochter zu freuen, zusammen mit Freunden Spazierfahrten in den wunderschönen Rheingau zu unternehmen, mit einem befreundeten Pärchen und ihren beiden Töchtern durch den blühenden botanischen Garten der Universität zu laufen, oder allein mit meinem Töchterchen vorn auf dem Sättelchen pfeifend und singend durch die blühenden Kirschbaumplantagen zu radeln. Auch den Rheinhessen und den Rheingauer Wein hatten wir natürlich kennen- und schätzengelernt und uns ab und zu in den Straßenkarneval gestürzt, wo wir uns eine für uns Norddeutsche völlig neue Mentalität erschlossen. Wir hatten unseren geistigen Horizont durch das Studium erweitert. Ich hatte Kochen und Putzen gelernt, auch wenn es mir nicht immer leicht gefallen war und mein Interesse anderen Dingen galt. Meine größte Freude, und das, obwohl ich sie zunächst nicht gewollt hatte, war mein kleines Töchterchen Andrea, an der ich natürlich sehr hing und auf die ich sehr stolz war.

Nachdem ich mein zweites Examen abgeschlossen hatte, drängte ich darauf, wieder in die Nähe meiner Eltern zu ziehen, da ich ihren Betrieb weiterführen wollte. Theresa hatte sich schon in Rheinland-Pfalz beworben und eine Stelle im Schuldienst in Aussicht. Sie wollte auf keinen Fall, daß

Freud und Leid im Dreigestirn

Auseinanderbrechen

ich den Betrieb meiner Eltern übernahm. Sie haßte meine Eltern, denn sie machte sie dafür verantwortlich, daß ich so war, wie ich war. Sie hatten mich nach ihrer Ansicht völlig verkorkst, und sie spürte natürlich die Abhängigkeit, die noch immer zu meinen Eltern bestand. Sie befürchtete bewußt oder unbewußt, daß ihr Einfluß auf mich schwinden würde und der meiner Eltern Vorhand nehmen könnte.

Ich spürte aber den Wunsch und auch die starke Verpflichtung, mein gegebenes Versprechen einzuhalten, zumal mein Vater mich in den letzten Studienjahren finanziell unterstützt und ich ihm versprochen hatte, nach dem Studium wieder zurückzukommen. Es lag völlig außerhalb meiner Vorstellungswelt, daß ich dieses „große Versprechen", das ich gegeben hatte, hätte brechen können. Zudem ging mein Vater schon auf die Siebzig zu – ich hatte meine Eltern immer hart arbeiten sehen –, so daß ich mich moralisch verpflichtet fühlte, ihnen einen ruhigeren Lebensabend zu ermöglichen.

Sechseinhalb Jahre Studienzeit hatte ich nun hinter mir. Und was hatte ich gelernt? Sicherlich hatte ich viel Wissen im Kopf gespeichert, denn ich hatte zwei Fachochschulabschlüsse mit Erfolg absolviert und war nun Dipl. Betriebswirt und Dipl. Ingenieur. Darauf war ich stolz, und es stärkte mein schwaches Selbstbewußtsein sehr. Aber was hatte ich persönlich gelernt? Ich hatte es zwar geschafft, mich von meinen Eltern zu trennen, war aber gleichzeitig durch meine sehr frühe Ehe sofort in die nächste Abhängigkeit gerutscht. Immerhin das war mir inzwischen klar geworden.

Immer wieder tauchten innere Erfahrungen oder intensive Träume auf, die mich an meine Nahtod-Erfahrung erinnerten. An den dunklen Tunnel, die Rückschau aber auch an die Erfahrung von innerer Ruhe und Klarheit im Kontakt mit dem Lichtwesen. Das machte mich nachdenklich, da ich noch immer keine Möglichkeit gefunden hatte, diese Erfahrungen in mein Weltbild einzuordnen.

Und meine zweite Erkenntnis, eine Therapie zu machen, hatte ich ebenfalls noch nicht realisiert. Aber es begann mir langsam mehr und mehr zu dämmern, daß ich diesen Schritt, wenn ich ihn für richtig hielt, wohl allein gehen müßte. Nun stand also der Umzug nach Osnabrück bevor, und meine Selbständigkeit wurde aufs neue dadurch gefordert, daß ich den elterlichen Betrieb übernehmen wollte.

Dunkle Visionen am Horizont

Es war kurz vor unserem Umzug nach Osnabrück, als mich dunkle Visionen überkamen. Sie stellten sich morgens kurz nach dem Aufwachen, noch in einer Art Dämmerzustand ein. Es war wie die Wahrnehmung einer riesigen großen dunklen Wolke, die sich vor mir über meinem zukünftigen Leben auftat. Mir wurde auf einmal klar, daß die Jahre, die vor mir lagen, schwer werden würden. Wieder zurück ins Elternhaus und die elterliche Firma übernehmen. Noch einmal zurück an den Ort, den ich nach meiner Nahtod-Erfahrung verlassen hatte, weil ich wußte, ich muß hier weg, das Umfeld ist krank.

Mir wurde klar, daß ich durch eine „große dunkle Wolke" hindurchgehen mußte. Es gab für mich offensichtlich keinen anderen Weg. Was da genau im einzelnen auf mich zukommen würde, wußte ich nicht, aber ich ahnte es. Starke Auseinandersetzungen mit meinen Eltern, insbesondere mit meinem Vater würde es sicherlich geben. Mir wurde sehr schwer ums Herz vor dem Umzug. Die nächsten 10 Jahre, das konnte ich meinen dunklen Visionen entnehmen, würden sehr schwierig für mich werden. Und erst danach war ich möglicherweise in der Lage, das zu tun, was ich wirklich wollte. Mir wurde langsam klar, daß meine Gefühlswelt sehr unterentwickelt war. Es waren die fast sieben Jahre des Studiums für mich schon nicht leicht gewesen. Das, was ich nun auf mich zukommen sah, würde noch sehr viel schwerer werden. Theresa versuchte mich mit allen Mitteln von dem Umzug nach Osnabrück abzuhalten, aber ohne Erfolg. Auch ihre erneute Schwangerschaft konnte mich nicht zurückhalten, und so kam es zu einer Fehlgeburt. Theresa hatte Vertrauen zu einer jungen Mainzer Ärztin gefaßt, die ihr trotz ihrer Schwangerschaftsvergiftung bei der Geburt unserer Tochter Mut gemacht hatte, noch ein zweites Kind bekommen zu können. Theresa lastete mir die moralische Verantwortung für das Scheitern der Schwangerschaft an, aber ich war nicht zu bremsen. Sicherlich trug der bevorstehende Umzug zum Scheitern der Schwangerschaft bei, aber das war nicht der einzige Grund. Die wahren Gründe lagen sehr viel tiefer, nämlich in unserer Beziehung, die keine feste gemeinsame Grundlage hatte. Ich sah keinen anderen Weg als durch diese große schwarze Wolke, die sich vor mir auftat, hindurchzugehen. Ich hatte es nicht geschafft, meine Erkenntnisse umzusetzen. Nun mußte ich zurück und große innere Konflikte und Kämpfe standen mir bevor. Manchmal kam es mir so vor, als sollte ich durch diese schwierigen Lebensumstände geschult werden, weil möglicherweise in der Zukunft wirklich wichtigere Aufgaben auf mich warteten. Ein nur schwacher Trost, den ich mir da selbst verabreichte.

Umzug und zurück in die alte Welt

Theresa hatte Angst, daß ich zu sehr in die Abhängigkeit meines Vaters geraten würde; daher hatte sie durchgesetzt, daß sie nur mit umziehen würde, wenn mein Vater zuvor die Leitung der Firma an meinen Bruder und mich übergeben würde. Mir fiel es schwer, dies meinem Vater abzuverlangen. Aber schließlich gelang es mir, ihn davon zu überzeugen, daß dies im beiderseitigen Interesse lag. Er erhielt so die Möglichkeit, sich aus dem Betrieb zurückzuziehen und eine Betriebsrente zu beziehen. Erst sehr viel später begriff ich, daß die rein formelle Abgabe der Geschäftsführung ihn nicht daran hinderte, sich nach Belieben weiter einzumischen.

Noch am Silvesternachmittag starteten Theresa, Tochter Andrea und ich in unserem kleinen Fiat 127 wieder in Richtung Süddeutschland, um dort mit Freunden Silvester zu feiern. Meine Eltern hatten versucht, uns abzuhalten, da es inzwischen immer stärker zu schneien begann. Etwa gegen 23.00 Uhr kamen wir bei den Freunden an. Fast wären wir in hohen Schneewehen auf der Autobahn im Sauerland steckengeblieben. Es war wohl die längste Reisezeit, die wir je für eine Fahrt zu unserem Studienort gebraucht hatten. Dort feierten wir dann zum letzten Mal gemeinsam mit dem seit langem befreundeten Ehepaar und ihren beiden Töchtern den Silvesterabend mit der Gewißheit, daß wir bereits im Februar 79 umziehen würden.

Theresa hatte die Zusage für eine Ausbildungsstelle mit der Aussicht, nach dem Examen in den öffentlichen Schuldienst übernommen zu werden. Die Wohnungssuche stellte sich als äußert schwierig heraus. Wir wohnten vorübergehend bei meinen Eltern und fuhren fast täglich 36 km in die Stadt, um eine Vielzahl von Wohnungen zu besichtigen. Theresa hatte genaue Vorstellungen davon, wie unsere neue Wohnung aussehen sollte. Ich dagegen war nicht auf genaue Vorstellungen festgelegt, so daß wir wieder viele Möglichkeiten hatten, uns über jede Wohnung zu streiten. Unsere Tochter Andrea, die damals gerade vier Jahre alt war, war bei jeder Besichtigung dabei und wurde dadurch überfordert, daß sie keinen regelmäßigen Mittagsschlaf bekam. Theresa hatte kein Vertrauen zu meinen Eltern und mochte sie nicht bei ihnen lassen. So kam es, daß wir nach zwei Wochen intensiven Suchens beide so erschöpft und am Ende unserer Kräfte waren, daß wir uns eher aus Verzweiflung als aus Überzeugung für eine kleine Dreizimmerwohnung mit Garten entschieden.

Auch wenn Vater die Abgabe der Geschäftsführung schwerfiel, so schien er sich doch sehr darüber zu freuen, daß ich mein Versprechen eingehalten hatte und wieder zurückgekommen war. Ebenso ging es meinem Bruder,

der an einer Fachhochschule Betriebswirtschaft studiert hatte und zwischenzeitlich in der Firma meines Vaters mitgearbeitet hatte. Mein Bruder hatte viele Pläne, was er in der Firma alles ändern und verbessern wollte. Bisher hatte mein Vater jeden Änderungsvorschlag meines Bruders mit dem Hinweis blockiert, sobald ich wieder in der Firma sei, könnten wir dann ja gemeinsam entscheiden, wie es weitergehen sollte. Entsprechend hoch waren die Erwartungen meines Bruders nach meinem Umzug an mich. Er überfiel mich mit vielen neuen Vorschlägen, die er alle auf einmal aus der Tasche zauberte. Er hatte die ganzen Jahre auch während des Studiums immer wieder in der Firma mitgearbeitet und war so viel enger mit ihr und ihren Problemen verbunden geblieben. Dagegen mußte ich mich nach fast sieben Jahren der Abwesenheit erst wieder an die praktische Arbeit in einer kleinen Firma gewöhnen, was mir nicht leicht fiel. Ich hatte in den Jahren des Studiums soviel Wissen gespeichert, daß der praktische Alltag mir zunächst wie eine fremde Welt vorkam, mit der ich mich auf ganz neue Weise auseinandersetzen mußte. Der sogenannte Praxisschock setzte mir stark zu. Durch mein langes Studium war ich so „verkopft“, daß es mir schwerfiel, spontane Entscheidungen zu treffen.

Der Kontakt zu meinem Bruder war durch unseren Altersunterschied, der fünf Jahre betrug, geprägt. Als Kind mußte ich oft auf den kleinen Bruder aufpassen. Als er fünf war, befand ich mich mitten in der Pubertät, als er vierzehn war, hatte ich bereits eine Freundin, als ich heiratete und anfing zu studieren, ging mein Bruder noch zur Schule. Wir lebten beide immer in vollständig anderen Welten und hatten so nie einen sehr engen Kontakt zueinander finden können. Hinzu kam noch, daß wir andere Charaktere entwickelt hatten. Mein Bruder war eher wie mein Vater, aktiv, spontan und extrovertiert, während ich, wie man so sagt, eher nach meiner Mutter ging, zurückhaltend und introvertiert. Es prallten also auch mit meinem Bruder und mir zwei verschiedene Welten aufeinander. Hinzu kam, daß wir uns auch zu dieser Zeit wieder in unterschiedlichen Lebenssituationen befanden. Ich verheiratet und mit Kind, mein Bruder Junggeselle ohne feste Bindung. Wir hatten sehr unterschiedliche Vorstellungen vom Leben und Arbeiten entwickelt. Das stellte sich aber in aller Deutlichkeit erst jetzt heraus, als wir gezwungen waren, in der gemeinsamen Firma zusammenzuarbeiten.

Theresa hatte ich zugesagt, nur halbe Tage zu arbeiten, da sie wegen ihrer Ausbildung beruflich ganz gefordert war und sich einer von uns um Tochter Andrea kümmern mußte. Für solche Überlegungen brachten weder mein Bruder noch mein Vater Verständnis auf, so daß harte Konflikte und Auseinandersetzungen entstanden. So war es z. B. bei der Einarbeitung eines neuen Auslieferungsfahrers notwendig, daß einer von uns auf der Tagestour mitfuhr. Ebenso kam es auch vor, daß ein Fahrer krank war oder Tourenvertretung für den Urlaub eines Fahrers anstand. So ließ ich mich immer wieder von meinem Bruder „breitschlagen", auch ganze Tage zu arbeiten. Das aber führte wiederum zu erheblichen Konflikten mit Theresa, der ich zugesagt hatte, für Andrea entsprechend Zeit zu haben. Ich saß zwischen allen Stühlen und verstand es nicht, meine Interessen durchzusetzen. Es gab ständig Konflikte mit meinem Bruder und meinem Vater und ebenso mit Theresa, weil es mir nicht gelang, die zugesagte Vereinbarung einzuhalten.

Auch mit meinem Bruder gab es weitere Auseinandersetzungen, die schließlich dazu führten, daß wir unsere Arbeitsbereiche trennten und ich die Geschäfte für die Fruchtsaftkelterei und den Getränkefachgroßhandel allein weiterführte. Mein Bruder eröffnete nach einiger Zeit eine Jugendgaststätte, mit der er gut verdiente und finanziell abgesichert war. Die neue Gaststätte gehörte rechtlich zu unserer gemeinsamen Firma, so daß wir organisatorisch eine gute Lösung mit getrennten Verantwortungsbereichen gefunden hatten. Beide hatten wir nun unseren Freiraum und konnten uns auch gegenseitig in unserer Arbeit unterstützen. Das führte dazu, daß die Zusammenarbeit leichter, wenn auch nicht reibungslos wurde.

Mit Hilfe meines Bruders gelang es uns, drei weitere kleine Getränkegroßhandlungen zu übernehmen. Wir stellten den Betrieb der Fruchtsaftkelterei ganz ein, da der Maschinenpark völlig überaltert war und bauten die Produktionsräume zu Lagerraum um.

Es entstanden ein Getränkemarkt und Lagerräume für die Großhandlung. Gleichzeitig baute ich die erste Etage des elterlichen Wohnhauses, die noch im Rohbau stand, zu einer vollständigen Drei-Zimmer-Wohnung aus. So war es möglich, einen Lagermeister und Fahrer einzustellen, der am Ort wohnte, und ich konnte Vater von vielen Arbeiten entlasten, die ich ihm aufgrund seines Alters nicht mehr zumuten konnte. Da ich mir in den Kopf gesetzt hatte, bis zum August des Jahres alles fertiggestellt zu haben, arbeitete ich „wie ein Wilder" bis zu 70 Stunden in der Woche. In meinen Planungen hatte alles so einfach ausgesehen, aber der „Teufel steckte im Detail."

Jeder Handwerker brauchte genaue Anweisungen, sonst bestand die Gefahr, daß Vater sich in meiner Abwesenheit einmischte und alles anders wurde, als es von mir geplant war. Es gab oft heftige Auseinandersetzungen mit ihm. Er verstand nicht, was ich durchführen wollte, wohl auch deshalb, weil ich ihm nicht alles erklärte, denn er stellte sich zunächst gegen jede

Neuerung, so daß ich meine liebe Not hatte, mich gegen ihn durchzusetzen. Da Vater noch in der Firma mitarbeitete, wurde er natürlich für viele Dinge gebraucht. Er hatte zwar formell die Geschäftsführung an seine Söhne abgegeben, im praktischen Alltag verhielt er sich aber so, als sei er nach wie vor der Chef. Das heißt, er mischte sich auch in Dinge ein, die meine Aufgabe waren, und es fiel mir oft sehr schwer, mich gegen seine starke Emotionalität zur Wehr zu setzen.

Die Handwerker waren für die geplanten Termine nicht pünktlich zu bekommen, also mußte die Neueröffnung verschoben werden. Ich arbeitete wieder einmal 70 Stunden in der Woche und beneidete gleichzeitig alle Leute, die es sich bei dem schönen Wetter gönnten, abends an den Osnabrücker Baggerseen schwimmen zu gehen. Für derartige Annehmlichkeiten hatte ich in diesem Sommer keine Zeit. Anfang Oktober war es dann so weit. Ich konnte den Getränkemarkt neu eröffnen und hatte das Lager für den Großhandel umgebaut.

Da Vater durch unseren neuen Lagermeister entlastet war, hatte er nun mehr Zeit, sein Talent auszubauen, alle Fehler und Unzulänglichkeiten in der Firma aufzuspüren und jeden mit der Nase darauf zu stoßen. Das war für alle Mitarbeiter äußert unangenehm und wurde, milde ausgedrückt, für mich oft unerträglich. Sicher hatte er mit vielen Dingen recht. Aber in dieser Phase der Umstrukturierung und des weiteren Aufbaus mußte man auch mit vielen kleinen Fehlern leben können. Sie waren unmöglich alle gleichzeitig zu beseitigen.

Weil Vater keine Hobbys besaß, verstand er es nicht, wie es für sein Alter angemessen gewesen wäre, sich aus der Firma zurückzuziehen. Mir wurde langsam klar, daß das, was ich für ihn und meine Mutter erreichen wollte, nämlich ihnen einen sorglosen Ruhestand zu ermöglichen, so von ihm gar nicht gewollt war. Leider konnten wir uns vor der Übernahme der Geschäftsführung darüber nicht verständigen.

Mir machten besonders die gestalterischen Arbeiten in der Firma sehr viel Spaß und Freude, z. B. die Gestaltung und Einrichtung des Getränkemarktes, das graphische Entwerfen von Handzetteln für die Werbung und die Gestaltung einer Etikettenserie für unsere neue Fruchtsaftmarke „Die Fruchtsaft-Familie“, nebst einem kompletten Verkaufskonzept hierfür, da ich an dieser Stelle mein künstlerisches und kreatives Talent einsetzen konnte. Herausgestellt wurde unser Weinangebot: französischer Landwein in Mehrwegflaschen „Das Landwein-Depot“. Ich organiserte den ersten Altglascontainer für unser Dorf, was damals in ländlichen Gebieten noch lange nicht selbstverständlich war. Des weiteren richtete ich in unserem Getränkemarkt mehrere Regale für Dritte-Welt-Artikel ein, die zu unserem

Getränkemarkt-Angebot paßten. Auf all diese Neuerungen war ich sehr stolz, zumal der Getränkemarkt auch immer besser lief und ich für die Neugestaltung viel Lob und Anerkennung erfuhr.

Auch wenn die kreativen Elemente in meiner Arbeit mir sehr viel Freude machten, so überwogen doch die Routinearbeiten, mit denen ich mich nur sehr wenig identifizieren konnte. Gedanken, die mir immer wieder durch den Kopf gingen, waren: „das, was ich hier mache, ist nicht meine Aufgabe". Dieser Gedanke bezog sich in erster Linie auf meine Arbeit. Was sicherlich gut und richtig für mich war, war die Auseinandersetzung mit meiner Familie, insbesondere natürlich mit meinem Vater, meinem Bruder und mit meiner Frau Theresa. Alle drei waren aus dem selben Holz und mir war klar, daß ich ihnen emotional unterlegen war und ich mehr Distanz zu ihnen brauchte, um meine Vorstellungen in unsere Auseinandersetzungen einbringen zu können. Dies schien mir nur über eine Trennung von ihnen möglich zu werden.

Das Herz die pulsierenden Kraft des Universums

Ein Auslieferungsfahrer unserer Firma fiel aus, also mußte ich einspringen, um einige Fässer Bier zu einer Gaststätte im Ort auszuliefern. Da ich reichlich mit anderen Dingen beschäftigt war, war ich sehr ungeduldig und wollte diese Arbeit schnell mit Unterstützung meines Vaters erledigen. Die Fünfzig-Liter-Fässer mußten durch ein Falloch in den Keller transportiert werden. Dabei passierte mir ein Mißgeschick. Mein rechter Daumen geriet unter ein Bierfaß und wurde kräftig gequetscht. Der Nagel lief tief rot und blau an und schmerzte sehr stark. Da ich schon immer sehr schmerzempfindlich war, spielte mir mein autonomes Nervensystem einen Streich, und ich wurde sogleich bewußtlos und sank zu Boden.

Auch als Kind war ich schon öfter ohnmächtig geworden, und zwar immer dann, wenn ich Blut sah oder wenn ich heftige Schmerzen empfand. Sobald der Kreislauf sich im Liegen etwas erholt hatte, wachte ich wieder auf und war dann relativ schnell wieder bei mir. Diesmal sollte mein Aufwachen aber etwas anders verlaufen. Nomalerweise hatte ich beim Aufwachen die Vorstellung, mit meinem Bewußtsein im Kopf zu sein. Diesmal wachte ich aber mit meinem Bewußtsein mitten im Körper, also mitten im Herz auf.

Ich konnte den pulsierenden Rhythmus eines ganzen Universums wahrnehmen, und ich befand mich mitten im Zentrum dieses Universums. So nach und nach wurde mir bewußt, daß das, was ich wahrnahm, der Rhythmus meines eigenen Herzens war. Ich konnte das einströmende und ausströmende Blut, das pulsierend durch das Herz gepumpt wurde, deutlich spüren und wahrnehmen. Auch die Leere und der Druck des Blutes, das durch die Hauptadern des Herzens strömte, waren deutlich zu spüren. Nach und nach erweiterte sich das Bewußtsein und mir wurde klar, daß ich mich nicht im Universum, sondern in meinem Körper befand. Das Bewußtsein breitete sich von innen her auf den ganzen Körper aus, bis ich mich plötzlich mit meinem Bewußtsein wieder im Kopf befand und mich und meinen Körper wieder von außen wahrnehmen konnte.

Das Herz hatte sich angefühlt wie das Zentrum des Universums. Es pulsierte, zog sich zusammen, saugte das Blut an, weitete sich und spie das Blut unter Druck wieder aus. Ich hatte das Gesetz der LIEBE auf eine neue Art erfahren: Anziehung und Abstoßung bzw. Entstehung, Erhaltung und Zerstörung. Das ewige Gesetz der LIEBE und des LEBENS.

Auch diese Erfahrung erinnerten mich wieder an meine Nahtod-Erfahrung. Sie war natürlich lange nicht so intensiv und so tief. Aber sie wühlte mich innerlich auf, erinnerte mich an den Kontakt zu meinem inneren Wesen, den ich schon einmal erlebt hatte und machte mir deutlich, welche Dimensionen des Bewußtseins möglich waren und wie weit ich innerlich davon entfernt war.

Spirituelle Erfahrungen von „Hellsichtigkeit"

In einem nächtlichen Traum tauchte deutlich ein Schild mit einem Straßennamen auf. Den Straßennamen konnte ich lesen und mir auch merken. Ich wußte ihn nach dem Aufwachen noch. Außerdem tauchte in diesem Traum das Gesicht eines kleinen Kindes auf, das sich mir tief einprägte.

Am nächsten Tag bat mich Theresa, unsere Tochter Andrea in die Ferien auf den Reiterhof nach Melle- Neuenkirchen zu bringen, wo Andrea schon einmal Reiterferien gemacht hatte. Ich kannte diesen Hof nicht. Theresa beschrieb mir den Weg, jedoch ohne Straßennamen zu nennen. Als ich mit Andrea von der Hauptstraße hinter Neuenkirchen in die Nebenstraße, die zu dem Reiterhof führte, abbog, las ich auf dem Schild an der Straße genau den Straßennamen, den ich im Traum gesehen hatte. Der Name des Weges war „Sutthauser Str." Wie konnte das sein? Ich war noch nie an dieser Stelle gewesen! Ich brachte meine Tochter auf den Ponyhof zu der jungen Bäuerin und Pädagogin, die diese Reiterferien für Kinder organisierte.

Plötzlich kam ein kleines Mädchen auf mich zugelaufen, das genau das Gesicht des Kindes hatte, das ich im Traum gesehen hatte. Ich erkannte es sofort wieder, ohne es je zuvor gesehen zu haben. Da ich sehr verblüfft und fasziniert war, fragte ich die Kleine, wie sie heißen würde, und sie sagte Andrea. Das machte mich völlig fassungslos, hatte sie doch denselben, eher seltenen Namen meiner Tochter. Ich war tief beeindruckt von dieser ungewöhnlichen Raum und Zeit überschreitenden Traumerfahrung.

Traumerlebnisse dieser Art hatte ich mehrfach, sie tauchten immer dann auf, wenn eine tiefe innere Dynamik am Werk war. Ich erkläre sie mir so, daß sie insbesondere zwischen Personen entstehen, zwischen denen eine starke innere psychische Verbindung und Dynamik vorhanden ist. Hier war es so, daß diese enge Verbindung zwischen mir und meiner Tochter bestand. Das hat zu den Erlebnissen geführt, das alltägliche, normale raum-zeitlich gebundene Bewußtsein im Traum zu überschreiten. Jung nennt diese Ereignisse Synchronizitäten. Eine innere psychische Dynamik trifft mit einem äußeren materiellen Ereignis auf geheimnisvolle, scheinbar unerklärliche Weise zusammen und ergibt einen Sinn.

Trennung und Therapieerfahrung

Mein Einkommen in den ersten Monaten der Übernahme und des Ausbaus der Firma war sehr niedrig. Theresa hatte selbständige Arbeit und die damit verbundenen Probleme nie kennengelernt und brachte somit keinerlei Verständnis dafür auf. Zudem steckte sie beruflich in einer Situation, die sie voll und ganz forderte. Sie war wieder ganz in ihre gewohnte Leistungsorientierung gerutscht. Da ich offen mit ihr über die betrieblichen Probleme sprach, hatte ich keine Chance, ihr die Sicherheit zu vermitteln, die sie offensichtlich brauchte, um mir in der Hinsicht vertrauen zu können, daß ich nach ihrer Ausbildungszeit unsere Familie mit meinem Einkommen ernähren konnte.

Noch vor unserem Umzug hatte sie angekündigt, daß sie nach der Ausbildungszeit zunächst zu Hause bleiben wollte, da sie sich bereits mit dem Examen völlig überfordert hatte und dringend eine Verschnaufpause brauchte. Sie wollte sie dafür nutzen, ein weiteres Kind zu bekommen bzw. ein Kind zu adoptieren, falls wir aufgrund ihrer gesundheitlichen Einschränkungen keine eigene Kinder mehr hätten haben können. Ich war mit diesen Zukunftsplänen sehr einverstanden, denn dann hätte ich wirklich die

Chance gehabt, ganze Tage zu arbeiten und mir ein solides Einkommen aufzubauen.

Theresa nahm es mir während ihrer Ausbildungszeit sehr übel, daß ich es nicht schaffte, die Vereinbarung, halbe Tage zu arbeiten, voll einzuhalten. Sie gab meinen Eltern alle Schuld an unseren persönlichen Konflikten und dem Desaster, in dem wir steckten. Meine Tochter wurde von mir jeden Morgen in den Kindergarten gebracht und auch mittags wieder abgeholt. Dadurch war ich an den meisten Tagen nur drei bis vier Stunden in der Firma. Für Theresa besaß das aber keinerlei Wert, solange ich unsere Vereinbarung nicht regelmäßig und verbindlich einhielt.

Da sich ihre Ausbildungszeit dem Ende zuneigte, hatte ich ihr mehrfach Stellenangebote von Privatschulen auf den Schreibtisch gelegt, wo sie die Möglichkeit gehabt hätte, eine Teilzeitstelle anzunehmen. Ich hatte die Hoffnung, sie dafür gewinnen zu können, vorübergehend auf Honorarbasis zu arbeiten bzw. nur eine halbe Stelle anzustreben, bis ich so weit war, daß ich die Familie mit meinem Einkommen allein ernähren konnte. Mir war inzwischen klar geworden, daß es bei der Größenordnung und Struktur unserer Firma, die sich zudem noch im Aufbau befand, nicht möglich war, nur halbe Tage zu arbeiten.

Über dieses Konzept konnte ich mich aber mit Theresa nicht verständigen. Unser gemeinsames Ziel seit unserer Studienzeit war, daß wir beide nur halbtags arbeiten wollten. Sobald ich mit Vorschlägen kam, ganztags zu arbeiten, warf sie mir Unterdrückung und Verrat an diesem Ziel vor, ohne auch nur zur Kenntnis zu nehmen, daß es für mich selbstverständlich war, daß sie während ihrer Ausbildungszeit voll arbeitete, so daß so gut wie keine Zeit mehr für unsere Beziehung blieb. Ich stand den ganzen extremen Ausbildungsstreß, der oft kaum auszuhalten war, mit ihr durch. Ich sehnte mich nach dem Zeitpunkt, wo ihr Examen abgeschlossen war, und hoffte sehr, daß Theresa auf meine Vorschläge eingehen würde, dann nur noch als Honorarkraft oder auf einer halben Stelle zu arbeiten. Noch lieber wäre mir gewesen, sie wäre zumindest eine Zeitlang ganz zu Hause geblieben, so wie sie es selbst beabsichtigt hatte.

Nach Abschluß des Examens überraschte sie mich jedoch mit einer völlig anderen, unerwarteten Nachricht. Sie teilte mir im Kreis ihrer Kollegen mit, daß sie eine volle Stelle angenommen hatte. Diese Nachricht traf mich wie ein Blitz aus heiterem Himmel. Mir verschlug es die Sprache. Mir war sofort klar, daß dies der Todesstoß für unsere Beziehung war. Eine ganze Welt brach für mich in Sekunden zusammen. Nun hatte also Theresa selbst unsere Vorstellung, daß beide nur halbe Tage arbeiteten, von heute auf morgen ohne jegliche Vorankündigung aufgegeben. Für mich stand fest, daß ich auf dieser Basis nicht mit ihr weiterleben konnte. Erst später begriff ich, daß zu ihrem Entschluß sicherlich auch mein anfangs unsicheres Einkommen und meine Arbeitszeiten beigetragen hatten.

Dieser Umstand war mit ein wesentlicher Grund, daß unsere Ehe scheiterte und wir uns trennten. So war sie nun nach etwas mehr als acht Jahren zu Ende. Wir hatten uns entschieden, daß Andrea bei Theresa bleiben sollte. Da die Trennung von Theresa und Andrea für mich sehr schmerzhaft war, stürzte ich mich im Übermaß in den neu gewonnen Freiraum und investierte viel Arbeitszeit in den Aufbau der Firma. Erst später wurde mir der Fluchtmechanismus klar, der in meinem Verhalten steckte.

Zudem hatte sich herausgestellt, daß der nette Kollege, mit dem Theresa oft beim Kaffee saß, wenn ich nach Hause kam, ihr neuer Freund war. Anfangs war ich erleichtert, da ich sie gut gelaunt und lachend antraf und war froh, sie seit langem mal wieder in guter Stimmung zu sehen. Später stellte ich jedoch schnell fest, daß Theresa nun vollständige „Arbeitsteilung" eingeführt hatte. Die schönen Seiten des Lebens genoß sie mit ihm, und ich bekam nur noch ihren Frust und ihre Aggressivität zu spüren.

Ich zog in eine kleine Zweizimmerwohnung etwa zwei Kilometer von unserer alten Wohnung entfernt, denn ich hatte die Hoffnung, so den Kontakt zu Andrea besser halten zu können, was sich allerdings oft als sehr schwierig herausstellte. Der Schmerz über die Trennung war sehr groß. Ich war völlig irritiert, da ich nicht nachvollziehen konnte, wie Theresas Entscheidung zustande gekommen war. Die mangelnde innere Loslösung von meinen Eltern hatte wohl sehr dazu beigetragen, daß meine Beziehung zu Theresa gescheitert war. Das erkannte ich aber erst viel später.

Ich begann aufs neue, mich mit meinen Erkenntnissen aus der Nahtod-Erfahrung auseinanderzusetzen. Ich hatte „zufällig" bei Freunden eine Fernsehdiskussion zum Thema Nahtod-Erfahrung gesehen. Stefan v. Jankovich berichtete von seiner Erfahrung. Als ich nach dem Fernsehbeitrag versuchte, von meiner eigenen Erfahrung zu erzählen, fing meine Stimme an zu zittern und zu beben, und ich bekam Schweißausbrüche. Ich empfand das Unvermögen, von diesem Erlebnis zu berichten als sehr einschränkend und dramatisch. Das machte mir sehr deutlich, daß mein Erlebnis noch nicht verarbeitet war. Hatte ich doch gerade live miterlebt, wie leicht und faszinierend Stefan v. Jankovich von seiner Erfahrung berichten konnte. Das verstärkte in mir den Entschluß, nun endlich eine Therapie zu beginnen.

Schon bevor es zum endgültigen Bruch mit Theresa kam, begann ich mit einer Therapie. Nur wenige Stunden Gesprächstherapie hatten ausgereicht, um zu begreifen, daß eine Gesprächstherapie mir bei meinen tieferen

Problemen nicht weiterhelfen konnte. Der Therapeut ließ mich stundenlang meinen Lebenslauf erzählen. Als ich ihn in der neunten Sitzung darauf ansprach, ob er in seinem dicken Ledersessel pfeiferauchend eingeschlafen sei, war mir klar, daß diese Art von Therapie für mich keinen Nutzen hatte. Er hatte sich meine Lebensgeschichte fast völlig kommentarlos angehört, bis ich zu meiner aktuellen Situation kam und ich ihm vom Freund meiner Frau berichtete. Dies entlockte ihm eine aufrichtige spontane Reaktion über das, was ich mir zumutete. Mir kam es vor, als hätte ich zum ersten Mal in meinem Leben eine spontane ehrliche Unterstützung bekommen. Scheinbar gehörte diese Reaktion aber nicht zu seinem Therapiekonzept, denn danach verfiel er wieder in Schweigen. Ich brach diese Therapie nach 10 oder 12 Sitzungen ab. Immerhin hatte sie mir dabei geholfen, daß ich mich für meinen Auszug entscheiden konnte.

Meine ganze Lebenssituation war kurz vor unserer Trennung für mich unerträglich geworden. Der Umzug nach Osnabrück in ein völlig neues Umfeld war damit verbunden, für Andrea einen neuen Kindergarten zu finden. Sie hatte großes Heimweh nach ihrer Freundin, wachte nachts oft weinend vor Heimweh auf und hatte große Schwierigkeiten, sich in den neuen Kindergarten einzugewöhnen. Unser Freundeskreis war nicht mehr da. Ein neuer mußte erst aufgebaut werden. Theresas anstrengende Ausbildungszeit, mein Praxisschock in der kleinen Firma, die ständigen Auseinandersetzungen mit meinem Bruder, meinen Eltern und mit Theresa brachten mich an den Rand meiner Kräfte.

Vor meinem Auszug hatte es lange Auseinandersetzungen darüber gegeben, bei wem von uns Andrea leben sollte. Wir hatten uns dafür entschieden, daß sie bei Theresa blieb. Meine Tochter Andrea, die ich natürlich sehr liebte, sah ich nun nur noch einmal in der Woche, da ich nun auch Vollzeit arbeitete. Ich mußte ja nun eine eigene Wohnung finanzieren, und auch für den Aufbau der Firma was es notwendig, mehr Zeit zu haben.

Andrea fehlte mir sehr. Unser Kontakt zueinander war doch sehr viel intensiver gewesen, als er normalerweise zwischen Vater und Tochter üblich ist. Dieser enge Kontakt entstand durch meine „Hausmannszeit" während unseres Studiums und auch noch während Theresas Ausbildungszeit. Es war eine sehr enge emotionale Bindung zu Andrea entstanden, die ja noch keine fünf Jahre alt war.

Meine neue Wohnung war sehr schön. Ein Blick aus dem Fenster genügte, um mich für diese Wohnung zu entscheiden. Sie lag direkt am Wald und bot vom Fenster aus einen Blick über die ganze Weststadt bis hin zum Wiehengebirge. Die Weite des Blicks gefiel mir spontan so sehr, daß ich sofort zusagte. Zuhause angekommen wußte ich nur noch den Mietpreis.

Ich wußte nicht, ob ein Teppichboden in den Räumen lag, welche Heizung vorhanden war, ob die Fenster Jalousien hatten und wie groß die Wohnung war, und natürlich hatte ich auch keinen Grundriß. All das war mir aber vollkommen egal. Die Hautsache war: die Miete war für mich finanzierbar und Lage und Blick aus dem Fenster waren phantastisch.

Beim Auszug nahm ich nur meine Kleidung und einige wenige Dinge mit. Erstaunlicherweise konnten wir diese finanziell-materielle Trennung ohne fremde Hilfe und ohne großen Streit, man kann fast schon sagen mühelos, vollziehen. Theresa, die sich ja nun weitgehend allein um Andrea kümmern mußte, hatte die fertig eingerichtete Wohnung für sich, und ich bekam das gesparte Geld und konnte mir so das Notwendigste anschaffen. Sie hatte ja nun eine feste, sehr gut bezahlte Stelle, und so brauchte ich mir über ihre finanzielle Situation keine Sorgen zu machen. Nur der Unterhalt für Andrea war zu bezahlen, und Theresa hatte für sich aufgrund ihres Einkommens auf Unterhaltszahlungen verzichtet.

Mein Auszug wirkte anfangs wie ein Befreiungsschlag. Ich kam aus meiner depressiven Grundstimmung heraus und wurde völlig euphorisch. Diese euphorische Stimmung hielt aber nur etwa ein halbes Jahr an. Dann kippte die Stimmung um, und ich wurde depressiver als zuvor. Ich bekam massive phsychosomatische Beschwerden, wie z. B. morgens unerträglich starke Kopfschmerzen und immer wieder, wenn ich allein war und daran dachte, daß ich Andrea verloren hatte, stundenlange Weinkrämpfe, die nicht aufhören wollten. Zudem wurde mir bewußt, daß ich mich völlig allein, verlassen und isoliert fühlte und keine Freunde hatte.

Nach dem Abbruch der Gesprächstherapie war mir klar, daß ich noch einmal Ausschau nach einer anderen therapeutischen Methode halten mußte. Am liebsten hätte ich Bioenergetik gemacht. Da es aber in Osnabrück noch keinen Therapeuten gab, der nach dieser Methode arbeitete, entschied ich mich für Gestalttherapie. Mein Therapeut Hubert, der gerade seine Gestaltausbildung abgeschlossen hatte, war Diplom-Sozialarbeiter und Leiter einer Suchtberatungsstelle. Er besaß bereits viel Erfahrung in der Arbeit mit Suchtkranken. Ich suchte ihn zu einem Erstgespräch auf. Hubert, der mir gleich das Du anbot, war mir sympathisch. Wir vereinbarten, daß ich mindestens ein bis zwei Jahre mit ihm zusammenarbeiten sollte.

Ich erschien also zur ersten Stunde bei Hubert, und unsere gemeinsame Arbeit begann. Ich sagte ihm, daß ich Denken, Fühlen und Handeln nicht in Einklang bringen könnte und daß ich Mittel und Wege finden wollte, dies miteinander zu verbinden bzw. zu verschmelzen. Er schien sehr erstaunt darüber zu sein, wie sehr ich mich bereits mit mir selbst auseinandergesetzt hatte, und schlug mir vor, gleich mit gestalttherapeutischen Techniken zu beginnen.

Da ich diese Techniken natürlich als Laie nicht einschätzen konnte, ließ ich mich anfangs offen darauf ein. Ich hatte so gut wie keine Widerstände gegen diese Methoden. Ich hatte zwar ein Buch von Perls über die Grundzüge der Gestalttherapie gelesen, konnte aber, da ich ja noch keine Erfahrungen mit dieser Methode hatte, nicht einschätzen, was ich mir zumuten konnte und was nicht. Hubert wußte so gut wie nichts über mich und meine Vergangenheit und konnte im Grunde genommen nicht einschätzen, wen er da vor sich hatte.

Anfangs arbeiteten wir an meiner Beziehung zu meinem Vater und zu meinem Bruder, da ich mit ihnen die meisten Probleme in meiner alltäglichen Arbeit hatte. Hubert benutzte gern die Technik des „heißen Stuhls“. Bei dieser Methode geht es darum, daß der Patient sich in die Rolle einer anderen Person versetzt und versucht, sich selbst aus dieser Sicht wahrzunehmen.

In der besagten Sitzung war er noch einen Schritt weiter gegangen und hatte mir den Teufel, mit dem mir als Kind viel Angst gemacht wurde, auf einen leeren Stuhl gegenübergesetzt. Ich schlug spielerisch mit meiner Fußspitze gegen das Teufelsbein. Den Teufel stellte ich mir vor wie eine Menschengestalt, die in ein Ziegenbockfell mit Hufen an den Füßen gekleidet war. Ich war so mit meinen Schattenanteilen, den „unbewußten Aspekten“ meiner Persönlichkeit, in Kontakt gekommen. Mein Therapeut entließ mich aus der Sitzung, ohne daß die aufgerissene Gestalt abgerundet gewesen wäre. Er hatte wohl nicht bemerkt, daß ich mit meinemSchatten in Kontakt gekommen war.

Das führte dazu, daß am nächsten Tag bei einer Autofahrt, bei der ich an die letzte Sitzung dachte, massive Kreislaufstörungen auftraten. Nur mit sehr viel Glück gelang es mir, das Auto rechtzeitig zum Stehen zu bringen und keinen schweren Unfall zu verursachen. Da mir halbbewußt klar war, daß diese Kreislaufstörungen mit der letzten Therapiesitzung zu tun hatten, war ich sauer auf meinen Therapeuten, ohne daß ich dazu in der Lage war, ihm meine Erkenntnis direkt und deutlich genug mitzuteilen. Mein Vertrauen in ihn war grundlegend gestört, und das führte zu erheblichen Widerständen gegen seine Methode der Gestalttherapie. Noch monatelang tauchten diese Kreislaufstörungen immer wieder auf, oft verbunden mit starker Fallsucht.

So war Hubert in den nächsten Monaten damit beschäftigt, das verlorengegangene Vertrauen in ihn wieder aufzubauen, und wir kamen mit der eigentlichen Therapie nicht viel weiter. Da ich mich seinen Bemühungen hartnäckig widersetzte, kam es bei ihm zu Gegenübertragungen – wie er mir später gestand –, so daß er selbst wieder seinen Therapeuten aufsuchen mußte.

Zwischendurch gelang es Hubert immer wieder, meine Position aufzuweichen, und ich ließ mich auf einzelne Übungen ein, hatte dann auch einen guten Kontakt zu ihm. Dann war aber dieser Kontakt auf einmal wieder verschwunden. Er redete von Dingen, die ich nicht verstand, und ich hatte den Eindruck, ich erreichte ihn nicht mit dem, was ich sagte. Dieses Spiel dauerte insgesamt etwa achtzehn Monate, bis ich begriff, das es so nicht mehr weitergehen konnte.

Meine Kreislaufstörungen waren immer noch nicht beseitigt. Im nachhinein ist mir klar, daß er mir viel zu wenig erklärte und mir den Sinn seiner Übungen nicht deutlich machte. Ich hatte den Eindruck, er saß auf dem hohen Roß des Therapeuten, fühlte sich als „Macher“, und ich war der Kranke, mit dem er arbeiten mußte. Ich aber hatte eher die Vorstellung, auf partnerschaftlicher Basis mit ihm arbeiten zu wollen. Erst sehr viel später begriff ich, daß sich in dem Konflikt mit meinem Therapeuten auch die Konflikte mit Vater, Bruder und Ehefrau widerspiegelten. Erst nach Abbruch der Therapie gelang es mir, indem ich meine eigenen Schattenaspekte, den kleinen Teufel, in mir entdeckte und mir bewußt machte, mein Verhalten zu ändern, die Kreislaufstörungen und die damit verbundene Fallsucht aufzulösen.

Zu dem Zeitpunkt, als ich die Therapie abbrach, war ich am absoluten Tiefpunkt meines Lebens angekommen. Es ging mir in den letzten Monaten immer schlechter, und ich sah keine Möglichkeit, aus diesem Dilemma herauszukommen. Das Vertrauen zu Hubert war zerstört, bzw. ich hatte nicht mehr den Eindruck, daß er mir helfen konnte. Ich war mir noch nicht einmal sicher, daß er mitbekam, in welchem Zustand ich mich befand.

Ich weiß noch, was ich in meiner letzten Sitzung zu Hubert sagte: Gestalttherapie, so wie er sie anwende, scheine eine rabiate Methode zu sein, um das, was im Leben schief gelaufen ist, wieder gerade zu biegen. Gestalttherapie sei für mich wie eine Brechstange. Wenn jemand mit einer Brechstange verbogen worden ist, so kann man möglicherweise eine Brechstange benutzen, um ihn wieder gerade zu biegen. Wenn man aber nicht die richtige Stelle trifft bzw. die Brechstange falsch ansetzt, so ist der Schaden nachher größer als vorher. Mit einer Brechstange kann man sicherlich eine schwere Eisenkugel als Symbol für die Gefühle ins Rollen bringen. Wenn diese Kugel aber an einem Hang liegt und der Therapeut bemerkt es nicht, bringt er diese Kugel ins Rollen, ohne daß er sie wieder bremsen kann. Mit einer Brechstange einen großen Eisenwürfel als Symbol für den Geist zu bewegen, ist sehr viel schwieriger. Es ist vielleicht möglich, diesen Würfel langsam Stück für Stück mit sehr viel Krafteinsatz zu verrücken, man wird ihn aber damit nicht wesentlich weiterbewegen können.

Hubert sagte mir bei unserer letzten Sitzung, daß es schwer gewesen wäre, mit mir zu arbeiten. Er hatte wohl erst jetzt begriffen, was für einen „dicken Brocken“ er vor sich hatte. Er empfahl mir, mich in eine psychosomatische Klinik zu begeben, möglicherweise würde ich es auch alleine schaffen. Er schien aber nicht begriffen zu haben, in welchem inneren Zustand er mich entließ.

Meine Therapie war somit gescheitert. Das Gegenteil war der Fall. Mein anfänglich sicherlich viel zu großes und naives Vertrauen war nun endgültig zerstört worden. Wie sollte es für mich vorangehen? Woher sollte ich Hilfe für meine Probleme bekommen? Ich überlegte erneut, wie es wohl weitergehen könnte, fand aber nicht mehr den Mut, eine neue Therapie zu beginnen.

Ich hatte das Gefühl, es gibt nur noch zwei Möglichkeiten für mich: Entweder ich bringe mich um, da ich allein nicht lebensfähig bin und mit meinen Leben nicht zurecht komme, oder ich lerne es, selbst und eigenständig zu leben und lerne, mich selbst zu therapieren, soweit so etwas überhaupt möglich ist. Also begann ich nach Mitteln und Wegen zu suchen, mir selbst zu helfen.

Schon während der Therapie waren immer wieder beängstigende Selbstmordgedanken in mir aufgetaucht. Ich hatte die Phantasie, mir ein großes Brotmesser in den Bauch zu stechen und es umzudrehen. Ich bekam dann Angst, zu verbluten und stellte mir vor, mich nicht mehr zum Telefon schleppen zu können, um mich selbst zu retten. Es gab immer wieder Situationen, in denen diese Ängste so groß waren, daß ich nicht dazu in der Lage war, ein Küchenmesser oder Brotmesser anzufassen. Ich lief dann aus der Küche und ging nach draußen, um mich wieder zu beruhigen und um vor diesem Messer wegzulaufen, denn ich befürchtete, mich tatsächlich umzubringen. Diese Ängste tauchten vor allem nach Abbruch der Therapie wieder auf, so daß ich meine Not hatte, Wege zu finden, damit umzugehen. Diese Selbstmordgedanken waren natürlich nichts anderes als mein intensiver Wunsch, mich selbst zu verändern, was mir aber damals noch nicht klar war. Gott sei Dank waren meine geistigen Kräfte stark genug, um mich unter Kontrolle zu halten und diesen Schritt nicht zu tun.

Meine Gefühle schaukelten zu diesem Zeitpunkt extrem hin und her. Ich hatte den Eindruck, am tiefsten Punkt meines Lebens angekommen zu sein, keine Hilfe zu haben und auch nicht zu wissen, wie ich da wieder herauskommen sollte. Drei Tage ging es mir sehr gut. Ich war gefühlsmäßig in euphorischen Zuständen, dann stürzte ich wieder ab und landete drei Tage in einer starken depressiven Stimmung, verbunden mit Kopfschmerzen und weiteren psychosomatischen Beschwerden wie z. B. Schwindel und Fallsucht. Dieser Zustand dauerte Wochen und Monate. In Huberts Therapiezimmer hing das Zwölf-Schritte-Programm für Alkoholiker. Ich hatte ihm gezeigt, an welchem Punkt ich mich bei Abbruch der Therapie befand. Es gab also wirklich nur noch zwei Möglichkeiten: entweder ich bringe mich um, oder ich vertraue mein Leben einer höheren Macht an und hoffe darauf, daß ich es mit ihrer Hilfe schaffen würde.

Ich machte mich also allein auf den Weg und versuchte durch Fallen und wieder Aufstehen zu lernen. Langsam, sehr langsam, Schritt für Schritt mit Körperarbeit, Malen, Lesen, Tagebuch schreiben, Musik hören, Tanzen, Spazierengehen, Traumarbeit, mich selbst besser zu erkennen, meine Schattenaspekte wahrzunehmen und zu integrieren.

Ein langer steiniger und oft schmaler Weg lag vor mir. Aber ich hatte mich für das Leben entschieden und war bereit, ihn zu gehen, koste es, was es wolle. Ich war bereit zu lernen und mir dafür die entsprechend Zeit zu nehmen, sollten meine Wege auch noch so unkonventionell sein. Ich hatte mich für mich entschieden und war nun bereit, alles auf eine Karte zu setzen und mir selbst zu helfen, so gut ich konnte.

Heute weiß ich, daß ich meinem Therapeuten nicht die Schuld am Scheitern der Therapie allein zuschieben kann. Es war eine „unglückliche Konstellation", in der wir uns befanden und aus der ich letztendlich viel gelernt habe, z. B. sehr viel kritischer gegenüber therapeutischer Arbeit zu sein, besser auf mich selbst aufzupassen und mich abzugrenzen. So gesehen hatte die Therapie mir also tatsächlich etwas gebracht und mir geholfen. Sie hatte mich dazu bewegt, mein Leben wieder selbst in die Hand zu nehmen, aber zunächst um den Preis des absoluten Alleinseins. Zunächst war ich nicht mehr dazu in der Lage, mir von anderen helfen zu lassen und damit vollkommen auf mich und auf meine eigenen Kräfte und Fähigkeiten angewiesen.

In den eineinhalb Jahren der Therapie hatten wir lediglich an meiner Beziehung zu meinen Eltern und zu meinem Bruder gearbeitet. Trotzdem war das Thema für mich nicht erschöpfend behandelt oder sogar abgeschlossen. Wir hatten nicht an meiner Beziehung zu meiner Frau, von der ich noch nicht geschieden war, und auch nicht an meiner Beziehung zu meiner Tochter, die bei Theresa lebte und um die es viele Konflikte mit ihr gab, gearbeitet. Ich war innerlich noch sehr verbunden mit meiner Familie, und zwar genauso mit meinen Eltern und meinem Bruder wie mit meiner Frau und Tochter.

Dies wurde mir bei der Entwicklung des Verkaufskonzepts für Fruchtsäfte auf erschreckende Weise deutlich, das ich „Die Fruchtsaft-Familie" nannte und eine Familie mit Vater, Mutter und Kind darstellte. Ebenso beim Entwurf unseres Firmensymbols. Ein Sechseck aus Pfeilen soll den Distributionskreislauf für Mehrweggetränke darstellen. Schon beim Zeichnen wurde mir bewußt, daß ich dort wohl eher meinen eigenen inneren Kreislauf darstellte, als Symbol dafür, daß ich im Kreis lief und mit meiner inneren Entwicklung jahrelang scheinbar nicht weiterkam.

Es lag also noch ein weites Feld vor mir, mit dem ich mich auseinandersetzen mußte. Ich hatte im Rahmen meiner Therapie mit Hubert erkannt, daß meine Arbeit und meine Ausbildung, die weitgehend durch meine Eltern motiviert worden war, wenig mit mir selbst zu tun hatte. Ich mußte also, wenn ich tatsächlich das tun wollte, was aus meinem Herzen kam, mich auf die Suche nach einer neuen Berufsperspektive machen, zu der ich tatsächlich eine innere Verbindung spüren konnte.

Viele Fragen tauchten auf: Wie konnte ich mich besser von meinen Eltern lösen? Und gab es möglicherweise noch einen anderen Weg der Therapie oder der Weiterentwicklung? Ich war davon überzeugt, daß es ihn gab, wußte aber nicht, wie dieser Weg aussehen sollte und wie ich ihn gehen konnte.

Immer wieder tauchten beunruhigende und ängstigende Träume auf, oft verbunden mit hefigen Gefühlswallungen und zerstörerischen Bildern. Tiefe Unzufriedenheit und Grübelei über eine Lösung machten sich breit. Verbunden mit der Erkenntnis, meinen Holzweg zu verlassen und meiner Irrfahrt ein Ende zu bereiten und einen Neuanfang zu wagen. Meinen Lebenssinn und meine Lebensaufgabe hatte ich in der Nahtod-Erfahrung schon klar erkannt, aber ich hatte beides wieder vergessen. Ich mußte wieder von neuem nach der Lösung suchen.

Durchbruch und Entdeckung eines tiefen Traumas, das Nagelerlebnis

Ich hatte mich bei meiner Mitarbeit an dem Projekt „Saftladen" (einer alkoholfreien Gaststätte für Suchtkranke und deren Freunde) im Laufe der Zeit immer mehr mit der Projektidee identifiziert und sie innerlich zu meiner eigenen Sache gemacht. Ich war mit großem Engagement dabei und von der Idee begeistert, ein eigenständiges, selbstverwaltetes Projekt aufbauen zu helfen. Bei unseren Verhandlungen mit der Stadt Osnabrück stellten wir aber fest, daß uns die Suchtberatungsstelle zuvorgekommen war. Sie hatte uns das Projekt von heute auf morgen abgenommen, ohne uns zu informieren und ohne uns in den Entscheidungsprozeß einzubeziehen. Ich war schockiert und betroffen und empfand es als unfaßbar, wie dort mit uns umgegangen wurde. Ein Gefühl von großer Hilflosigkeit breitete sich aus, da ich keine Möglichkeit sah, etwas dagegen zu unternehmen. Offenbar stieß ich mit diesem äußeren Erlebnis an ein altes kindliches Trauma. Ich bekam plötzlich starke Schmerzen im Kreuzbein, einen Hustenanfall und fühlte mich, als ob ich gekreuzigt werden sollte.

In der Nacht nach Bekanntwerden dieser Situation wachte ich durch einen intensiven lauten Schrei auf, der mich zutiefst erschütterte. Dieser Schrei mußte aus meiner Kehle gekommen sein. Danach stieg ein tiefes traumatisches Erlebnis in mein Bewußtsein, das ich als Kleinkind hatte:

Wir, meine Eltern, mein Großvater und ich, wohnten damals nach dem Krieg in einer kleinen Zweizimmerwohnung auf dem Bauernhof der Familie Nagel. Ich lag als etwa zwei-, vielleicht zweieinhalbjähriges Kind in meinem Kinderbettchen, wachte des Nachts auf und rief nach meinen Eltern, die offensichtlich nicht im Zimmer waren. Als sie nach langem Rufen immer noch nicht kamen, sah ich ein Licht in der Nähe des Fensters und nahm an, daß es draußen schon hell werden würde. Ich kletterte aus meinem Gitterbettchen und lief zum Fenster, um hinausschauen zu können. Als ich am Fenster angekommen war und das Rollo zur Seite schieben wollte, stellte ich aber zu meinem Schrecken fest, daß es draußen doch noch dunkel war. Ich war sehr irritiert, da ich doch eben noch ein helles Licht gesehen hatte. Da ich mit dem Rufen nach meinen Eltern nicht nachließ – mein Großvater war offensichtlich auch nicht im Haus –, kam aus dem hinteren Teil des Bauernhauses der Bauer Nagel, der mein Rufen gehört hatte.

Vor diesem Menschen hatte ich eine riesengroße Angst, da er mir immer, wenn ich zu ihm in die Küche kam, mit seinem Taschenmesser drohte. Das Spiel lief immer gleich ab: Wenn ich allein oder mit meiner Mutter in die Küche kam, saß er in seinem Sessel und sagte zu mir: „Komm her, ich schneide dir deine Ohren ab." Er holte dann sein Taschenmesser aus der Tasche, klappte es auf und forderte mich auf, zu ihm zu kommen. Ich bekam natürlich sehr große Angst vor diesem scheußlichen Kerl und traute mich nicht mehr, zu ihm zu gehen. Dieser Mensch kam nun in der Nacht, weil er mein Schreien und Rufen gehört hatte, in mein Zimmer, um mich zu beruhigen bzw. zu trösten. Ich weiß heute noch nicht, was in dem Augenblick tatsächlich passiert ist. Ich nehme an, daß ich einen intensiven Schreianfall bekommen habe und völlig außer mir gewesen sein muß vor lauter Angst. Ich nehme an, daß er versucht haben muß, mich auf den Arm zu nehmen, und ich mich mit allen Kräften wehrte und strampelte. Dann hat er mich wohl mit aller Gewalt auf seinen Armen festgehalten, so daß ich mich nicht mehr bewegen konnte. Schließlich muß wohl seine Frau gekommen sein, die mich auf den Arm nahm und tröstete, denn vor ihr hatte ich keine Angst.

So weit das Ereignis. Dieses traumatische Erlebnis war ein tiefer Schock für mich, der mein Leben tief beeinflußt und geprägt hat. In einer hilflosen abhängigen Situation als Kleinkind fühlte ich mich von meinen Eltern verlassen und zudem noch existentiell bedroht. Dieses Ereignis erschütterte das Vertrauen in meine Eltern, und ich begann schon als Kind, mich ganz von ihnen abzuwenden und mich in mich selbst zurückzuziehen. Ich höre meine Mutter in späteren Jahren immer noch sagen: „Der Klemens, der braucht niemanden, der ihn beschäftigt oder mit ihm spielt, der spielt immer allein." Mein Vertrauen in meine Eltern war sehr früh zerstört worden, und ich hatte das Gefühl, nur auf mich allein gestellt durch das Leben kommen zu müssen. Dieses Ereignis war ein sehr großer Schock, den ich natürlich vollkommen verdrängt hatte. Ich kann froh und dankbar sein, daß er wieder in mein Bewußtsein trat, ausgelöst durch ein äußeres Ereignis, das mich innerlich offensichtlich genau an diese Situation erinnerte.

Dieses Ereignis tauchte nur deshalb wieder in meinem Bewußtsein auf, weil ich mich voll und ganz mit einer Sache, einem Projekt, identifiziert und es innerlich zu „meinem Projekt" gemacht hatte. Ich liebte es so sehr, wie ich meine Eltern als Kind geliebt hatte. Ich hatte mich von diesem Projekt abhängig gemacht. Aber gerade diese Abhängigkeit half mir, diese alte Situation wieder „auszugraben" und sie wiederzuerleben und damit zu verarbeiten und in mein Leben zu integrieren.

Ausstieg und die Suche nach einer neuen Lebensperspektive

Nachdem wir die Arbeitsbereiche in unserer gemeinsamen Firma getrennt hatten, betrieb mein Bruder erfolgreich eine Jugendgaststätte. Da ihm die Arbeit in der Gaststätte nicht gefiel, beschloß er, sie zu verkaufen und im Zentrum der Stadt ein Restaurant zu eröffnen. Da mir das Risiko dieses Geschäftes zu unübersichtlich war – in erster Linie hatte sich mein Bruder für diese Geschäftsidee interessiert –, beschlossen wir, eine neue Firma zu gründen, damit das neu geplante Objekt unabhängig von der alten Firma geführt werden konnte. Da ich mit meinen Aufgaben ausgelastet war, hatte ich meinem Bruder die Gründungsmodalitäten des Restaurants und auch die Geschäftsführung überlassen. Als sich etwa zwölf Monate nach der Eröffnung herausstellte, daß die ganze Passage, in der auch das Restaurant war, vom Publikum nicht angenommen wurde und nur sehr wenige der etwa dreißig Läden wirklich wirtschaftlich arbeiten konnten, mußte auch mein Bruder, wie die meisten anderen, sein Geschäft schließen. Da ich an der neuen Firma meines Bruders zu 50 % beteiligt war, schockierte mich dieser Umstand und machte mir innerlich sehr zu schaffen.

Ich geriet in eine schwere Sinnkrise über meine Arbeit. Was ich erreichen wollte, hatte ich erreicht. Ich hatte die Firma so organisiert, daß meine Eltern weitgehend aus der Arbeit in der Firma aussteigen konnten, um sich einen ruhigen Lebensabend zu gestalten. Die Firma hatte ich umgebaut und erheblich erweitert, so daß man die nächsten Jahre dort weiterarbeiten konnte, um sie auszubauen und zu stabilisieren. Jetzt war Kontinuität und Ausdauer angesagt. Und nun verlor ich die Lust und den Antrieb weiterzumachen.

Außerdem kam hinzu, daß ich viel Enttäuschungen einstecken mußte und mich häufig mit unseriösem Geschäftsgebaren von Lieferanten und Großkunden auseinandersetzen mußte, das für mich unbegreiflich war. Insbesondere im Gaststättengewerbe, wo Brauereien mit zweifelhaften Mitteln arbeiteten, wo Konkurrenten bei Großkunden Schmiergelder einsetzten und wir manchen Kunden deshalb nicht gewinnen konnten bzw. verloren.

Hinzu kam, daß auch andere Ideen, die am Anfang meiner Berufstätigkeit standen, sich als nicht durchführbar gezeigt hatten. Dazu gehörte z. B. die Gründung einer Einkaufsgenossenschaft für Getränkehändler oder auch die engere Kooperation von einigen Getränkegroßhandlungen. Diese Ideen waren für die meist sehr konservativen Inhaber dieser kleinen Firmen nicht denkbar, obwohl sie ihre Geschäftstätigkeit sicherlich sehr gestärkt hätten.

Da ich den Antrieb für meine Arbeit verloren hatte, überlegte ich, die gesamte Firma zu verkaufen oder zu verpachten. Mein Bruder, der ja sein Restaurant schließen mußte, entschloß sich dann aber, die Geschäftsführung der alten Firma zu übernehmen, und ich ging in die Arbeitslosigkeit.

Ich wollte nun endlich Zeit für mich haben, um mich neu orientieren zu können, und zu überlegen, wie es mit mir weitergehen sollte. Innerlich stand ich vor dem Nichts. Das bereitete mir erhebliche Ängste und Kopfzerbrechen, denn dies war nun mein zweiter Ausstieg aus der Firma. Das erste Mal war ich vor meinem Studium ausgestiegen und hatte meinen Vater mit seinen Geschäften und Arbeiten allein gelassen. Meinen zweiten Ausstieg erlebte ich als totales persönliches Scheitern. Ich wußte nicht, wie es beruflich weitergehen sollte. Meine Ausbildungen und Studiengänge schienen umsonst gewesen zu sein. Meine Ehe war gescheitert und innerlich war ich letztendlich orientierungslos. Gefühle von großer Wertlosigkeit und Sinnlosigkeit überkamen mich. Ich hatte große Mühe, nicht völlig in eine tiefe Depression „abzusegeln".

Die Fragen aus der Nahtod-Erfahrung tauchten in meinen Gedanken wieder auf: Was ist der Sinn des Lebens? Was ist der Sinn meines Lebens? Was ist meine Lebensaufgabe? Was soll ich hier? Warum habe ich damals den schweren Autounfall überlebt? Fragen über Fragen, auf die ich keine Antwort hatte.

Nach einem Film über Mahatma Ghandi entdeckte ich die Bhagavad Gita, die „Bibel" des Hinduismus, und war fasziniert von der höchst vollendeten Philosophie, die ich entdeckt hatte und die mich sehr inspirierte und begeisterte. In dieser Zeit meiner großen inneren Krise las ich immer wieder in der Bagavat Gita und konnte nicht genug bekommen von ihrem erhabenen Geist, ihrer großen Klarheit und Offenheit. Sie öffnete mir die Sicht für tiefe Dimensionen des spirituellen SEINS. Ähnlich ging es mir mit der Bibel. Ich war in einem Buchladen fast über einen Stapel Bücher gestolpert. Es waren Bibeln, die zu einem Sonderpreis verhökert wurden. 1000 Seiten für 39 DM. Ich dachte: „So viel Papier für so wenig Geld. Das Buch mußt du mitnehmen!" Ich las immer wieder dieselbe Stelle in der Bibel, wenn ich nachts nicht schlafen konnte. Es war der Psalm 34, den ich spontan „zufällig" aufgeschlagen hatte, als ich das Buch zum ersten Mal in der Hand hatte. Ich las diesen einen Psalm immer wieder aufs neue. Er wurde für eine Zeitlang zu einem wichtigen Lebensbegleiter, an dem ich mich festhielt, um nicht unterzugehen in meiner Orientierungslosigkeit.

Psalm 34 (33,4–22 . 34,1–4) Vertrau auf Gott

(Von David, als er sich vor Abimelech wahnsinnig stellte, so daß dieser ihn verjagte und er wegging [Sam 21,13–16]).

Preisen will ich den Herrn zu jeder Zeit,
 immer sei sein Lob in meinem Munde!
Meine Seele rühmt sich im Herrn.
 Die Armen mögen es hören und fröhlich sein!

Verherrlicht mit mir den Herrn;
seinen Namen laßt uns gemeinsam erheben!
Ich suchte den Herrn, da erhörte er mich
und machte mich frei von all meinen Ängsten.
Blicke auf ihn, und euer Antlitz wird leuchten
und muß sich nicht schämen!
Da ist ein gebeugter; er rief, und der Herr vernahm es
und half ihm aus all seinen Nöten.
Ein Lager schlägt auf ein Engel des Herrn
um alle, die ihn fürchten, und rettet sie.
Kostet und sehet, wie gut der Herr ist!
Selig der Mann, der auf ihn vertraut!
Fürchtet den Herrn, ihr seine Heiligen!
Denn wer ihn fürchtet, leidet nicht Mangel.
Mächtige darben und hungern;
doch wer den Herrn sucht, vermißt kein Gut.
Kommt, ihr Söhne, hört mich an!
Die Furcht des Herr will ich euch lehren!
Wer ist der Mann, der Leben wünscht
und glückliche Tage zu schauen begehrt?
Bewahre vor Bösem deine Zunge
und deine Lippen vor falscher Rede!
Laß ab vom Bösen und tue das Gute,
suche den Frieden und strebe ihm nach!
Die Augen des Herrn beachten die Frommen
und seine Ohren ihr Schreien.
Das Antlitz des Herrn droht den Übeltätern,
um ihr Gedenken vom Lande zu tilgen.
Rufen jene, so hört es der Herr
und rettet sie aus all ihren Nöten.
Nah ist der Herr den geknickten Herzen,
hilft allen, die zerknirschten Geistes auch sind.
So zahlreich die Leiden des Gerechten auch sind,
aus allen befreit ihn der Herr.
Er behütet jedes seiner Glieder,
nicht eines davon wird zerbrochen.
Den Frevler tötet das Unheil;
wer den Gerechten haßt, muß es büßen.
Der Herr erlöst die Seele seiner Diener;
straflos bleibt, wer ihm vertraut.

Die Freundschaft zu Catharine, mit der ich drei Jahre nach meiner Trennung von Theresa zusammen war und die mir sehr geholfen hatte, die Trennungserfahrung zu verarbeiten, war nach etwa drei Jahren ebenfalls wieder gescheitert, so daß auch in dieser Beziehung „kein Land in Sicht war“. Ich war vollständig auf mich selbst zurückgeworfen und hatte nun die Aufgabe, ganz von vorn anzufangen. Alles war gescheitert. Ich hatte keine Stelle und auch keine Familie mehr, und die wenigen Freundschaften, die ich hatte, standen noch auf sehr wackligen Füßen, und ich wußte nicht, wieweit ich meinen Freunden vertrauen konnte, über meine Ängste und Nöte mit ihnen zu sprechen.

Ich überlegte, ob ich wieder studieren sollte. Vielleicht in Betriebswirtschaft promovieren. Aber dazu hätte ich ein Universitätsdiplom benötigt. Ich hatte ja nur zwei Fachhochschulabschlüsse, die nicht zur Promotion berechtigten. Auch stellte ich fest, daß Betriebswirtschaft nicht mehr mein Fach war. Ich interessierte mich für Sozialwissenschaften und Kunst, besorgte mir auch die entsprechenden Vorlesungsverzeichnisse, um dann festzustellen, daß ich mir nicht vorstellen konnte, noch einmal auf Universitätsbänken zu sitzen, um mir langweilige Vorlesungen anzuhören. Ich wollte mich nicht mit Pflichtstunden und Fächern auseinandersetzen, die mich nicht interessierten, nur um irgendeinen begehrten Abschluß zu erwerben in der Hoffnung, dann das tun zu können, was ich wirklich wollte. Ich wollte gleich und sofort das tun, was ich für richtig hielt. Ich wollte mich für soziale Projekte engagieren, und ich wollte malen, also praktisch etwas tun und über das Tun lernen.

Ein weiterer Gedanke, der mich beschäftigte, war, in die betriebswirtschaftliche Beratung zu wechseln und Beratung für Klein- und Mittelbetriebe anzubieten bzw. mich auf eine entsprechende Stelle zu bewerben. Meine Chancen als Ingenieur und Betriebswirt wären sicherlich recht gut gewesen. Ich hatte schon die Zusage für eine Stelle in Hannover, aber ich entschied mich dagegen. Diese Aufgabe war mir zu traditionell. Ich glaubte zu wissen, was dort auf mich zukam, und es schien mir nicht in die richtige Richtung zu gehen. Außerdem hätte ich umziehen müssen und so meine Tochter Andrea, die weiterhin jede Woche einmal bei mir war, nur noch selten sehen können.

Ein weiteres Stellenangebot kam aus Oberbayern in der Nähe von Bayreuth. Ich sollte die Leitung einer genossenschaftlichen Fruchtsaftkelterei übernehmen. Eine durchaus interessante Aufgabe, die mich reizte. Aber auch dieses Angebot schlug ich in den Wind. Auch da wußte ich, wie die Arbeit auszusehen hatte, die ich machen müßte. Und obwohl der Genossenschaftsgedanke in ideeller Hinsicht ganz auf meiner Linie lag,

Geburt der Seerose
(Original in Farbe)

war mir die Aufgabe und das Umfeld zu konservativ. Ich suchte nach ganz neuen Ideen und Projekten, in denen ich einen tieferen Sinn sehen konnte.

In dieser Phase der totalen Umorientierung tauchte immer wieder ein intensiver Wunsch auf. Da ich in einer kleinen Zwei-Zimmer-Wohnung lebte, wünschte ich mir eine größere Wohnung. Der Wunsch nach einer größeren Wohnung war verbunden mit dem Gedanken, nicht mehr allein leben zu müssen und Unterstützung von einer Frau zu bekommen. Heute weiß ich, daß der Wunsch nach einer neuen Wohnung mein Wunsch war, meinen eigenen Körper, meine eigene Wohnung besser kennenzulernen und zu besitzen, mich besser selbst zu fühlen und zu finden, um mir selbst nicht im Wege zu stehen, authentisch ganz bei mir in der Wohnung meines Körpers zu sein. Es ging also zunächst darum meine eigene innere Wohnung in Ordnung zu bringen und damit natürlich auch eine Perspektive für meine zukünftige Arbeit zu finden.

Bisher hatte ich hauptsächlich für andere gelebt: für meine Eltern, meine Frau und meine Tochter. Nun mußte ich lernen, für mich selbst zu leben.

Die Vision der Seerose und Selbstgeburt

Ich hatte mich für ein Wochenende Vipassena-Meditation bei Klaus Künkel angemeldet. Wir meditierten an diesem Wochenende zum Thema Bäume. Da mächtige Bäume auf mich eine sehr große Anziehungskraft ausüben, war ich sehr an diesem Wochenende interessiert und auch sehr gespannt darauf. Wir unternahmen einen Spaziergang und richteten unsere Aufmerksamkeit ganz gezielt auf einzelne Bäume, die wir uns aussuchen konnten, versuchten, einen inneren Kontakt zu ihnen herzustellen und versuchten, ihr Wesen zu ergründen. Bei einer anderen Übung zeigte uns Klaus einige Bildbände mit wunderschönen Abbildungen und Fotos von Bäumen. Ich wurde durch dieses Thema sehr angesprochen und war voll und ganz bei der Sache. Dann führte uns Klaus in eine gelenkte Meditation. Sie bestand darin, daß wir uns vorstellen sollten, wir seien ein Baum, würden mit den Wurzeln vom Wind ausgerissen, könnten als Baum fliegen und uns eine neuen Platz suchen, wo wir wieder anwachsen oder landen wollten. Die Phantasiereise war schon beendet, und ich saß noch kniend auf dem Meditationsbänkchen, als sich bei mir auf einmal eine intensive innere Vision bzw. ein inneres, auch mit offenen Augen optisch sichtbares Bild einstellte:

Ich war nicht als Baum gelandet, sondern als Samenkorn in einem alten morschen Baumstumpf und aus dem Samenkorn wuchs kein neuer Baum, sondern eine große prächtige Seerose, die aufblühte und sich entfaltete. Als ich erkannte, daß ich selbst diese Seerose bzw. diese Lotusblüte war, verwandelte sich schlagartig das Bild und ich wurde auf einmal zu einer Frau, die ein Kind gebar, und zwar sitzend im Meditationssitz auf einem Bänkchen. Das Erstaunliche daran war, daß das Kind, das ich gebar, ich selbst war. Dieses innere Bild bzw. diese Vision hatte einen starken numinosen Charakter, beeindruckte und beeinflußte mich tief und stärkte enorm mein Selbstvertrauen. Ich wußte nun, daß ich auf dem richtigen Weg war.

Ich hatte mich in den Wochen zuvor intensiv immer wieder mit der Frage beschäftigt, ob ich nicht doch nach der gescheiterten Therapie noch einen anderen Therapieversuch mit einer anderen Methode und einem anderen Therapeuten oder einer Therapeutin unternehmen sollte, um meine Probleme zu lösen. Nun hatte ich die Antwort bekommen. Sie war sehr klar und intensiv. Das Alte an mir, der alte Baumstumpf, mußte absterben und bildete einen hervorragenden Nährboden für die neu darin aufgehende prächtige Seerose bzw. Lotusblüte. Als ich erkannte, daß ich die Lotusblüte war, wurde mir durch mein höheres Selbst klargemacht, daß ich nur eine Chance hatte: ich mußte mich selbst gebären, das heißt selbst therapieren bzw. selbst befreien, und die richtige Methode für mich war die der Meditation. Therapie ist für mich eher eine männliche Methode und Meditation eine weibliche, weil die Intuition dabei ein sehr viel größere Rolle spielt. Ich mußte mich also durch die Mutter Meditation, die ich eigenständig für mich üben konnte, selbst gebären. Die Entscheidung war für mich gefallen. Ich suchte nicht weiter nach einer Form der Therapie für mich, sondern intensivierte den eingeschlagenen Weg der Vipassena-Meditation.

Nun tauchten ab und zu Träume auf, in denen ein intensives inneres „Angekommensein" zu spüren war, verbunden mit der Erkenntnis „ich habs", ich weiß nun, was meine Aufgabe ist, ich habe des Rätsels Lösung gefunden. Nach dem Aufwachen war dann die Enttäuschung groß, daß ich meine Erkenntis, die ich im Traum gefunden hatte, nicht mehr erinnern konnte. Trotz großer Mühe, im Wachbewußtsein Kontakt zu diesen inneren Erfahrungen aufzunehmen, gelang es mir nicht. Ich hatte nun zwar einen neuen Weg, den Weg der Meditation, eingeschlagen, aber noch immer nicht erkannt, wie es persönlich und beruflich mit mir weitergehen sollte, was meine Lebensaufgabe für mich war.

Intuitive Einsicht in den Nutzen von Gruppenarbeit

Ich hatte mich mal wieder bei Klaus Künkel für ein Wochenende Vipassena-Meditation angemeldet. Wir saßen in der Gruppe im Kreis, sangen das heilige Mantra OM und hatten uns alle sehr darin vertieft. Plötzlich und für mich unerwartet entstand ein Oberton, der deutlich wie ein eigenständiges Wesen in einem Kreis über den Köpfen der Gruppe schwebte. Ich hatte so etwas noch nie erlebt und war vollkommen erstaunt und fasziniert. Mit diesem Erlebnis verband sich für mich die tiefe innere Erkenntnis, daß in Gruppen synergetische Effekte möglich sind, das heißt, daß eine Gruppe mehr ist als die Summe ihrer Teile und daß in einer Gruppe somit etwas kreatives Neues – auch im meditativen oder psychologischen Sinne – entstehen kann. Diese Erkenntnis ist ja auch schon in der Bibel zu finden: „Wo zwei oder drei in meinem Namen" – im Bewußtsein eines höheren Dritten oder des allumfassenden Geistes – „zusammen sind, da bin ich mitten unter ihnen." Gleichzeitig wurde mir deutlich, daß ich mich in Gruppen begeben mußte, wenn ich meine Probleme und meine Unzufriedenheit bearbeiten wollte, um mich selbst tiefer zu erfahren, denn einen Teil hatte auch ich zu diesem frei schwebenden Wesen Oberton beigetragen. Ich arbeitete also in den kommenden Jahren in vielen verschiedenen Gruppen und Initiativen mit.

Aufbruch ins alterna(t)ive Leben

In Kooperation mit einer Suchtberatungsstelle sollteein neues Projekt entstehen, eine alkoholfreie Gaststätte, der „Saftladen". Das Projekt wurde von einer Gruppe aus betroffenen trockenen Alkoholikern, Sozialarbeitern, die in der Suchtkrankenhilfe tätig waren, und anderen Interessierten vorbereitet. Ich war auf der Suche nach neuen Kontakten und mir gefiel die Projektidee. Daher entschloß ich mich, an den Gruppentreffen teilzunehmen.

Die Gruppe ging mit viel Begeisterung an die Arbeit. Doch die Kompetenzen waren weit gestreut. Einige Teilnehmer konnten gut mit den Besuchern umgehen. Doch kaum jemand hatte wirtschaftliche Kenntnisse, die für den Aufbau eines solchen Projektes notwendig waren. Hier jedoch lag meine Stärke. Ich versuchte, meine Vorstellungen über die Möglichkeit der Stabilisierung und Professionalisierung des Projektes einzubringen. Doch das demokratische Prinzip in der Gruppe verhinderte notwendige Maßnahmen. So kam es, daß ich mich mehr und mehr für die Gruppenprozesse interessierte. Auch wenn im ökonomischen Sinne nicht viel passierte, erlebte ich doch hier zum erstenmal, wie langwierig es sein kann, Entscheidungen in einer Gruppe herbeizuführen, die möglichst von allen mitgetragen werden sollten.

Die evangelische Kirche stellte dem Träger-Verein des „Saftladens" Räume zur Verfügung und übernahm sogar kleinere Umbauarbeiten. Als Mietkosten fielen nur die Nebenkosten an. Das waren günstige Startbedingungen für den Verein. Gleichzeitig war damit aber das Projekt in seiner Eigenständigkeit gefährdet, da von der evangelischen Kirche zur Bedingung gemacht wurde, daß ein Mitarbeiter der Suchtberatungsstelle „geborenes" Mitglied im Trägerverein, dem F.F.o.A. (Förderkreis Freizeit ohne Alkohol) sein mußte. Zudem wurde der Verein verpflichtet, jährlich einen Rechenschaftsbericht über seine Arbeit bei der Suchtberatungsstelle abzuliefern.

Der Aufbau des Projekts erforderte viel Detailarbeit. Zudem mußten Kontakte zu Selbsthilfegruppen in der Suchtkrankenhilfe hergestellt werden. Nach langer Diskussion war klar, daß nicht nur Suchtkranke angesprochen werden sollten, sondern auch Jugendliche und Nichtbetroffene. Das Projekt sollte nicht nur im Bereich der Nachsorge in der Suchtkrankenhilfe angesiedelt sein, um Alkoholkranken neue Kontaktmöglichkeiten zu schaffen und ihnen die Möglichkeit zu bieten, ihren alten oft belasteten Freundeskreis aus dem Suchtmilieu zu verlassen, sondern es sollte gleichzeitig auch präventive Arbeit geleitet werden. Eine Zusammenarbeit mit der Jugendgerichtshilfe entstand. Straffällig gewordene Jugendliche hatten die Möglichkeit, soziale Auflagen in Form von sozialen Diensten im „Saftladen" abzuleisten.

Dies alles war in der Anfangszeit der Eröffnung mit einem hohen Organisationsaufwand verbunden. Die Gruppe traf sich wöchentlich, um die ehrenamtlichen Dienste im Laden abzusprechen und abzustimmen, da es zunächst keine hauptamtlichen Mitarbeiter gab. Es bestand ein „harter Kern" von etwa 8 bis 12 ehrenamtlichen Mitarbeitern, die die Öffnungszeiten des Ladens sicherstellten und gleichzeitig für den Einkauf der Getränke und Lebensmittel, für das Zubereiten von Speisen und Getränken und für das Putzen des Ladens usw. zuständig waren.

Meine Aufgabe war u. a. die Buchführung des Vereins in Ordnung zu bringen. Zudem hatte ich die Aufgabe, die Getränke- und Speisekarte zu gestalten und die Preise zu kalkulieren. Der „Saftladen", der anfangs Anlaufschwierigkeiten hatte, wurde mit der Zeit in der Stadt immer bekannter. Als ein anfängliches Negativimage eines „Alkoholikerladens" überwunden war, stiegen die Besucherzahlen und die Umsätze. Zum

Vereinskonzept gehörte, vielfältige Freizeit- und Kontaktmöglichkeiten anzubieten, die Suchtkranken helfen sollten, das „Loch nach dem Ausstieg aus der Sucht" zu überwinden, wieder aktiv zu werden und neue Kontakte zu knüpfen. So gab es bald neben einer Skat- und Spielgruppe, eine Theatergruppe, eine Fußballgruppe, ein Kegeltreffen und eine Schlittschuhgruppe, die sich neben anderen Selbsthilfegruppen im „Saftladen" als Kontaktstelle trafen und sich von da aus organisierten. So war der „Saftladen" zum Beispiel auch Anlaufstelle für eine Gruppe, die die Gründung eines Gesundheitszentrums vorbereitete.

Der Vorstand des Trägervereins stellte Überlegungen an, wie es möglich sei, aus dem „Saftladen" eine professionelle alkoholfreie Gaststätte zu machen. Als Ergebnis dieser Überlegungen wurden zwei Anträge auf Arbeitsbeschaffungsmaßnahmen (ABM) beim Arbeitsamt gestellt. Nachdem die beiden neuen Stellen eingerichtet waren, stellte sich schnell heraus, daß sich die Zusammenarbeit zwischen ehrenamtlichen und hauptamtlichen Mitarbeitern als recht schwierig erwies. Das führte dazu, daß wir überlegten, Mitarbeiterstellen fest zu finanzieren, und zwar sowohl über Zuschüsse von der Stadt als auch über selbst erwirtschaftete Einnahmen aus den Umsätzen des Vereins bzw. des „Saftladens", um die ehrenamtlichen Mitarbeiter zu entlasten. Darüber hinaus stellten wir Überlegungen an, uns möglicherweise bessere und größere Räumlichkeiten für den „Saftladen" zu suchen, um die Umsätze erhöhen zu können. Bei entsprechenden Vorverhandlungen mit dem Sozialdezernenten der Stadt waren wir auf ein sehr positives Echo gestoßen, so daß wir uns Hoffnungen machten, den „Saftladen" zu einer eigenständigen, vom Trägerverein selbstverwalteten dauerhaften Einrichtung entwickeln zu können.

Dies war aber, wie sich später herausstellte, eine naive Vorstellung . Das „geborene Vereinsmitglied", die Suchtberatungsstelle, hatte natürlich unsere Unabhängigkeitsbestrebungen mitbekommen und daher unabhängig von uns Verhandlungen um die Weiterführung der ABM-Stellen mit der Stadt geführt. Es stellte sich heraus, daß die Finanzierung der Stellen durch die Stadt nur unter der Bedingung zugesagt wurde, daß der „Saftladen" von der Beratungsstelle weitergeführt würde bzw. ganz übernommen wurde

Wir hatten die ganze Aufbauarbeit auf ehrenamtliche und engagierte Weise geleistet, und nun nahm uns die Beratungsstelle, ohne uns zu informieren, in einem Federstrich das ganze Projekt ab. Ich war einfach fassungslos und empört, daß das geschehen konnte, sah aber keine Möglichkeit, es zu verhindern oder etwas dagegen zu unternehmen. Alle notwendigen Entscheidungen waren bereits getroffen worden. Diese Tatsache führte dazu, daß der gesamte Vereinsvorstand des Förderkreises von seiner Tätigkeit zurücktrat und wir der Beratungsstelle nahelegten, die Arbeit selbst zu übernehmen. Ich war tief getroffen und verstand die Welt nicht mehr.

Es entstand bei mir das intensive Gefühl, „hintergangen" worden zu sein, das ich wahrscheinlich selbst mit verursacht hatte. Ich bekundete meine Vorstellungen oft sehr direkt und offen und bereitete anderen damit offenbar Angst. Scheinbar besaß ich damals nicht das notwendige Fingerspitzengefühl, um andere langsam und schrittweise in meine Ideen und Vorstellungen einzuweihen, sie dafür zu begeistern und zu gewinnen. Offenbar erkannte ich meine eigenen „Machtansprüche" nicht, war zu naiv und besaß nicht genug Kooperationsfähigkeit und Einfühlungsvermögen, konnte aber auch nicht feststellen, daß ein kooperatives Verhalten von den Menschen, von denen ich mich „hintergangen" fühlte, ausging.

Nachdem ich mich vom „Saftladen" verabschiedet hatte, wandte ich mich einer neuen Tätigkeit zu. Das neue Aufgabengebiet hieß „Netzwerk". Dem Netzwerk galt deshalb mein Interesse, weil dieser Verein Gelder über Mitgliedsbeiträge sammelte und diese an soziale, kulturelle, ökologische und selbstverwaltete Projekte in Form von zinslosen Krediten oder Zuschüssen weitergab. Ich hatte ja im Rahmen meiner „Saftladenarbeit" festgestellt, wie schwer neue Projekte im sozialen Bereich zu finanzieren sind. Eine Förderung sollte insbesondere Projekten in der Gründungs- und Aufbauphase zugute kommen, die durch das Netz der staatlichen Subventionen fielen und für ihre guten Ideen eine erste kleine Start- und Anschubfinanzierung benötigten. Dabei wurden in erster Linie Projekte gefördert, die Leben, Wohnen und Arbeit in Einklang bringen und neue Formen des Lebens und Arbeitens in der Gruppe finden und entwickeln wollten.

Die Netzwerkidee war 1978 in Berlin entstanden. Die Netzwerke waren Anfangs ein Solidaritätstopf für Lehrer, die aus politischen Gründen mit einem Berufsverbot belegt wurden. Später wurde bei einer Zukunftswerkstatt mit Robert Jungk die Förderung auf andere Projekte ausgeweitet, da die Berufsverbote weitgehend wegfielen. Die Idee, soziale Fonds in Form von Netzwerken zu bilden, hatte sich über die Republik ausgebreitet, und so waren bundesweit in ca. 30 Großstädten ähnliche eigenständige Vereine entstanden, die unabhängig voneinander arbeiteten und sich einmal im Jahr zu einem Bundestreffen zusammenfanden, um sich über ihre Arbeit auszutauschen.

Zusammen mit dem Pädagogen, mit dem ich mich während meiner Arbeit im „Saftladen“ angefreundet hatte, versuchte ich nun, die Idee der Professionalisierung beim Netzwerk umzusetzen.

Wir hatten festgestellt, daß wir oft dieselben Gedanken und Ideen hatten, wie wir uns die Arbeit von unkonventionellen neuen Projekten vorstellten. Es ging uns dabei immer um eine Verknüpfung von ehrenamtlicher und professioneller Arbeit, um Kosten zu sparen und um eine Verknüpfung von sozialem und wirtschaftlichem Denken, um die Effizienz der Arbeit zu erhöhen.

Auch waren wir zu der Zeit beide arbeitslos, hatten also beste Voraussetzungen, um uns sozial zu engagieren und unseren Einsatz zu gestalten. Wir fühlten uns sehr gut bei dem Gedanken, völlig frei über unsere Arbeitszeit und unseren Arbeitseinsatz entscheiden zu können. Denn eines war uns beiden klar: wer von der Gemeinschaft der Arbeitenden finanziert wird, hat auch eine moralische Verpflichtung, für die Gemeinschaft etwas zu leisten. Zudem ließ es unsere Mentalität gar nicht zu, die Hände in den Schoß zu legen und zu faulenzen. Es gab viel zu tun, also packten wir es an.

Für das Angebot der Beratungsleistungen benötigten wir ein Büro. Also mieteten wir zunächst auf eigene Kosten zwei Räume an. Später konnten wir dann Netzwerk dafür gewinnen, diese Büroräume zu übernehmen. Wir schauten uns die Arbeit von anderen bereits professioneller arbeitenden Netzwerken in Berlin und Bremen an und entwarfen ein ähnliches Beratungskonzept. Es war unsere Aufgabe, neue Mitglieder zu werben, insbesondere alternative Projekte und Betriebe. Unser Ziel war es, Netzwerk zu einer Interessenvertretung dieser Projekte werden zu lassen, sie zu beraten und zu unterstützen. Ein regelmäßiger Netzwerkrundbrief wurde zum Zweck der Öffentlichkeitsarbeit ins Leben gerufen. Von der Stadt bekamen wir einen Zuschuß zur Finanzierung der Räume für unsere Arbeit. Das Arbeitsamt stellte uns für den Zeitraum von zwei Jahren eine ABM-Stelle zur Verfügung, so daß wir glaubten gute Startbedingungen zu haben, das neue Netzwerkkonzept voranzutreiben.

Unser Angebot für soziale, kulturelle, ökologische und selbstverwaltete Projekte bestand darin, sozialpädagogische und betriebswirtschaftliche Gründungs- und Entwicklungsberatung anzubieten. Unterstützt wurden diese Beratungsleitungen durch kleine Zuschüsse und zinslose Kredite des Vereins und durch Direktkreditvermittlung von Privatpersonen an Projekte nach dem Berliner Modell der Stadtwerke. Zudem war die Frankfurter Ökobank gerade gegründet worden, und erste Kredite dieser neuen grünen Bank konnten durch die Unterstützung von Netzwerk an Projekte vermittelt werden.

Ein weiterer Teil der Netzwerkberatung bestand nun darin, bei den ökonomischen Bedingungen der Projektgründung (Vereinsgründung, Buchführung, Steuerpflichten, Verwaltung), bei der Beantragung und Abwicklung von ABM-Stellen zu beraten, zu unterstützen und Schuldnerberatung durchzuführen. Oft waren Projektberatungen eher „Abratungen“ als „Zuratungen“, da doch viele Ratsuchende völlig diffuse Projektvorstellungen hatten, so daß wir von den geplanten Vorhaben auf Grund der Persönlichkeit der Betreiber und/oder mangelnder Fachkenntnis oft nur abraten konnten.

Es gelang Netzwerk noch zweimal, eine Anschluß-ABM zu finanzieren, so daß die Arbeit von Netzwerk weitergeführt werden konnte. Aber auch hier waren auf Dauer keine festen Finanzierungen in Sicht.

Zu dieser Zeit, also etwa 1986/87, befand sich die gesamte alternative Projektszene in einer Aufbruchstimmung, und das war natürlich auch bei uns so. Dadurch, daß die schwarz/gelbe Bundesregierung die Möglichkeit geschaffen hatte, über die Arbeitsämter sogenannte Arbeitsbeschaffungsmaßnahmen (kurz ABM genannt) zu beantragen, wurde auch kleinen gemeinnützigen Vereinen im sozialen und kulturellen Bereich erstmals die Möglichkeit eröffnet, befristete Arbeitsplätze (in der Regel zunächst für zwei Jahre) für ihre Aufgabenbereiche zu schaffen. Da anfangs diese Stellen sogar zu 100 Prozent finanziert wurden und die Vereine nur die Sachmittel für den Arbeitsplatz zur Verfügung zu stellen brauchten, entstanden u. a. im Alternativbereich viele neue Projekte.

Die Gründungsidee der BWA (Arbeitsgemeinschaft für alkoholfreie Begegnungsstätten, Wohngruppen und Arbeitsplatzinitiativen) entstand als Ergebnis mehrerer Diskussionen im alten Kernteam des „Saftladens“. Aus der Erfahrung mit diesem Projekt hatte sich gezeigt, daß viele Initiativen im Bereich der Suchtkrankenhilfe und der Selbsthilfe von Suchtkranken keinen Kontakt untereinander hatten und es keinen Verband oder eine Zentralstelle gab, die sich in angemessener Weise für die Belange dieser Projekte einsetzte. Es gab weder einen Erfahrungsaustausch noch eine Beratung oder gar eine Förderung für sie. Meine Idee war, diese Lücke zu schließen und Erfahrungsaustausch, Beratung und Unterstützung zu organisieren und zu realisieren. Nachdem der Verein von mir ins Leben gerufen war, bekam er eine feste Stelle finanziert, die die Aufgabe hatte, den Verein und die inhaltliche Arbeit aufzubauen.

Räumlichkeiten waren schnell vorhanden. Es entstand eine Bürogemeinschaft. Vier Räume wurden je zur Hälfte von der BWA und Netzwerk genutzt. Vom Verein wurden drei bundesweite Untersuchungen über die

Situation der alkoholfreien Projekte in der Suchtkrankenhilfe initiiert. Es gelang uns, Mittel für die wissenschaftlichen MitarbeiterInnen von der Bundesanstalt für Arbeit finanziert zu bekommen. Diese Untersuchungen wurden jeweils von zwei Mitarbeitern durchgeführt. Es galt sowohl die wirtschaftlichen als auch die sozialen Belange der Projekte zu untersuchen. Alle drei Untersuchungen konnten erfolgreich zum Abschluß gebracht werden und sollten die Grundlage für Beratungen und die Organisation von Tagungen zum Zweck des Erfahrungsaustausches bilden. Dies konnte für den Bereich der Begegnungsstätten realisiert werden. Es wurden Arbeitsmaterialien für die Projekte erstellt, drei bundesweite Tagungen und viele einzelne Beratungen durchgeführt.

Die Idee war, nach der Vorstellung dieser Erfolgsbilanz, die Unterstützung von Land und Bund zu gewinnen und damit eine bundesweite Beratungs- und Entwicklungseinrichtung für diese Projekte zu schaffen. Es gab in diesem Bereich viele sinnvolle private und unentgeltliche Initiativen, die keinerlei Unterstützung und Beratung erhielten und nach unserer Einschätzung eine sinnvolle Ergänzung der mit sehr großem finanziellem Aufwand betriebenen Suchtkrankenhilfe darstellte. So wurden Kontakte mit den zuständigen Stellen des Landes Niedersachen, des Landes Nordrhein-Westfalen und des Bundes hergestellt, um zu eruieren, ob eine Weiterfinanzierung möglich sei.

Erschwerend kam zwischenzeitlich hinzu, daß der Verein immer mehr Eigenmittel aufbringen mußte, um die angestrebten Ziele zu verwirklichen. Da wir die Weiterarbeit der BWA sicherstellen wollten, versuchten wir, über Stiftungen aus dem sozialen Bereich Gelder für die Vereinsarbeit einzuwerben. Es stellte sich jedoch schnell heraus, daß diese Mittel bei weitem nicht reichten, um die Weiterarbeit der BWA zu gewährleisten.

Für mich standen durch diese Umstände keine Mittel mehr zur Verfügung, um als hauptamtlicher Geschäftsführer für den Verein tätig zu sein. Daher hatte ich mich entschlossen, noch ein Jahr ehrenamtlich weiterzuarbeiten, um die laufenden Finanzierungsanträge beim Land Niedersachsen, beim deutschen paritätischen Wohlfahrtsverband und bei der Stiftung deutsche Jugendmarke, die uns Hoffnung gemacht hatte, unsere Arbeit zunächst für drei Jahre und drei Mitarbeiter weiterzufinanzieren, weiterzuverfolgen und voranzutreiben. Leider stellte sich nach einem Jahr ehrenamtlicher Arbeit und Öffentlichkeitsarbeit heraus, daß keiner unserer oben erwähnten Anträge bewilligt werden würde.

Das Projekt BWA stand damit vor dem Aus. Ich hatte ein ganzes Jahr ehrenamtliche Arbeit investiert und das Gefühl, nur nutzlose Arbeit getan zu haben. Für mich persönlich kam hinzu, daß ich mich innerlich sehr mit diesem Projekt verbunden gefühlt und identifiziert hatte. Mein Selbstwert hing davon ab, dieses Projekt solide auf die Beine zu bekommen, und diese Idee war gescheitert. Ich mußte feststellen, daß ich mich in der Zielsetzung übernommen und zu hohe Ansprüche an mich gestellt hatte. Ich hatte das Gefühl, mit einem weiteren Projekt persönlich gescheitert zu sein. Das Projekt war gestorben, und ich mußte innerlich auch „sterben" und für mich eine neue Berufsperspektive finden. Eineinhalb Jahre brauchte ich, um diese Niederlage einigermaßen zu verdauen. Ich hatte das Gefühl, mich absolut verausgabt zu haben und völlig ausgebrannt zu sein, so als wäre ich gegen eine Betonmauer angelaufen.

Zudem hatte ich mit meinem Engagement im sozialem Bereich paradoxe Erfahrungen gesammelt. Immer wieder traf ich auf Menschen, die sich für die besseren Menschen hielten, weil sie soziale Dienste leisteten und herablassend auf andere schauten, die in der freien Wirtschaft tätig waren. Die Erfahrungen, die ich in der freien Wirtschaft gesammelt hatte, waren: die Konkurrenzverhältnisse sind klar und es ist auch klar, daß man mit miesen Tricks und unlauteren Methoden rechnen muß. Man weiß also, auf was man sich einstellen muß. Das hat trotz aller Nachteile viele Vorteile. Auch ich war der Vorstellung erlegen, im sozialen Bereich die besseren Menschen anzutreffen, mußte aber feststellen, daß hier der Konkurrenzgedanke genauso groß oder vielleicht sogar noch größer ist als in der freien Wirtschaft. Der Unterschied lag nur darin, daß hier alle von Kooperation und Zusammenarbeit redeten und man als Neuling in diesem Bereich erst hinterher feststellte, welche Spiele mit uns gespielt wurden, um uns von den Finanztöpfen fernzuhalten. Das führte zum Beispiel dazu, daß man bei Behörden, Institutionen und Ministerien immer sehr freundlich behandelt und mit seinem Anliegen sehr geschickt zur nächsten Stelle verwiesen wurde mit dem Hinweis, daß man leider nichts für uns tun könne, daß man ehrenamtliches Engagement aber sehr schätzte nach dem Motto „Machen Sie weiter so", aber sicherlich die nächste Institution, an die wir verwiesen wurden, Mittel für uns bereit hätte. Bei diesem Spiel um Projektförderungen bin ich nur auf einen einzigen Menschen gestoßen, der mit offenen Karten spielte und uns klar sagte, wie er die Lage einschätzte. Das rechne ich ihm noch heute hoch an. Es war der damalige Leiter der Landesstelle gegen Suchtgefahren in Niedersachsen, Lothar Rimpel.

Es waren bittere, aber für mich wohl notwendige Erfahrungen, festzustellen, daß die Verhältnisse im sozialen Bereich scheinbar völlig zementiert und festgefahren sind und Veränderungen aus alten Positionen heraus und wirkliche Offenheit Menschen gegenüber, die etwas bewegen möchten, Seltenheitswert haben. Sicherlich kam auch noch hinzu, daß unser noch junger Verein, die BWA, zu wenig in das etablierte Verbandswesen integriert war.

Die BWA fand nach dem Rückzug aus der Idee eine Beratungseinrichtung aufzubauen, und nach einer Satzungsänderung eine neue Aufgabenstellung. Es entstand eine therapeutische Wohngruppe für Suchtkranke. Dieses Projekt konnte über fünf Jahre erfolgreich durchgeführt werden. Doch bereits nach dem vierten Jahr wurde deutlich, daß die Mittel immer sparsamer flossen und das Projekt das fünfte Jahr nicht überleben konnte.

Inzwischen waren sieben Jahre ins Land gegangen. Schon 1986 hatte ich mit der Projektarbeit begonnen. Ich war auf der Suche nach einer sinnvollen Arbeits- und Berufsperspektive. 1993, als meine letzte Projekt-Stelle auslief, stand für mich nach einer Bilanzierung meiner Situation fest, daß ich auch im sozialen Bereich mit meinen Tätigkeiten gescheitert war. Wie sollte ich aus dieser Situation heraus die Kraft und Energie bekommen, eine neue Perspektive zu entwickeln? Das war nun für mich die große Frage! Ich war wieder auf mein Grundthema gestoßen: Wer bin ich, was kann ich, was will ich? Auch Bewerbungen als Projektberater waren erfolglos. Ich mußte feststellen, daß ich schon zu alt war. Es wurden Bewerber um die Dreißig vorgezogen, und ich war schon vierzig. In mancher Hinsicht war ich sicherlich auch zu eigenständig und zu eigenwillig, denn diese Eigenschaften sind nicht überall gefragt.

1996 fiel in den Vereinen, in denen ich mitgearbeitet hatte, die Entscheidung, sie aufzulösen. Zuerst im Netzwerk und dann bei der BWA. Das war zwar schmerzlich, aber die sozialen Bedingungen hatten sich inzwischen so sehr verändert, so daß keine Entwicklungsperspektiven mehr sichtbar waren.

Was hat es den Menschen gebracht, in diesen Projekten mitgearbeitet zu haben, und was ist aus ihnen geworden? Alle haben ohne Ausnahme für sich eine persönliche und berufliche Perspektive gefunden. Und was ist aus meinem Freund, dem Pädagogen, geworden? Er versucht, sich im künstlerischen Bereich einen Platz zu erobern, in dem er wirklich zu Hause ist. Ihm hängt das Scheitern der Vereine nicht nach. Er lächelt darüber und sagt: „Klar war ich traurig darüber, aber ich bin glücklich mit dem, was ich jetzt tue!"

Und was hat die Mitarbeit an den alternativen Projekten mir gebracht? Ich habe, so hoffe ich, viel daraus gelernt. Mein Anliegen war a) für mich eine neue Lebens- und Berufsperspektive zu finden und b) neue Formen des Lebens und Arbeitens auszuprobieren und zu unterstützen und sie womöglich handfest auf den Boden zu bringen und umzusetzen. Dabei ging es mir immer darum, Leben und Arbeit enger miteinander zu verbinden und auch eine innere persönliche Verbindung zu dem zu haben, was ich tue.

Wir wollten Formen finden und unterstützen, insbesondere im kulturellen und sozialen Bereich, wo ehrenamtliche Arbeit neben bezahlter Arbeit mehr wertgeschätzt wird und Formen entwickeln, in denen auch soziale Arbeit wirtschaftlich und effektiv durchgeführt werden kann.

Ich hatte in der Zeit der ehrenamtlichen und hauptamtlichen Tätigkeit für die Vereine viel persönlichen und selbstverantworteten Freiraum zum Lernen und zum Ausprobieren, den ich nicht missen möchte. Ich habe gelernt, wieviel Geduld und langfristige Ausdauer notwendig ist, um wirklich Neues auf die Beine zu stellen. Ich habe gelernt, daß wirklich eine tiefe innere Verbindung zu dem, was man realisieren will, da sein muß, insbesondere wenn man Neues entwickeln will. Diese Verbindung habe ich ja noch gesucht, und darum sind alle Projekte, an denen ich mitgearbeitet habe, für mich gescheitert. Sicherlich spielten bei meinem Engagement auch anerzogene Schuldgefühle eine wichtige Rolle. Ich war in die Rolle des „hilflosen Helfers" geraten. Durch dieses erneute Scheitern wurde es mir dann möglich, meine wahren Wurzeln wiederzufinden.

Unabhängig von meinen persönlichen Erkenntnissen aus diesen Jahren, habe ich sinnvolle Beratungsarbeit für Projekte und Betriebe geleistet und vielfach sehr konkret dabei geholfen, Projekte praktisch umzusetzen. Sicherlich auch viele notwendige „Abratungen" für Menschen, die sich möglicherweise noch mehr verirrt hätten, als ich es selbst getan habe.

Auch wenn wir nicht alles geschafft haben, was wir uns vorgenommen hatten, so ist das nicht uns allein zuzuschreiben, sondern auch der allgemeinen, konservativen, großen politischen Wetterlage. Die Diskussionen der nächsten Jahre, insbesondere im ökonomischen, sozialen und gesundheitspolitischen Bereich, wird zeigen, daß unsere Gesellschaft auf ganz neue Lösungen kommen muß, wenn sie alle arbeitsfähigen Menschen angemessen sozial absichern und wieder in Lohn- und Brot bringen will.

Meine wichtigste Erkenntnis: Das Leben, wenn man sich wirklich damit auseinandersetzt und sich auf das, was zum inneren Bedürfnis wird, voll und ganz einläßt, ist die beste „Therapie". Diese Jahre haben auch vor dem Hintergrund der Nahtod-Erfahrung viel dazu beigetragen, mich innerlich weiter von meinen Eltern zu lösen und in jeder Hinsicht selbständiger zu werden und einen großen Teil meiner inneren Probleme zu verarbeiten und zu lösen. Jetzt ging es darum, von der Selbsttherapie über die Selbstheilung zur Selbstentfaltung fortzuschreiten, Mittel und Wege zu meiner endgültigen inneren Befreiung zu finden. Es ging darum, den Kontakt zu meinem inneren Wesen wieder herzustellen und nicht wieder zu verlieren, die Wahrnehmung des inneren Glücks, der Zufriedenheit, Ruhe und Klarheit, so wie ich sie im Nahtod-Erlebnis erfahren hatte, mitten ins Leben und in den Alltag zu bringen.

Die Vision meines Lebens mit Fünfzig

Mit 35 Jahren stieg ich aus der elterlichen Firma aus, um nach einer neuen Lebensperspektive zu suchen. Ich hatte erkannt, daß mein bisheriges Leben wenig mit meinen wirklichen inneren Wünschen zu tun hatte und hatte die Vorstellung: Also, fünf Jahre habe ich jetzt noch Zeit, um mich neu zu orientieren. Bis 40 muß ich eine Möglichkeit gefunden haben, wie es mit mir weitergehen kann. Denn ich glaubte schon damals, daß man in unserer Gesellschaft mit 40 Jahren kaum noch Chancen hat, sich beruflich neu zu orientieren, weil man dann für zu alt gehalten wird und Jüngere für neue Stellen vorgezogen werden. Ich hatte mir zwar in den vergangen fünf Jahren viel Mühe gegeben, eine neue Perspektive zu finden, etwas „Handfestes" hatte sich aber nicht herauskristallisiert. Meine erste zweijährige ABM-Stelle war gerade ausgelaufen, und etwas Festes und Sicheres war noch nicht in Sicht. Ich stand innerlich halb bewußt unter dem Druck, eine neue Perspektive bis 40 gefunden haben zu müssen, ohne daß ich das besonders reflektiert hätte. Ich war viel zu sehr damit beschäftigt, wie ich das Projekt BWA auf solide Füße stellen konnte. Das hatte ich aber nicht geschafft, bzw. die Aussichten schienen nicht gut zu sein. Außerdem kam für mich hinzu, daß ich noch immer allein lebte und noch keine neue Lebenspartnerin gefunden hatte. Ich wünschte mir natürlich, daß sich das auf Dauer positiv ändern würde.

Unter dieser inneren Spannung stehend, fiel ich kurz vor meinem 40 Geburtstag fast drei Tage lang in eine tiefe Depression. Diese Depression war so intensiv, daß ich es kaum noch schaffte, aus dem Bett aufzustehen. Mein ganzer Körper fühlte sich steif und tot an. Wenn ich im Bett lag, hatte ich das Gefühl, als würde eine tonnenschwere Last auf meinen Körper drücken. Das ging so weit, daß zeitweise so etwas wie eine Körperstarre eintrat. Ich hatte das Gefühl, mich nicht mehr bewegen zu können und völlig steif zu sein. Der Atem war nur noch ganz flach zu spüren, und ich hatte den Eindruck, als würde er zeitweise fast ganz aussetzen. Drei Tage vege-

tierte ich so allein in meiner kleinen Wohnung dahin, ohne daß eine wesentliche Veränderung eintrat. Wenn sich diese Zustände zwischendurch etwas besserten, schaffte ich es, kurz aufzustehen und eine Kleinigkeit zu trinken oder zu essen. Dann saß ich wieder tonnenschwer im Sessel oder kroch wieder ins Bett, wo ich wie tot liegenblieb. Dieser Zustand dauerte wie gesagt etwa drei Tage, dann tauchte ein inneres Bild oder eine Vision in mir auf, und der Zustand war wie weggeblasen. Es ging mir wieder gut, und ich fühlte mich wieder normal, so daß ich meine tägliche Arbeit wieder aufnehmen konnte.

Was war passiert: Im Bett liegend, war ein inneres Bild meines Lebens mit fünfzig Jahren in mir hochgestiegen, das ich als ein optisch sichtbares dunkles Bild wahrnehmen konnte.

Ich lebte in einer Drei-Zimmer-Wohnung zusammen mit einer Frau, die ein kleines, noch sehr junges Kind von mir hatte, es war wohl noch ein Säugling. Es war eine hübsche, dunkelhaarige Frau mit langen Haaren. Wir hatten ein sehr entspanntes und liebevolles Verhältnis zueinander, und ich war tief berührt vom Anblick unseres gemeinsamen Kindes. In der Wohnung gab es ein Arbeitszimmer, das bis unter die Decke vollgestopft war mit Büchern, Ordnern und Arbeitsmaterialien, ich war freiberuflich tätig. Dunkel und etwas unklar konnte ich auch wahrnehmen, daß es eine befriedigende und für mich wichtige und kreative Arbeit war, die ich da ausübte. Wir lebten sehr bescheiden und waren nur sehr einfach eingerichtet in dieser Wohnung, hatten aber doch alles, was wir brauchten, um ein bescheidenes, aber glückliches Leben zu führen bzw. so zu leben, wie wir es uns wünschten. Ich war etwa fünfzig Jahre alt. Die Frau an meiner Seite war erheblich jünger, sie war etwa Mitte Dreißig.

Diese kurze, aber intensive Vision, strahlte eine so große Faszination auf mich aus, daß sie mich schlagartig aus der tiefen Depression herauszuholte, in die ich gefallen war. Hier war wohl aus den tiefen Schichten meiner Seele ein Bild geboren worden, das mir zeigte, welchen Weg ich gehen konnte, und daß ich mindestens noch 10 Jahre brauchen würde, um meine inneren Wünsche, Bedürfnisse und Ziele zu realisieren und meiner eigentlichen Lebensaufgabe näher zu kommen.

Heute mit 49 Jahren, wo ich dieses Erlebnis aufschreibe, hat sich dieses innere Bild äußerlich noch nicht erfüllt. Mir ist klar geworden, daß dieses innere Bild mir zeigen wollte, daß es darum geht, meine eigenen weiblichen Anteile noch mehr zu integrieren und mein inneres Kind zu entfalten, um wirklich ganz zu werden. Nicht im „Außen“ muß sich dieses innere Bild erfüllen, sondern im Inneren. Entscheidend war für mich damals, daß dieses innere Bild, das aus der damaligen augenblicklichen Situation heraus geboren wurde und auch meine damaligen Wünsche und Bedürfnisse widerspiegelte, mir die Kraft gab, mich aus der tiefen Krise, in die ich gestürzt war, im „Handumdrehen" wieder zu befreien. Innere Bilder können sich natürlich im Laufe der Jahre verändern und darum ist meine Erkenntnis, daß ich dieses innere Bild, das damals für mich sehr wichtig war, innen zusammenfügen und loslassen muß. Vielleicht erfüllt es sich dann im „Außen", vielleicht aber auch nicht, und es entstehen andere Bilder und Visionen, die noch mehr Sogkraft haben.

„Die schönste Emotion, die wir erfahren können, ist die mystische. Sie ist die Säerin aller wahren Kunst und Wissenschaft. Wem diese Emotion fremd ist, der ist so gut wie tot.“

Albert Einstein

3. Teil
Die „heiligen Waffen“ auf dem Weg zum Licht

Die Dunkelheit der Seele annehmen

Die große Dunkelheit meiner Seele war mir zum ersten Mal mit aller Deutlichkeit bei meinem Nahtod-Erlebnis ins Bewußtsein „geschleudert" worden. Es machte mir große Schwierigkeiten, diesen Schatten meiner Seele genauer anzuschauen

Mein Mißtrauen, nicht auf wirkliche Hilfe zu stoßen, nicht wirklich aufgefangen zu werden, wenn es mir schlecht ging, war so groß, daß ich keine Möglichkeit sah, mich erneut einem Therapeuten oder einer Therapeutin anzuvertrauen. Das genau war eine meiner großen Wunden: kein Vertrauen zu Menschen entwickeln zu können, da mein Vertrauen in meine Eltern im frühkindlichen Stadium einmal sehr schwer auf traumatische Weise enttäuscht wurde.

So führte das große Mißtrauen gegenüber Menschen, das durch meine Therapie noch verstärkt worden war, dazu, ganz und gar auf meine eigene Fähigkeiten und Kräfte vertrauen zu müssen, wenn ich mich aus meinem inneren Dilemma befreien wollte. Das war eine sehr schwierige Aufgabe, da mein Selbstvertrauen durch das Scheitern meiner Ehe und das Scheitern meines Berufes auf sehr wackeligen Beinen stand. Ich kam mir oft vor wie ein Seiltänzer ohne Übung und Erfahrung, der jederzeit abzustürzen drohte. Am Anfang dieser Entwicklung gab es auch kein Netz z.B. von Freunden, eine Selbsthilfegruppe oder ähnliches.

Ein Satz ging mir damals immer wieder durch den Kopf, wenn ich nicht mehr wußte, wie es mit mir weitergehen sollte: „Hilf dir selbst, dann hilft dir Gott". Diesen Satz hatte ich von dem ältestem Sohn unseres Nachbarn in meiner Jugend gehört. Er gebrauchte ihn, wenn er nicht wußte, wie er sich entscheiden sollte, wenn einfach keine Hilfe da war. „Hilf dir selbst, dann hilft dir Gott", wurde so etwas wie mein innerer Wahlspruch, an dem ich mich versuchte entlang zu hangeln wie ein Seiltänzer. Damit war verbunden, daß ich auf verschiedene Weise versuchte, einen tieferen Zugang zu mir selbst, zu meinem höheren Selbst bzw. zu Gott zu finden, aber der Zugang zu meinem tieferen innerem Wesen war total verschüttet und mußte erst mühselig wieder freigelegt werden.

Die Vision positiver weiblicher Archetypen

Ich hatte begonnen, regelmäßig zu Hause zu meditieren, jeden Morgen etwa zwanzig Minuten. Meine Angewohnheit war, eine Kerze anzuzünden

und vor die Kerze ein Buch zu legen, auf dem ein großes Yin- und Yang-Symbol zu sehen war. Ich konzentrierte mich dann mit meiner ganzen Aufmerksamkeit auf das Yin- und Yang-Symbol, weil es eine große Anziehungskraft auf mich ausstrahlte. Schon wochen- und monatelang hatte ich diese Form der Meditation geübt, als sich unerwartet eine Vision von faszinierender Intensität einstellte:

Aus der vollkommenen Stille heraus, tauchte plötzlich der Gedanke an eine hölzerne, schwingende Möwe aus der Netter Mühle, in der ich vor kurzem bei einem Konzert gewesen war, in meinem Bewußtsein auf. Dieser Gedanke verwandelte sich vor meinen Augen in das sichtbare Bild einer schwingenden Holzmöwe, und diese wiederum verwandelte sich dann zu einem für mich bei offenen Augen erfahrbaren farbigen, abstrakten Symbol eines großen Vogels, eines Adlers oder eines Venusberges, in der Farbe grün oder gelb. Das erstaunliche war, daß gleichzeitig in dieses Symbol noch zwei weitere Symbole hineinfielen und sich somit überlappten, sich in ihrem Zentrum wohl auch berührten. Ein blaues mit der Spitze nach unten gerichtetes Dreieck und ein rotes Schild, das an einen roten Krug, eine rote Schale bzw. die Form einer roten Gebärmutter erinnerte. Zu sehen waren von diesen Symbolen nur die farbigen Umrisse.

Das Erlebnis hatte einen tiefen numinosen Charakter und beeinflußte, berührte und faszinierte mich intensiv. Im Laufe der Zeit erschlossen sich die Bilder, die ich gesehen hatte, tief aus meinem Inneren heraus, und ich erkannte, was ich gesehen hatte: Es waren drei positive weibliche Archetypen. Ich hatte zuvor die mystischen Bücher von Carlos Castaneda über den indianischen Zauberer Don Juan gelesen und war von dem indianischem Ursymbol des Adlers gefesselt. Der Adler ist Symbol der Kraft, der das Schicksal aller Lebewesen regiert. Er hatte mich sehr tief im Inneren angesprochen, so daß ich den Eindruck habe, daß er wesentlich zur Entstehung dieser Vision beitrug. Das Symbol der Möwe oder der Taube ist ein christliches Symbol für den Heiligen Geist. Im Symbol des Adlers schwang gleichzeitig das Symbol des Venusberges bzw. des weiblichen Geschlechts mit, das die sexuelle Urkraft der Entstehung des Lebens symbolisiert. Die Farbe Grün des Adlers symbolisiert die Mutter Natur und die Farbe Gelb des Venusberges die Mutter Erde. Das auf die Spitze gestellte Dreieck ist ein umgekehrtes Symbol der christlichen Dreifaltigkeit, die sich auf einen männlichen Gott bezieht. Das mit der Spitze nach oben weisende Dreieck symbolisiert die göttliche Dreiheit: Gott Vater, Gott Sohn, Gott heiliger Geist. Das auf die spitze gestellte Dreieck meiner Vision dagegen symbolisiert für mich die weibliche göttliche Dreifaltigkeit Gott Mutter, Gott Tochter, Gott heilige Materie. Die Farbe Blau ist ein Symbol für das Wasser,

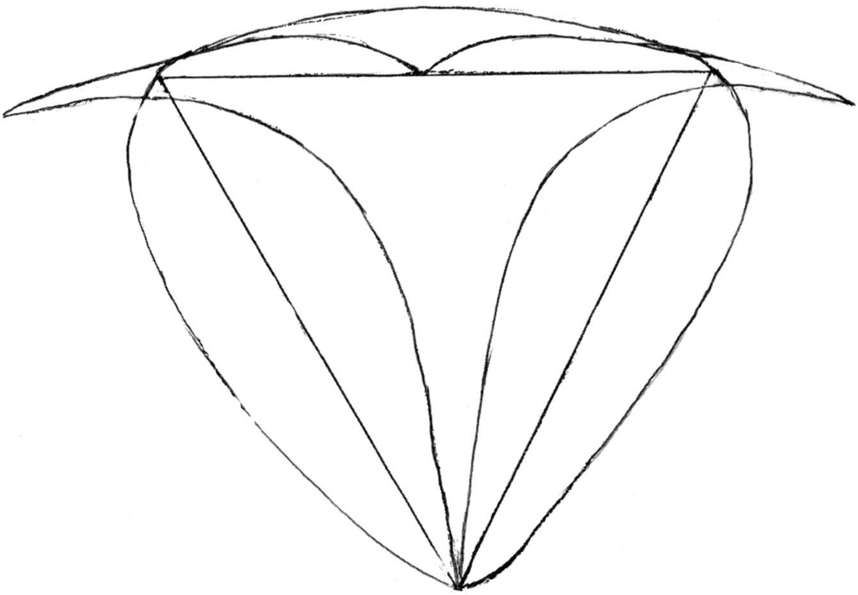

Drei weibliche archetypische Formen

das ebenfalls dem Weiblichen zugeordnet werden kann. Im dritten Symbol eines roten Kruges oder einer roten Schale kommt ebenfalls noch einmal ein Symbol der weiblichen Fruchtbarkeit und Gebärfähigkeit, ein Ursymbol für Kreativität, zum Ausdruck. Die Farbe Rot steht in diesem Fall für das Blut als lebensspendender Saft der weiblichen Gottheit des Lebens.

In der Zeit vor dieser Vision hatte mich die Frage beschäftigt, welche Lebenspartnerin oder Freundin für mich wohl richtig sein könnte, um eine befriedigende Partnerschaft eingehen zu können, da partnerschaftliche Beziehung für mich den Sinn hat, sich gegenseitig in seiner spirituellen Entwicklung zu unterstützen. Sollte es ein mütterlicher Typ, der mich unterstützte und forderte, oder eine Geliebte sein, mit der ich meine sexuellen Wünsche leben konnte, oder eher eine intellektuelle Frau, mit der der geistige Austausch im Vordergrund stehen würde?

Die Antwort, die ich durch die Vision erhielt, war umwerfend und verblüffend. Es ging nicht darum, im Außen zu suchen, sondern darum, alle drei Qualitäten in mir selbst zu finden, zu entwickeln und mich auf meine vernachlässigten weiblichen Seiten zu konzentrieren und einzulassen. Mir wurde danach vieles aus meiner Kindheit, was die weiblichen Seiten meiner Erziehung betraf und die ich vollständig vergessen und verdrängt hatte, wieder bewußt. Zum Beispiel, daß meine Mutter mit mir als Kind oft gemeinsam zur Mutter Gottes gebetet hatte und daß es im Marienmonat Mai neben meinem Bett auf dem Nachttisch einen kleinen Hausaltar gegeben hatte mit einer Marienstatue, Mutter und Kind, der von mir mit Blumen geschmückt wurde und vor dem wir kniend jeden Abend beteten. Dieses Ritual vollzog ich als Kind sehr innig und war immer voll und ganz dabei. Ebenso ging es mir mit den sogenannten Maiandachten in der Kirche, die auch der Gottesmutter gewidmet waren und in denen das Rosenkranzbeten und das „Gegrüßet seist Du Maria“ eine besondere Rolle spielten.

Das Erlebnis der positiven weiblichen Archetypen beeinflußte mich tief und verwandelte mich im Laufe der Jahre sehr stark. Es dauerte lange, bis ich die Tiefe dieser Erfahrung voll und ganz durchschaut hatte. Ich begann, diese Qualitäten immer stärker in mein Leben zu integrieren, ein Prozeß, der bis heute andauert.

Kennst Du das Bild?

Du steigst eine Treppe hinauf.
Eine dunkle Treppe.
Sie scheint fast endlos zu sein.
Mit großen breiten Stufen.
Jede Stufe kostet Dich Kraft.
Sie führt zu einem Schloß hinauf,
zu einem Turm hinauf.
Vom Turm aus hoffst Du die Welt sehen zu können,
das Leben sehen zu können,
wie es ist,
begreifen zu können.
Aber zunächst mußt Du noch steigen,
an der Schattenseite des Turmes hinauf,
Stufe für Stufe,
Schritt für Schritt.
Schwer wie Blei sind Deine Füße.
Du wirst es schaffen.
Die letzte Stufe.
Du bist angekommen auf der Plattform des Turmes
umgrenzt von seinen Zinnen.

Und nun,
nun siehst Du sie.
Menschenleiber, zerstückelte Menschenleiber,
Menschen ohne Arme und Beine.
Einzelne Beine und Arme.
Arme sind an Beine gewachsen.
Beine befinden sich an falschen Körperteilen.
Alles lebt und bewegt sich.
Die Köpfe fehlen ganz,
sind gar nicht vorhanden.

Du schaust sie Dir an,
die Menschenteile,
bist nicht mal verwundert,
bist völlig unberührt,
als hättest Du alles erwartet,
als müßte alles so sein.

Es sieht aus wie auf einem Schlachtfeld
mit lauter lebenden Toten.

Aber etwas fehlt,
das Blut.
Wo ist das Blut?
Die Menschenfetzen leben.
Aber ohne Blut.

Sie sind blaß und bleich wie Leichen,
lebende Leichen.

Du wendest Dich ab,
kannst den Anblick nicht mehr ertragen,
willst hinabschauen vom Turm,
die Welt und das Leben sehen.

Du wachst auf,
erinnerst Dich.
Es war ein Traum,
ein gräßlicher Traum
und Du,
Du warst völlig unbeteiligt,
völlig gefühllos.
Du hast gesehen, ohne zu fühlen.
Du erschrickst vor Dir selbst.
gerätst total in Panik.
Schweiß tritt Dir auf die Stirn,
nasser, kalter Schweiß.
Du zitterst am ganzen Körper,
panische Angst überfällt Dich.
Es ist dunkel,
dunkel und Du bist ...

Neben Dir liegt ein ganzer,
warmer, atmender Körper
und schläft ruhig,
fest und tief.

11. 2. 83

Begegnung mit dem Mysterium

Mein damaliger Meditationslehrer und Seelenbegleiter, dem ich von meiner Begegnung mit dem Mysterium der positiven weiblichen Archetypen berichtet hatte, konnte mir leider keine Hinweise vermitteln, welche Bedeutung diese Erfahrung für mich haben könnte und wie ich damit umgehen sollte. Das waren aber Fragen, auf die ich Antworten brauchte. Heute weiß ich, daß bei Erfahrungen von dieser Tiefe die Gefahr besteht, daß sie entweder völlig überbewertet oder nicht ernst genommen und wieder ins Unterbewußte verdrängt werden. Der mittlere Weg aber ist genau der richtige: Die Erfahrung nicht über- und nicht unterzubewerten und das, was sie einem sagen will, angemessen in das Leben zu integrieren. Je größer aber der Abstand zwischen innerer Erfahrung und dem Reifegrad der Person ist, desto größer ist die Gefahr, daß ein solches Erlebnis nicht angemessen verarbeitet wird.

Zunächst maß ich dieser Erfahrung eine viel zu große Bedeutung bei. Ich geriet damit in die Gefahr, arrogant und überheblich zu werden, was ich sicherlich auch oft war. Die Frage, die ich mir oft stellte und die ich nicht eindeutig zu beantworten wußte, war: Symbolisierte das, was ich in der Vision gesehen hatte, meine bereits vorhandene und entwickelte Seele oder wurde mir durch die Vision angezeigt, daß ich den weiblichen Aspekt meiner Seele noch entwickeln mußte. Da mir die Antwort unklar blieb, schwankte ich in meinem Verhalten hin und her. Einerseits kam ich mir nicht vor wie ein typischer Vertreter des männlichen Geschlechts, denn ich hatte den Eindruck, meine weiblichen Seiten seien doch schon relativ weit entwickelt, und andererseits fühlte ich mich aber oft „verkopft" und hatte den Eindruck, meine Gefühlswelt, die ich fälschlicherweise als eine rein weibliche Qualität betrachtete, noch entwickeln zu müssen.

Das führte dazu, daß ich auf der einen Seite versuchte, gefühlsmäßig herauszufinden, was für mich richtig und gut war, was mir vor allen Dingen Freude und Spaß bereitete. Ich hatte den Eindruck, daß dies dazu beitragen könnte, mich innerlich ausgeglichener zu machen und psychisch zu gesunden. Auf der anderen Seite meinte ich, daß meine männliche Seite, besonders meine Durchsetzungskraft, unterentwickelt sei. Ich glaubte versuchen zu müssen, meinen Ideen und Vorstellungen, insbesondere in der alternativen Projektarbeit, mehr Nachdruck zu verleihen. Das gelang mir zwar auch mit der Zeit, ich stieß aber oft auf erhebliche Widerstände, denn es war nicht einfach, anderen Menschen meine Vorstellungen nahezubringen. Mit der inneren Einstellung, mich mehr durchsetzen zu müssen, war wohl auch ein etwas aufgeblasenes Ego verbunden. Das begann ich jedoch erst längere Zeit nach der Erfahrung der Animavision einzusehen und zu begreifen.

Mit dieser Erfahrung begann ich zu verstehen, wie autoritäre Sekten entstehen und wo ihre große Gefahr liegt. Die „Gurus“ oder „Seelenfänger“ dieser Sekten verfügen über tiefe spirituelle Erfahrungen, haben aber keine entsprechend gereifte Persönlichkeit, um die Erfahrungen angemessen zu integrieren. Sie identifizieren sich mit ihnen, anstatt sie als einen Teilaspekt von sich zu betrachten. Sie blähen damit in völlig unangemessener Weise ihr Ego auf und werden keine bescheidenen Menschen, die ihre Schwächen kennen, wie das bei sehr reifen Seelenführern oder „Gurus“ der Fall ist, sondern im wahrsten Sinne des Wortes größenwahnsinnig. Je größer die innere spirituelle Erfahrung war, desto größer ist ihre Kraft, Menschen in ihren Bann zu ziehen und sie zu kopfloser unterwürfiger Nachfolgeschaft zu verführen (z. B. siehe Hitler, der, wie Stanislav Grof in einem Vortrag berichtete, die archetypische Vision eines Speeres gehabt haben soll und sich damit als Kriegsgott identifiziert hat).

Wie ich einmal sterben möchte

Um das ganze in mir schlummernde Potential entfalten zu können, muß ich sehr alt werden. Nicht deshalb, weil ich meine, daß mein inneres Potential so riesengroß wäre, sondern deshalb, weil ich ein Spätentwickler bin und erst sehr spät damit begonnen habe, meinen „inneren Müll“ aufzuarbeiten. Dadurch habe ich erst die Möglichkeit geschaffen, mich zu entwickeln und zu entfalten.

Ich habe die Vorstellung von mir, daß ich sehr alt werden möchte, um das, was in mir als Samen angelegt ist, auch entfalten zu können. Aber alles, auch wenn es noch so alt wird, muß irgendwann sterben, und meinen Tod stelle ich mir etwa so vor:

An einem schönen sonnigen Herbsttag gehe ich im farbenprächtigen Blätterwald spazieren. Die Herbstsonne scheint in mein Gesicht, und die Blätter des Waldes leuchten in ihrer ganzen Farbenpracht von Grün, über Gelb bis Goldgelb, Goldbraun, Braun, Rot und Weinrot. Ich sauge mit dem Einatmen und mit jedem Schritt die ganze leuchtende Farbenpracht in mich hinein und genieße die warm strahlende Herbstsonne. Am Spätnachmittag ziehen in den Tälern schon die ersten Nebelschwaden auf, und es riecht nach Ernte und Herbst. Meine Beine werden langsam müde von dem langen Spaziergang. Schon mehrfach habe ich Rast gemacht auf den Bänken des Waldes und meinen Blick über Höhen und Täler des Lebens und der Landschaft schweifen lassen. Mein Kopf und mein Geist sind ganz leer und doch gleichzeitig übervoll mit Leben. Ich bin ganz ruhig und ganz bei mir.

An einem großen prachtvollen Baum am Waldrand auf einem Hügel mache ich halt. Ich lasse meinen Blick noch einmal über das Tal, die Landschaft, die Häuser, die Höhenzüge und die Wälder streifen. Meine Beine sind schwer geworden, durch ein langes Leben und durch den langen Spaziergang, in dem ich ganz eins geworden bin mit der Natur, mit meiner Natur.

Meine Glieder sind schwer und träge, und ich spüre den Wunsch, ruhig und entspannt zu sterben. Da keine Bank zu sehen ist, lehne ich mich an den großen prachtvollen Baum am Waldrand an, von wo ich einen sehr weiten Blick über das vor mir liegende Tal habe. Die Sonne geht langsam unter und wird zu einem roten strahlenden Feuerball. Ich rutsche mit dem Rücken am Baum gelehnt zum Waldboden, zur Erde hinunter. In dem Moment, wo die rot leuchtende Sonnenkugel am Horizont verschwindet, bin ich am Boden angekommen und sitze im warmen Herbstlaub des stattlichen Baumes.

Der Baum ist eine mächtige, große Buche, die schon einen großen Teil ihrer Blätter verloren hat. Die letzten Sonnenstrahlen verschwinden am Horizont und ich sitze mit dem Rücken an den Baum gelehnt und strecke langsam und mühsam meine Beine aus. Es fängt schon an zu dämmern. Der Herbstnebel aus den Tälern steigt auf, es wird kühler, und meine Atemzüge werden langsamer und weiter. Ich spüre die Wärme des Baumstammes, der die Herbstsonne noch in sich gespeichert hat, und ein angenehmer Schauer läuft mir über den Rücken. Die Dämmerung zieht immer mehr herauf, und meine Atemzüge werden immer langsamer. Ich höre das Zwitschern der Vögel, und es kommt mir vor, als würden sie mir ein Abschiedslied singen. Ich bin vollkommen ruhig, selig und glücklich, daß ich mich setzen durfte nach diesem langen erfüllenden Spaziergang durch das Leben und durch den sonnigen Herbsttag. Das Lied der Vögel klingt in mir wie ein übernatürlicher Chor von Engeln, die auf ihren Harfen spielen. Ein sanfter frischer und kühlender Abendwind streift über meine Stirn und trocknet einige kleine Schweißperlen.

Mein Körper beginnt leicht zu frösteln und zu schauern und wird ganz eins mit dem Engelschor der Vögel von fast göttlichem Klang. Es dämmert mehr und mehr und je dunkler es wird, desto heller und lichter wird es in mir. Die äußeren Nebelschwaden, die aus dem Tal aufsteigen, bis zum großen, prachtvollen Baum am Waldrand, verbinden sich in der Abenddämmerung mit lichten, hellen Wolken in meinem Inneren. Mit dem

Einbruch der völligen Dunkelheit atme ich zum letzten Mal ganz langsam aus und nicht mehr ein.

Wie auf einen Schlag hören alle Vögel auf zu zwitschern, und ein großes einsames Blatt fällt von der Buche. In mir verwandelt sich der Herbstnebel in ein helles strahlendes LICHT von unglaublicher übernatürlicher Schönheit, Klarheit, Ruhe und Allwissenheit. Ein LICHT, jenseits von Licht und Schatten. Ein LICHT, das alles erhellt, alles durchdringt und alles erfaßt.

Mein Platz am Waldrand ist ein Ort, an dem sehr selten Spaziergänger vorbeikommen. So hat mein Körper Zeit, langsam auszutrocknen und zu verwesen. Die Tage vergehen, die Haut verfällt, wird brüchig. Wie das Blattgrün auf den Blätterrispen beginnt auch die Haut mehr und mehr zu welken. Der große prachtvolle Baum läßt das letzte noch verbliebene Blattwerk fallen und bedeckt damit zum Teil meine Beine. Der Herbstwind tut das übrige, so daß nur noch mein Oberkörper zu sehen ist. Es regnet. Das Laub wird modrig. Käfer, Würmer und Waldmäuse krabbeln über mich und betrachten mich als Festtagsschmaus. Die Haut am Körper verfällt immer mehr, so daß langsam mein Knochengerüst immer deutlicher erkennbar und teilweise schon freigelegt wird. Der Körper beginnt, sich in seine Bestandteile aufzulösen, und der Regen spült sie weg und läßt sie in den Boden einsickern. Die große prächtige Buche saugt mich in Form von Mineralien und Nährstoffen in sich hinein.

Ein einsamer Spaziergänger, der mich eines Tages am Waldrand so verwest dort sitzen sieht und den ich aus meinen hohlen Augen leer anschaue, läuft entsetzt und schreiend davon. Das Angesicht des Todes hat den innerlich fast toten Spaziergänger wieder lebendig gemacht. Er läuft erschrokken und tief berührt vom Tod, mit der Kraft und schreienden Vitalität eines Neugeborenen davon, um von seinem grausigem Fund „niemandem zu berichten", außer sich selbst. Aber dieser Fund hält ihn für den Rest seines Lebens lebendig, berührt von der Kraft des Todes.

Und so habe ich Zeit, mich weiter aufzulösen und zu verfallen und dem Baum Nährstoffe anzubieten. Ich sickere langsam in das Wasser des Waldbodens ein, und der Baum saugt mich mit dem Wasser empor. In seinen Ästen wachsen im Frühjahr frische grüne Blätter in der warmen Frühlingssonne. Mit dem ersten Herbststurm dann lerne ich zum ersten Mal fliegen. Ich fliege als viele Blätter vom Baum und taumle durch den Wind, lasse mich treiben und falle tausendfach sanft landend im taubenetzten Herbstgras. Ich weiß nun ganz genau, was es heißt zu SEIN.

Herbstzeitlose Raumgesichte

wie LEICHENDE Herbstfroschkopfgeburten
im MODERwald
Würmer, Käfer und langbeinige SPINNEN springen,
kriechen und huschen durch die warmmodernde
Laubdecke
Laubkleider wie spinnende BätterRISPEN
im DUNSTwald

herbst GERUCH – geruch MODER
MODER feucht – FEUCHT warm
warm SCHLEIER – schleier RISPEN
RISPEN welken – welken DUNST

herbst zeit lose raum ge sichte

Worin unterscheidet sich ein menschlich ver-
UR sachtes TSCHERNOBYL
von einem (göttlich?) ver UR sachten Vulkan AUS
bruch mit ZWEITAUSEND (2000) Toten?
göttliche WEISHEIT und einsicht VERSTECKT
im abGRUND terroristischer Katastrophen?
Venusgeburten mit WEISHEIT
im drachenschlund des bösen?

herbst ZEIT LOSE
RAUM ge Sichte
ZEIT – LOSE
GES(D)ICHTE?

13. 9. 86

herbst ZEIT LOSE
RAUMgeSICHTE

riechst Du den jungen herbst,
den vorBOTEn des Winters
mit seinem noch ahnenden geruch nach MODER
mit welkenden blätterRISPEN
des akazienBAUMES wie SPINNENnetze
im DUNSTIG hereinschleichenden abendlicht?
warme, welke blätterRISPEN im herbstwald, MODER,
das rauschen der autobahn, LINKS
und RECHTS die feuchtwerdenden Abendwiesen
mit dem herbstGERUCH nach Ernte und Stallmist.
welkende blätterRISPEN wie SPINNENnetze,
welkende menschenGESICHTER wie blätterRISPEN,
welkend, zerfallend, MODERND, warm.
Mit dem Herbstrücken am warmen Buchenstamm sitzend
und fühlend das WELKEN im ATEM des Kleides,
Kleider wie SPINNENnetze über der verwelkenden Haut.

Knochenskelette zerfallen BIZARR wie BlätterRISPEN
im warmMODERNDEN herbstLICHT und abendDUNST.
Mineralisierende Knochenskelette im Kleiderwald
nähren die herbstbuche für die danachZEIT,
herbst ZEIT lose raum GESICHTE

13. 9. 86

Die Entdeckung der „zwölf heiligen Schwerter"

In den ersten Jahren nach der Therapie überlegte ich immer wieder, welche anderen therapeutischen Methoden für mich sinnvoll sein könnten, doch verwarf ich den Gedanken daran immer wieder aufs neue. Meine Erfahrungen waren zu schlecht gewesen. Ich machte mich also allein auf die Suche, Mittel und Wege zu finden, um aus meinen Lebensproblemen herauszukommen.

Mir fiel z. B. auf, daß ich nicht dazu in der Lage war, persönliche Wünsche zu formulieren, wenn man mich fragte, was ich mir denn beispielsweise zum Geburtstag wünschen würde. Ich hatte keine Wünsche, denn mein ganzes bisheriges Leben war darauf ausgerichtet, immer nur für andere zu leben.

Meine sogenannte christliche Erziehung hatte mir tiefe Schuldgefühle im wahrsten Sinne des Wortes eingeprügelt. Außerdem fiel mir auf, daß ich Denken, Fühlen und Handeln noch immer nicht befriedigend in Einklang zu bringen vermochte. Dieses Problem hatte ich trotz Therapie immer noch nicht gelöst. Ich stellte fest, daß ich oft etwas ganz anderes sagte, als ich dachte und dann wiederum noch etwas ganz anderes tat. Das geht sicherlich vielen Menschen so, und sie halten das für ganz normal. Ich fand das aber überhaupt nicht normal. Ich wollte nicht mit ständigen Gedanken an: *„man sollte, müßte und könnte doch eigentlich"* leben, sondern ich wollte das tun und umsetzen können, was ich für richtig erkannt hatte. Zudem beschäftigte mich oft der Gedanke, wie man Leben, Wohnen und Arbeiten stärker in Einklang bringen konnte, weil ich mich zwischen diesen Bereichen zerrissen fühlte.

Mein Nahtod-Erlebnis, das nach der Therapie das erste Mal seit dieser Erfahrung wieder stark ins Bewußtsein rückte, brachte mich zu der Erkenntnis, daß ich durch meine Erziehungsgeschichte schwer geschädigt worden war und ich Mittel und Wege finden mußte, diesen Schaden heilen zu können. Mein gedanklicher Ansatz war nun: wenn mir die ganze Frustration, die ich mir durch die Therapie eingehandelt hatte, nicht weiterhelfen konnte, so mußte es doch vielleicht möglich sein, über das weiterzukommen, was ich wirklich gerne tat.

Aber was habe ich nun praktisch getan? Ich habe durch die fast tägliche Auseinandersetzung mit meinen Stärken und Schwächen, vor allem meiner Unfähigkeit, mit intensiven Gefühlen und Ängsten angemessen umzugehen, die „zwölf heiligen Schwerter" (oder „heiligen Waffen") entdeckt. Sie haben mir geholfen, mich „freizukämpfen", denn ohne „Kampf" war es für mich nicht möglich, aus meinem inneren Kerker zu entfliehen und sich wieder frei bewegen zu können. Heilig nenne ich diese zwölf Schwerter oder Maßnahmen, weil sie mir geholfen haben, mich zu heilen. In dem Wort heilig steckt die Fähigkeit zu heilen. Alle Heiligen sind auf ihre Art auch Heiler gewesen, weil sie die Menschen zu ihrer wahren Natur, zu ihrem inneren Wesen geführt haben und damit geheiligt, d. h. geheilt haben.

Die „zwölf heiligen Schwerter" sind „Schwerter", Methoden und Techniken der Selbstheilung, einer schamanischen Arbeit an mir selbst, die ich für mich entdeckt und erarbeitet habe. Das Wort „Schwert" für die Maßnahmen der Heilung zu benutzen, halte ich deshalb für angemessen, weil Heilung ohne das Ertragen von Schmerzen nicht möglich ist.

„Schwerter“, die zur Heilung eingesetzt werden, stehen symbolisch für den Schmerz, den der Kranke ertragen muß, um wieder gesund zu werden.

Schamanen sind nach *Mircea Eliade*: „Schamanismus und archaische Ekstasetechnik“, entweder Menschen, die durch einen Schamanenlehrer auserwählt wurden und denen in einem langem Einweihungssprozeß die Fähigkeiten des Lehrers übertragen wurden, oder es sind Menschen, die Fähigkeiten entwickelt haben, sich aus eigener Kraft zu heilen, und damit auch die Kraft besitzen, andere Menschen zu heilen. Ausgebildete Schamanen besitzen die Fähigkeiten, mit den unterbewußten und höheren Welten direkt und bewußt zu kommunizieren. Sie erhalten von dort Hinweise für die Heilung der ihnen anvertrauten Menschen.

Um ein moderner Schamane zu sein, muß man sich der eigenen tiefen Wunde stets bewußt sein. Wer sich ihrer bewußt ist, wird nicht hochmütig, sondern bleibt mit Gewißheit bescheiden, denn er erkennt seine eigenen Grenzen, Schwächen und Schattenseiten sehr deutlich und behält sie stets im Bewußtsein. Die Fähigkeit, mit unter- und überbewußten Welten zu kommunizieren, ist bei mir immer wieder spontan aufgetreten. Im Wachzustand, bei der Meditation, beim Tanzen und in Träumen. Diese Fähigkeit gilt es für mich weiterzuentwickeln, zu festigen und zu vertiefen, bis ich dahin komme, die Ebenen immer mehr bewußt und willentlich wechseln zu können. Nachfolgend nun die Darstellung der Entdeckung der „zwölf heiligen Schwerter“.

Malen und innere Bilder

Da ich mich schon immer für Kunst interessierte und auch schon während der Therapie angefangen hatte, zu malen und Gedichte zu schreiben, begann ich nun, mich besonders mit Kunst und Künstlern auseinanderzusetzen, die mich anzogen und die ich sehr mochte.

Ich besuchte Ausstellungen und kaufte mir Kunstkataloge, die ich ausgiebig studierte. Es waren insbesondere die Werke von *Vincent van Gogh, Pablo Picasso, Salvador Dali, Wassily Kandinsky, Joseph Beuys, Ernst Klee, Juan Miro, Erich Hauser, Hundertwasser und Egon Schiele*, aber auch von Außenseitern, die als krank oder schizophren eingestuft wurden, wie *Louis Soutter, Carl Fredrik Hill, Ernst Josephson und Felicien Rops* und Künstler aus der *Prinzhorn-Sammlung*. Ich malte in meiner Freizeit viel. Und je mehr ich malte, desto mehr Ideen hatte ich. Meine Ideen schienen ins Unermeßliche zu wachsen und zu fließen, offensichtlich fiel es mir leichter, meine Gefühle und Wünsche über Bilder auszudrücken und zu erforschen.

So entstanden in dieser Zeit viele Bilder und Bildideen. Die Beschäftigung mit Kunst ging für mich so weit, daß ich mich ernsthaft mit dem Gedanken auseinandersetzte, Maler zu werden, denn diesen Wunsch hatte ich schon als Kind und ich entdeckte ihn jetzt wieder. Zunächst überlegte ich aber, ob ich nicht Kunst studieren sollte. Nachdem ich mir jedoch das Vorlesungsverzeichnis der Universität angesehen hatte, entschied ich mich gegen das Studium und für das Malen. Die Idee, Maler zu werden, bereitete mir aber erhebliche Angst, denn diese Idee hatte ich schon als Kind meinen Eltern gegenüber geäußert, und sie war immer auf ein negatives Echo gestoßen. Maler zu sein, hieß es dann, sei doch ein „brotloses Gewerbe". Ich schaffte es also nicht, mich ernsthafter mit diesem für mich möglichen Lebensweg auseinanderzusetzen. Die Angst, „in der Gosse zu landen", war einfach zu groß, vielleicht war es auch die Angst vor den Eltern, die noch dahinter stand. Hätte ich diese Hürde genommen, wäre ich vielleicht ein guter Maler geworden, denn meine Ideen zu Bildern schienen grenzenlos zu fließen. An Phantasie und Kreativität mangelte es nicht.

Die Auseinandersetzung mit den Lebensgeschichten und den Kunstwerken der oben genannten Künstler sowie mein eigenes Malen brachte mich meinen Gefühlen näher, und ich begann zu spüren, daß ich auf dem richtigem Weg war. Durch das lange Studium und meine inneren emotionalen Blockaden empfand ich mich als sehr „verkopft". Ich hatte den Eindruck, daß ich im Kopf fast alle Probleme lösen konnte, aber nicht die emotionale Kraft hatte, die Lösungsvorstellungen in Form von Ideen und Konzepten auch praktisch umzusetzen. Die Kunst ebnete mir so den Weg zu meinen inneren Kraftreserven, und ich begann, alte, längst verschüttete Wünsche wieder wahrzunehmen.

Bei geistigen und seelischen Krisen kann es sehr hilfreich sein, sich künstlerischen und kreativen Tätigkeiten zuzuwenden, die den Zustand des Geistes oder der Seele nach außen sichtbar machen können. Dazu gehören grundsätzlich alle gestalterischen Mittel, wie z. B. Töpfern und Werken, Arbeiten mit Lehm und Ton oder Holz und Papier, gleichgültig, welche Techniken und Methoden wir anwenden. Ich möchte mich hier auf das Malen beschränken. Aber alles, was ich über das Malen sagen werde, trifft auch für alle anderen künstlerischen Medien zu.

Wichtig beim Malen ist, daß es *ganz von innen heraus geschieht.* Daß wir beim Malen versuchen, Kontakt zu unserem inneren Wesen aufzunehmen und dabei der Führung dieses inneren Wesens folgen. Es geht also nicht darum, etwas abzumalen oder gar abzupauschen oder, wie es kleine Kinder oft machen, vorgefertigte Figuren auszumalen, sondern darum, künstlerisch kreativ tätig zu werden.

Das setzt voraus, daß wir uns zunächst ganz bewußt Zeit nehmen für unser neues „Hobby“. Wir suchen einen ruhigen Platz, an dem wir ganz ungestört arbeiten können, und versorgen uns mit ausreichend Material. Es ist egal, was wir verwenden. Ausschlaggebend ist für mich, daß wir dabei ganz unseren inneren Instinkten folgen und das Material verwenden, das uns am meisten anzieht. Wir können mit Bleistift, Kugelschreiber, Tinte, Pinseln oder Filzstiften arbeiten. Ebenso mit Kreide, Wachsmalkreide, Ölstifen, Farbfilzern, Aquarellfarben, Oelfarben oder mit Buntstiften, ganz wie es uns in den Sinn kommt oder was uns angemessen erscheint. Wichtig ist auch, daß wir die Farben Schwarz, Weiß, Gold und Silber zur Verfügung haben, um sie bei Bedarf einsetzen zu können. Genauso gehen wir mit dem zu bemalenden Objekt um. Es können verschiedene Papiersorten sein, oder es können Holz oder Stoffe bemalt werden, ganz wie es beliebt. Wichtig ist, daß wir von vornherein nicht den Anspruch mit uns „herumschleppen“, nun großartige Werke hervorbringen zu müssen, damit wir gleich bei der nächsten Weltausstellung dabei sind.

Entscheidend ist der Spaß an der Sache und die mitgebrachte Experimentierfreude. Weiterhin sollten wir mit der Einstellung ans Werk gehen, daß wir selbst neugierig auf das Ergebnis sind, denn wenn wir uns wirklich von unserem Inneren führen lassen, wird niemand voraussagen können, wie das Ergebnis unserer Arbeit aussehen wird. Machen wir uns ans Werk und fordern den versteckten Künstler in uns heraus, animieren ihn zu wilden oder beschaulichen Kreationen. Musik, die uns begeistert und die wir sehr lieben, kann uns dabei inspirieren.

Ich ging genau nach der eben beschriebenen Weise vor. Die Ergebnisse waren für mich verblüffend. Die Bilderflut, die in mir entstand, war gewaltig. Ich brauchte mich nur hinzusetzen und schon entstanden, inspiriert durch die Musik von Mozart, neue Bilder oder Bildideen. Und da meine Bilder mich selbst sehr überraschten, war ich spontan von mir und meinen neu gefunden Fähigkeiten beeindruckt und begeistert.

Viel Trauer und Wut kamen oft beim Malen hoch. Ich ließ die Tränen dann frei fließen. Sie tropften auf das Papier, und ich benutzte sie als Wasser für meine Aquarellfarben, oder sie gestalteten meine Bilder auf eine neue und kreative Art und Weise, indem meine Trauer direkt in meine Bilder einfloß. Ebenso ging es mit meiner Wut und meiner Freude. Ich versuchte, sie direkt über meine Hände in die Bildgestaltung einfließen zu lassen, was mir oft schnell und spielerisch gelang.

Auflösung von Kastrationsangst

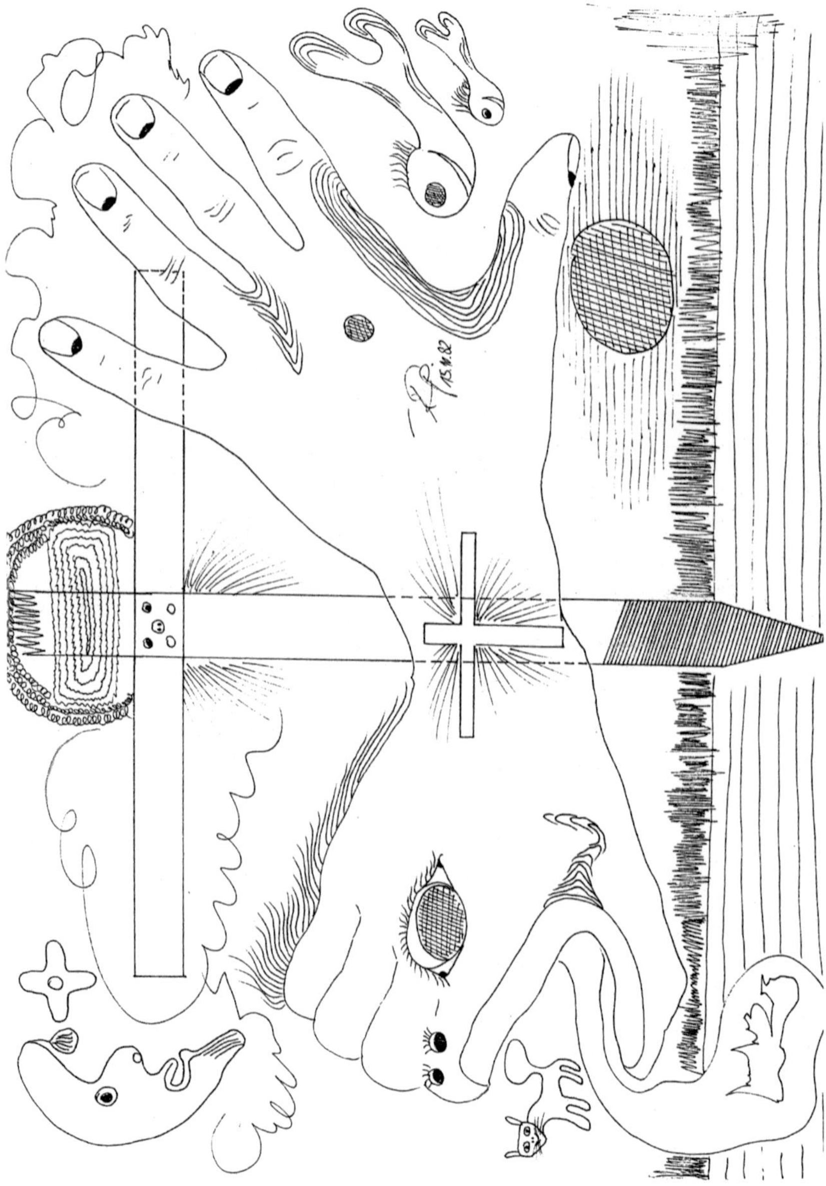

Kreuzigung und Morgendämmerung

Ozeanische Befruchtung

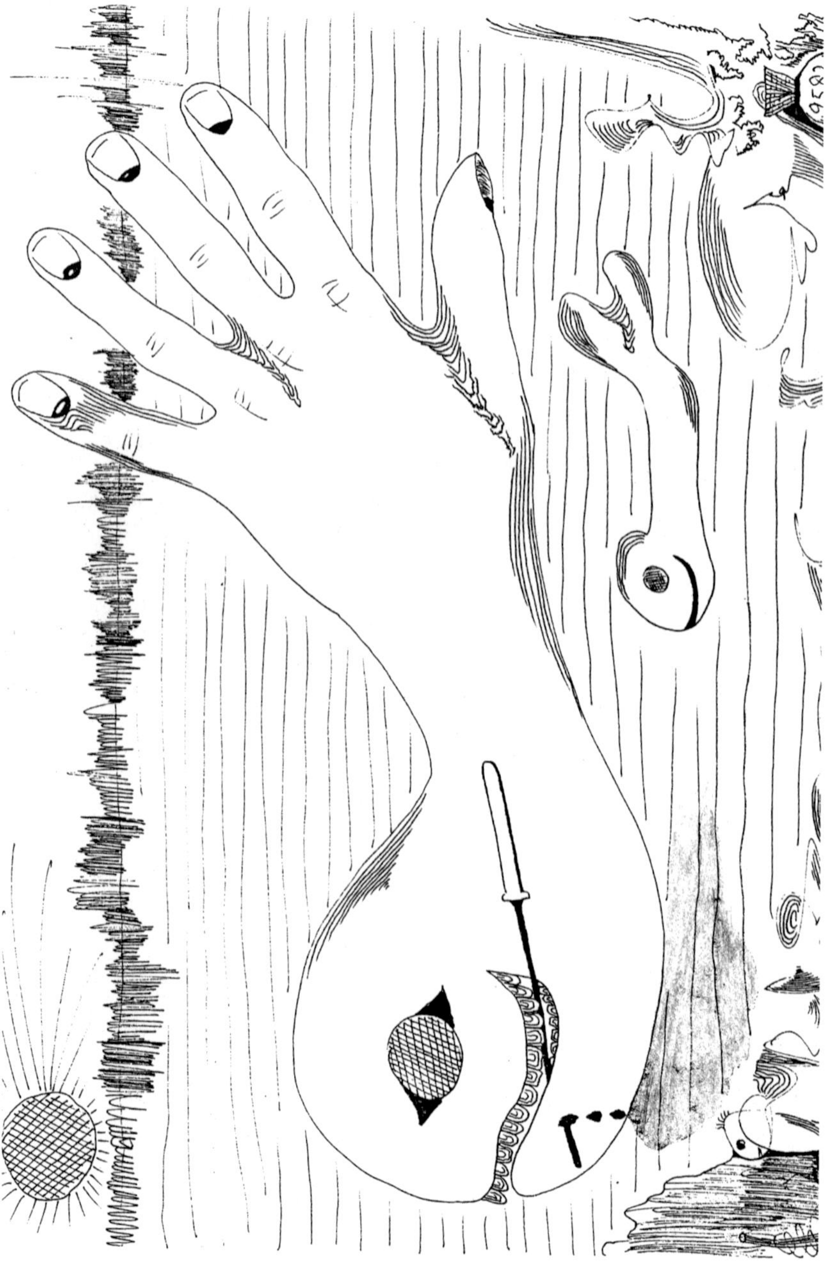

Verletzt auf dem Weg zur Quelle

Verschlingende und zeugende Unterwelt

Es geht darum, einen Widerhall in unserer Seele und in unserem Geist zu erzeugen, und darum, daß wir uns berührt fühlen. Hier eröffnet sich eine sehr gute Möglichkeit, sich selbst und sein inneres Wesen anzusprechen und wiederzufinden. Wie bei jedem großen Künstler muß auch bei uns nicht jedes Werk gelingen. Dem Bild, das uns am meisten anspricht, sollten wir einen angemessenen Platz in unserem Zimmer oder unserer Wohnung einräumen, damit uns bewußt wird, was wir können und den inneren Widerhall in Form eines Bildes unserer Seele immer präsent haben. Das stärkt unser Selbstvertrauen und unsere Selbstachtung auf dem Weg zum wahren Wesenskern.

Schon beim Prozeß des Malens selbst kann man spüren, wie sich der Inhalt der Bilder fast von selbst erschließt und immer mehr ins Bewußtsein tritt. Dadurch beginnt man, seine inneren Erfahrungen, seien sie geistiger oder seelischer Natur, besser zu verstehen und zu verarbeiten. Emotionale und körperliche Energien können besser kanalisiert werden, und man beginnt, neue Aspekte von sich selbst zu entdecken und zu ihnen zu stehen. Es ist aber nicht notwendig, daß man die Bilder sofort versteht. Es kann auch geschehen, daß es zunächst so scheint, als würden sie keinerlei Sinn ergeben. Später stellt man dann auf einmal fest, daß sich doch ein Sinn erkennen läßt. Es macht gar nichts, wenn man die Bilder nicht entschlüsseln kann und sich einfach an ihrer Kraft und Ausdrucksstärke erfreut. Gerade bei spirituellen Krisen kann der Ausdruck der inneren Bilderwelten auf einem Blatt Papier oder in Form von Ton oder Bildhauerei dazu beitragen, sich von der Macht der inneren Bilder zu befreien.

Dasselbe kann man mit Worten und Texten, sei es Lyrik oder Prosa versuchen. Auch wenn die Gedichte noch so einfach und schlicht sind, sind sie doch immer ein Ausdruck der eigenen Persönlichkeit, auf die man stolz sein kann.

MALEN

bei *mir selbst* SEIN
IN MIR ruhen
leicht und gelöst SEIN
inneres nach AUSSEN drehen
äußeres nach INNEN wenden
linien aus der HAND fließen
FARBE aus den fingern strömt
amadeus sehen

mozart hören
v o l l s e i n
und auch
LEER SEIN
linien PARABELisieren
flächen ERWEITERN
farben KOMponieren
MEDITATION
INTUITION
MUTATION
bilder entSTEHEN
LEBEND gestaltend
24. 3. 85

Musik und Gefühle

Zur Verarbeitung von Gefühlen wie Trauer, Freude, Wut, Aggression und Angst kann Musik ebenso wie Malen oder andere kreative Tätigkeiten einen wichtigen Beitrag leisten. Musik kann, wie oben beschrieben, schon während des Malens als inspirierendes Medium eingesetzt werden. Das kann ebenso erreicht werden, indem ich mich innerlich ausschließlich auf die Musik konzentriere. Wichtig war dabei für mich immer, daß ich die Möglichkeit hatte, allein zu sein und mich ganz den Emotionen der Musik hinzugeben. So gelang es mir, große Teile meiner inneren Trauer durch entsprechende stimulierende Musik herauszulassen und zu verarbeiten. Wichtig ist, daß wir Musik wählen, die die inneren Gefühle und Erfahrungen verstärkt. Man kann sich dabei auf das Bett, auf den Boden legen oder sich in einen bequemen Sessel setzen und läßt die Gefühle frei zum Ausdruck kommen. Es kann sein, daß man zu weinen beginnt, zu zittern, zu singen oder zu schreien. Das erleichtert das eigene Gefühlsleben und befreit von aufgestauten Energien. Wichtig ist, daß die Aufmerksamkeit auf das innere Erleben gerichtet ist und innere und äußere Erfahrung nicht durcheinandergebracht werden.

Wut und Aggression in der eigen Wohnung auszudrücken, ist nicht immer ratsam, insbesondere dann, wenn es Mitbewohner gibt. Eine gute Möglichkeit besteht für mich, Wut und Aggression im Auto herauszulassen. Dort hat man am ehesten die Möglichkeit, laut und ungebremst zu schreien, ohne daß sich jemand gestört fühlt oder ohne daß jemand besorgt nach unserem Geisteszustand fragen müßte, weil er nicht weiß, was der Anlaß unseres Wutausbruches ist. Das Schreien im Auto hat den Nachteil, daß man seine innere Kontrolle nicht aufgeben darf, sonst würde die Gefahr bestehen, daß man andere Verkehrsteilnehmer oder sich selbst im Straßenverkehr gefährdet. Dann ist es besser, das Auto an einer Stelle zu parken, wo man sich ungestört fühlt. Auch Spaziergänge eignen sich dafür, Aggression abzubauen. Besonders schön und kraftvoll habe ich mein eigenes Schreien immer unter einer Autobahnbrücke erfahren, weil dort das Schreien einen besonderen Widerhall gibt, der extrem kraftvoll klingt und deutlich macht, welche Kraft und Stärke in einem steckt. Man muß dabei nur aufpassen, daß man ängstliche Spaziergänger nicht erschreckt bzw. unerwartet in die Flucht treibt. Daher ist das Ablassen von Wut und Aggressionen im Auto immer noch die beste und „ungefährlichste" Möglichkeit, zumal man die eigenen Emotionen dann noch mit entsprechender Musik aus dem Casettenrecorder des Autos unterstützen kann.

Eine andere Möglichkeit, Wut und Aggressionen abzubauen, ist, in den Wald zu gehen und herumliegendes altes morsches Astwerk zu zerbrechen oder zu zerschlagen bzw. mit aller Kraft, je dicker um so besser, gegen einen Baum zu schmettern oder an der Erde zu zerbrechen und diesen Akt der Zerstörung mit einem Schrei zu verbinden. Auch dabei sollten wir taktvoll gegenüber unseren Mitmenschen sein und uns vergewissern, daß niemand in der Nähe ist, denn sonst könnte es leicht passieren, daß besorgte Mitmenschen die Polizei rufen. Ganz ohne Zweifel können aber solche Aktivitäten eine sehr befreiende Wirkung auf unseren inneren Zustand haben.

Der Ausdruck und das Herauslassen von Gefühlen führt immer zu einer inneren Befreiung und trägt dazu bei, aufgestaute Gefühle zu verarbeiten und einen besseren spontanen Zugang zu seinen Emotionen und zu seiner „Instinktnatur" zu finden wie *Clarissa Pinkola Estes* in ihrem Buch *„Die Wolfsfrau"* es nennt und damit seine innere „wilde Frau" und seinen inneren „wilden Mann" wiederzufinden und wieder zu entdecken. Denn sie verschaffen uns den Zugang zu unserem wirklichen inneren Wesen und zu unserer Seinsnatur.

Sport und Aggressionen

Sport und Bewegung sind nicht nur für die körperliche Gesundheit und Fitneß wichtig, sondern sie sind auch für unsere seelische und geistige

Gesundheit von Bedeutung. Für jeden Menschen ist etwas anderes angemessen und richtig, sei es Laufen, Gehen, Tanzen oder Schwimmen. Vor allem kommt es darauf an, daß wir eine Sportart auswählen, zu der wir einen Zugang haben und die uns Freude bereitet. Besonders geeignet zum Abbau von Aggression sind alle Mannschafts- und Wettkampfsportarten, wie Fußball, Handball, Volleyball usw. Hier wird der Wettkampfgeist in besonderem Maße gefragt und Leistung, Kraft und Einsatz gefordert, bei denen Aggressionen, innerhalb feststehender Spielregeln versteht sich, abgebaut werden können. Spazierengehen, Joggen, Schlittschuh- oder Rollschuhlaufen kommen ebenso in Frage wie in die Sauna oder Schwimmen zu gehen. Alle diese Arten von Bewegung und Sport können dazu dienen, sich besser zu erden, Kanäle freizusetzen, um innere, aufgestaute Energien abzubauen. Wichtig ist, daß man sich regelmäßig Zeit nimmt für eine Sportart, die man liebt, um die Möglichkeit zu haben, „Dampf abzulassen", da sich sonst die Energien nach innen wenden. Nur so haben wir die Möglichkeit, uns nachher wieder wohler zu fühlen. Man wird dabei lebendiger, fühlt seinen eigenen Körper und seine Muskulatur besser, verbindet sich mit der Erde und hat die Möglichkeit, sich von zu starken inneren Erfahrungen abzulenken und den Alltag besser zu bewältigen.

Für mich waren besonders folgende Sportarten wichtig: Aerobic, Ausdruckstanz, freies Tanzen, Schlittschuhlaufen und in die Sauna gehen. Inzwischen ist noch Fahrradfahren hinzugekommen. Da ich nun in der Innenstadt wohne, kann ich viele Wege mit dem Fahrrad erledigen, was für mich immer eine angenehme Abwechslung zu meiner Arbeit am Schreibtisch darstellt.

Lesen und anders Denken

Ich stieß „zufällig" in einer Buchhandlung auf das Werk von *Ken Wilber*: „Halbzeit der Evolution." Ich blätterte im Inhaltsverzeichnis und wußte sofort: das ist es, was ich gesucht hatte und was mir zur Entfaltung meines Bewußtseins fehlte. Ich war beim Lesen fasziniert, welch neue Welten sich da auftaten. Ich las innerhalb kurzer Zeit nicht nur dieses Buch, sondern auch seine „Psychologie der Befreiung" und alle von ihm in deutscher Sprache erschienenen Bücher. Ich hatte meinen Lieblingsautor gefunden. Ken Wilber, führender internationaler Bewußtseinsforscher, stellt in seinen Büchern sowohl die individuelle als auch die kollektive menschliche

Bewußtseinsentwicklung sehr klar, präzise und für mich sehr einleuchtend und nachvollziehbar dar. Er schreibt zwar auf eine oft schwer verständliche wissenschaftliche Weise (ohne Lexikon konnte ich vieles nicht verstehen), dafür aber andererseits auch auf eine sehr bildhafte und einprägsame Art. Mir gingen neue Welten auf, die ich gesucht hatte. Insbesondere in „Halbzeit der Evolution", seinem Standardwerk, beschreibt er die menschliche Bewußtseinsentwicklung in einem atemberaubenden kosmischen Bogen. Er sagte bereits 10 Jahre vor dem Zusammenbruch des kommunistischen Systems der Ostblockstaaten das Scheitern dieses Systems voraus und begründete dies mit der menschlichen Bewußtseinsentwicklung und nicht damit, wie es oft getan wurde, mit einer antikommunistischen Einstellung.

Hilfreich in Krisen kann das Lesen von geistreicher Prosa und Belletristik ebenso sein wie das Lesen von guter spiritueller oder psychologischer Literatur, die dazu beiträgt, den eigenen Horizont und Blickwinkel zu erweitern, und uns die Möglichkeit bietet, sich selbst in der Literatur wiederzufinden bzw. sich selbst und sein eigenes Verhalten zu reflektieren. Eine sehr gute Möglichkeit ist auch, sich mit der psychologischen Deutung von Märchen und Mythen zu beschäftigen, da in ihnen oft eine archetypische bzw. universelle Weisheit enthalten ist, die uns dabei helfen kann, eigene Probleme zu verstehen und damit zu lösen und innere Konflikte zu beseitigen.

Mir hat das Lesen von guter esoterischer, spiritueller und psychologischer Literatur sehr geholfen, mich selbst besser zu verstehen und wahrzunehmen und entsprechende Maßnahmen für mich selbst einzuleiten, um mir selbst helfen zu können.

Viele Probleme, die wir haben, entstehen im Kopf. In dem Moment, wo sich unser Denken über uns selbst verändert, verändern sich die Probleme, die wir haben, denn wir bekommen eine andere Sichtweise und haben somit die Möglichkeit, uns aus einer festgefahrenen Situation selbst zu befreien. Besonders negative Gedankenmuster und Werturteile über uns selbst und andere können so stark wirken, daß sie zu körperlichen Krankheiten führen. Das Auslöschen dieser Gedankenmuster und das Ersetzen durch neue positive Gedanken kann helfen, uns selbst wieder zu heilen. Eine gute Hilfe dabei ist das kleine Büchlein von *Louise L. Hay*: „Heile Deinen Körper. Seelisch-geistige Gründe für körperliche Krankheiten." Für körperliche Krankheiten können oft negative Gedanken mitverantwortlich gemacht werden. Entsprechende positive Änderungen und Umformulierungen dieser negativen Gedankenmuster sind ein wichtiges Mittel zur Selbstheilung.

Wie wirksam diese Methode ist, habe ich am eigenen Leib erfahren können. Da ich mir lange Zeit immer wieder Sorgen über mich selbst, vor allem über meine beruflichen Aussichten gemacht habe, war ich eines Tages so weit, daß ich Magengeschwüre hatte. Mein ewig sich wiederholendes Gedankenmuster dazu war: „Speer, wie soll das bloß mit dir weitergehen, Speer, was soll bloß noch aus dir werden“. Da ich keine Auswege aus meiner beruflichen Misere fand, hatte sich dieses Gedankenmuster bei mir über lange Zeit völlig verfestigt. Erst die Wahrnehmung dieses Gedankenmusters und die bewußte Veränderung in ein positives Muster von z. B. „Es gibt eine berufliche Perspektive für mich“, heilte in relativ kurzer Zeit meine starken Magenbeschwerden und brachte wieder mehr Kraft und Optimismus in mein Leben.

Gefühl und Härte

ist meine Stärke
Lust und Frust
in meinem Leben
wird es geben.
Leise und laut
ruhig ergraut
laut und leise
war meine Reise
Materiell und Spirituell
ist meine Existenz.

Wärme und Kälte
verhaltene Kraft
ruhig geschafft
gebremste Stärke
in mir erwacht
Noch vor Wochen
hätte ich nicht daran gedacht.

27. 11. 83

Weitere Möglichkeiten, den eigenen Denk- und Überlegungshorizont zu erweitern, ist das Arbeiten mit Tarot-Karten und mit dem I Ging. Tarot-Karten können mit Hilfe ihrer Symbole und den Erläuterungen zu den einzelnen Karten zum Spiegel der eigenen Seele werden. Was mir an den Tarot-Karten besonders gefällt, ist, daß sie die Selbständigkeit fördern und dabei helfen, Bedeutungen alltäglichen Erlebens besser zu verstehen und damit persönliche Orientierungshilfe bieten. Die Symbole auf den Tarotkarten sind ebenso wie die in Worte gefaßten Deutungen so allgemein angelegt, daß sie generell dazu geeignet sind, den Blick des Kartenlegers zu weiten und neue Sinn-, Deutungs- und Handlungsmöglichkeiten anzubieten. Ich habe lange Jahre immer wieder, wenn Entscheidungen im Beruf und Beziehungen anstanden, die Karten zu Hilfe genommen und damit sehr gute Erfahrungen gesammelt. Insbesondere habe ich mit den Rider-Tarot-Karten gearbeitet und mit der kurzen und leicht verständlichen Deutung aus dem Büchlein von *Evelin Bürger* und *Johannes Fiebig*, Tarot – Spiegel Deiner Möglichkeiten, Verlag Kleine Schritte,1984. In diesem Büchlein ist auch eine sehr gute, kurze Einführung in das Legen von Tarot-Karten enthalten.

Auch das Chinesische I Ging kann sehr wertvolle Hilfe leisten, und es ist oft erstaunlich, welch außerordentlich große Weisheit von diesen Texten ausgeht. Ein Nachteil des I Gings ist, daß es für Westler manchmal schwer verständlich ist, da die Symbolsprache der Chinesen oft nicht gleich durchschaut werden kann. (Buchtip: *Richard Wilhelm*, I Ging, Verlag Diedrichs Gelbe Reihe, 1985).

Ebenso wie I Ging und Tarot können auch Horoskope dabei helfen, sich selbst besser kennenzulernen und Bedeutungen des Lebens zu erfassen. Dasselbe gilt für gute Computer-Horoskope, die relativ preiswert zu haben sind. Gute Erfahrungen habe ich mit den Horoskopen von *Astrodata* gemacht, die auf den Erkenntnissen der Jungschen Psychologie aufbauen.

Ganz wichtig bei der Deutung ist, egal, ob I Ging, Tarot oder Horoskop, daß die Karten und Deutungen niemals determinitisch die Zukunft voraussagen, sondern immer nur das widerspiegeln, was wir in die Symbole und Aussagen hineininterpretieren. Die Deutungen und Bilder sind so allgemein, daß sie tatsächlich wie ein Spiegel wirken. Was wir darin sehen sind immer wir selbst, so wie wir uns selbst sehen. Am liebsten habe ich daher immer mit den Tarot-Karten so gearbeitet, daß ich mich zunächst durch die Symbolik der Bilder anregen ließ und mich intuitiv fragte: was wollen sie mir sagen, und erst später die Deutungen dazu gelesen habe. Ich habe dabei oft erlebt, daß die eigene Intuition meistens besser ist als die sehr allgemeine Deutung der Bilder. Manchmal fielen Intuition und Deutung zusammen, bzw. die eigene Intuition ließ sich in den Deutungen wiederfinden.

Da ich sehr an Philosophie, Mystik und Wissenschaft interessiert bin, hat mir das Lesen von Büchern zum Thema Neues Denken den eigenen

Horizont ganz erheblich erweitert. Das Neue Denken versucht die Gemeinsamkeiten zwischen östlicher Mystik und den neusten wissenschaftlichen Erkenntnissen aufzuzeigen, die insbesondere in der Physik, der Psychologie und auch in anderen Wissenschaftszweigen zu erkennen sind. Ich verweise hier auf das Literaturverzeichnis zum Thema Neues Denken und möchte dabei besonders folgende Autoren und Titel hervorheben: *Physik:* Fritjof Capra, Das TAO der Physik; David F. Peat, Synchronizität – Die verborgene Ordnung. *Psychologie:* Stanislav Grof, Geburt, Tod, Transzendenz; Kosmos und Psyche; Ken Wilber, Halbzeit der Evolution; Psychologie der Befreiung. *Andere Wissenschaftsgebiete:* Fritjof Capra, Das neue Denken. Schäffer, Michael, Bachmann, Anita (Hg.) Neues Bewußtsein – neues Leben.

Tagebuch und Reflexion

Angefangen habe ich mit dem Tagebuchschreiben bereits zu Beginn meines Studiums. Immer dann, wenn mir etwas wichtig erschien bzw. ich eine neue Erkenntnis gewonnen hatte, griff ich zur Feder und schrieb es auf. Das Tagebuchschreiben wurde für mich ein wichtiger Lebensbegleiter, um meine Erkenntnisse zu verinnerlichen und darauf zu achten, daß sie mir nicht wieder verlorengingen. Nachdem ich allein versuchte, meine Probleme zu lösen, war das Tagebuchschreiben für mich unentbehrlich geworden, um zu reflektieren und „mit mir selbst am Ball zu bleiben". Das Aufschreiben von für mich wichtigen Dingen ist so im Laufe der Jahre zu einer festen Gewohnheit geworden, die ich auch heute noch pflege.

Tagebuch zu schreiben ist eine hervorragende Möglichkeit, Erkenntnisse über das eigene Seelen- und Geistesleben festzuhalten, damit sie nicht verlorengehen. Wir schaffen damit die Möglichkeit, sie zu einem späteren Zeitpunkt noch einmal wieder ins Gedächtnis zu rufen und zu reflektieren. Neue Erkenntnisse über das eigene Leben haben die Eigenschaft, daß sie schnell wieder vergessen werden, sobald der Alltag uns wieder eingeholt hat. Darum ist es notwendig, sich das Tagebuch in regelmäßigen Zeitabständen wieder anzusehen, um neue Erkenntnisse nicht in Vergessenheit geraten zu lassen bzw. wieder in das Unbewußtsein zu verdrängen.

Tagebuch zu schreiben heißt für mich nicht, daß ich mich täglich hinsetze und aufschreibe, was ich getan und gelassen habe, sondern daß ich nur das aufzeichne, was mich wirklich bewegt und was dazu beitragen kann, meine persönliche Entwicklung und Entfaltung zu fördern. Nach meiner

Erfahrung gibt es immer wieder Zeiten, in denen ich besonders gründlich mit meiner inneren Entwicklung beschäftigt war und somit oft Aufzeichnungen für mich gemacht habe, und dann gab es wieder Zeiten, in denen ich nichts aufzuschreiben hatte.

Trotzdem ist es ratsam, sich regelmäßig Zeit für Reflexion zu nehmen, auch wenn man nichts Neues zu schreiben hat. Am besten ist ein regelmäßiger Rhythmus, z. B. einmal in der Woche mindestens 30 Minuten oder einmal im Monat mindesten 90 Minuten, um „mit mir selbst am Ball zu bleiben und Bestandsaufnahme zu machen" und hinzuschauen, wo ich mit meiner inneren Entwicklung stehe. Wenn man mit dem Tagebuch nicht regelmäßig arbeitet, kann man schnell die Erfahrung machen, daß sich Probleme stets wiederholen und man bei deren Aufarbeitung auf der Stelle tritt und nicht weiterkommt. Wenn man sich einmal die Zeit nimmt, in Ruhe zurückzublättern, stellt man oft mit Schrecken fest, daß wieder dieselben oder ähnliche Aufzeichnungen gemacht wurden. Das zeigt, daß man dieselbe neue Erkenntnis vor einem Jahr schon einmal hatte, daß man mit dem Thema nicht vorangekommen und es sogar völlig aus dem Gedächtnis geraten ist.

Mein Tagebuch besteht aus einer losen Blattsammlung. Ich schreibe meine Aufzeichnungen auf ein DIN A 4 Blatt, loche es und hefte es ab. Das hat den Vorteil, daß ich auch einzelne Seiten herausnehmen kann, wenn ich genauer damit arbeiten will und dann nicht den ganzen Tagebuch-Ordner mit mir herumschleppen muß. Diese Vorteile hat ein gebundenes Tagebuch nicht.

Auf diese Weise sind in der Zeit seit Beginn meines Studiums mehr als 1200 Seiten an handschriftlichen Aufzeichnungen entstanden. Tagebuch zu schreiben und sich den Inhalt nicht wieder anzusehen, wie ich es in den ersten Jahren betrieben habe, ist nach meiner Einschätzung oft reine Zeitverschwendung. Es entsteht dann genau der Effekt, den ich oben schon beschrieben habe. Lediglich etwas aufzuschreiben kann zwar auch dazu beitragen, sich neue Erkenntnisse besser einzuprägen aber sehr viel effektiver ist es, das Aufgeschriebene immer wieder anzusehen und ganz bewußt damit zu arbeiten.

Nachfolgend einige grundlegende Fragen wie ich sie in Anlehnung an *Clarissa Pinkola Estes* „Die Wolfsfrau" formuliert habe. Fragen, die uns helfen können, an uns selbst zu arbeiten, und die wir uns immer wieder in unserem Tagebuch beantworten können:

Was ist aus meiner Seele geworden?

Was ist in mir kaputt, abgestorben oder droht abzusterben, wenn ich so weitermache?

Unterwelt bricht ans Licht
(Original in Farbe)

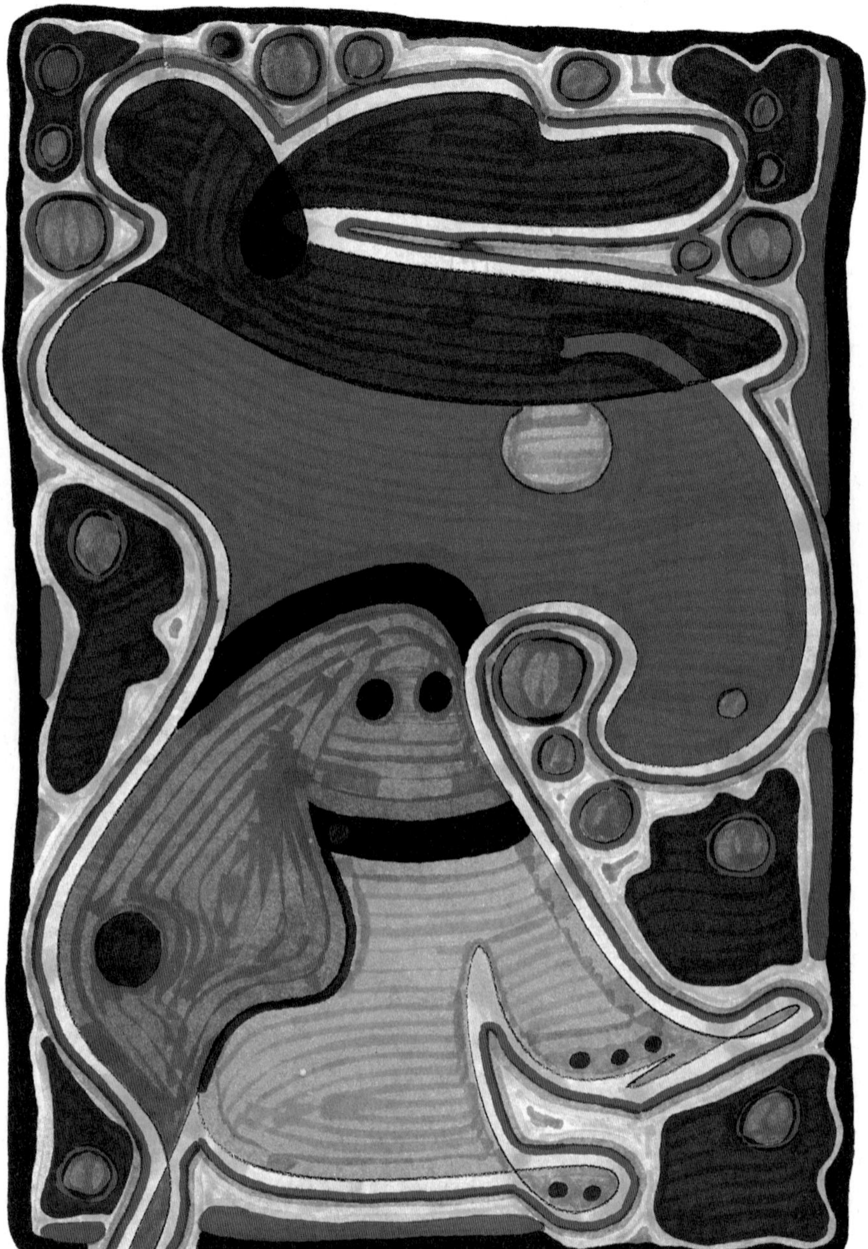

Perlender Rausch
(Original in Farbe)

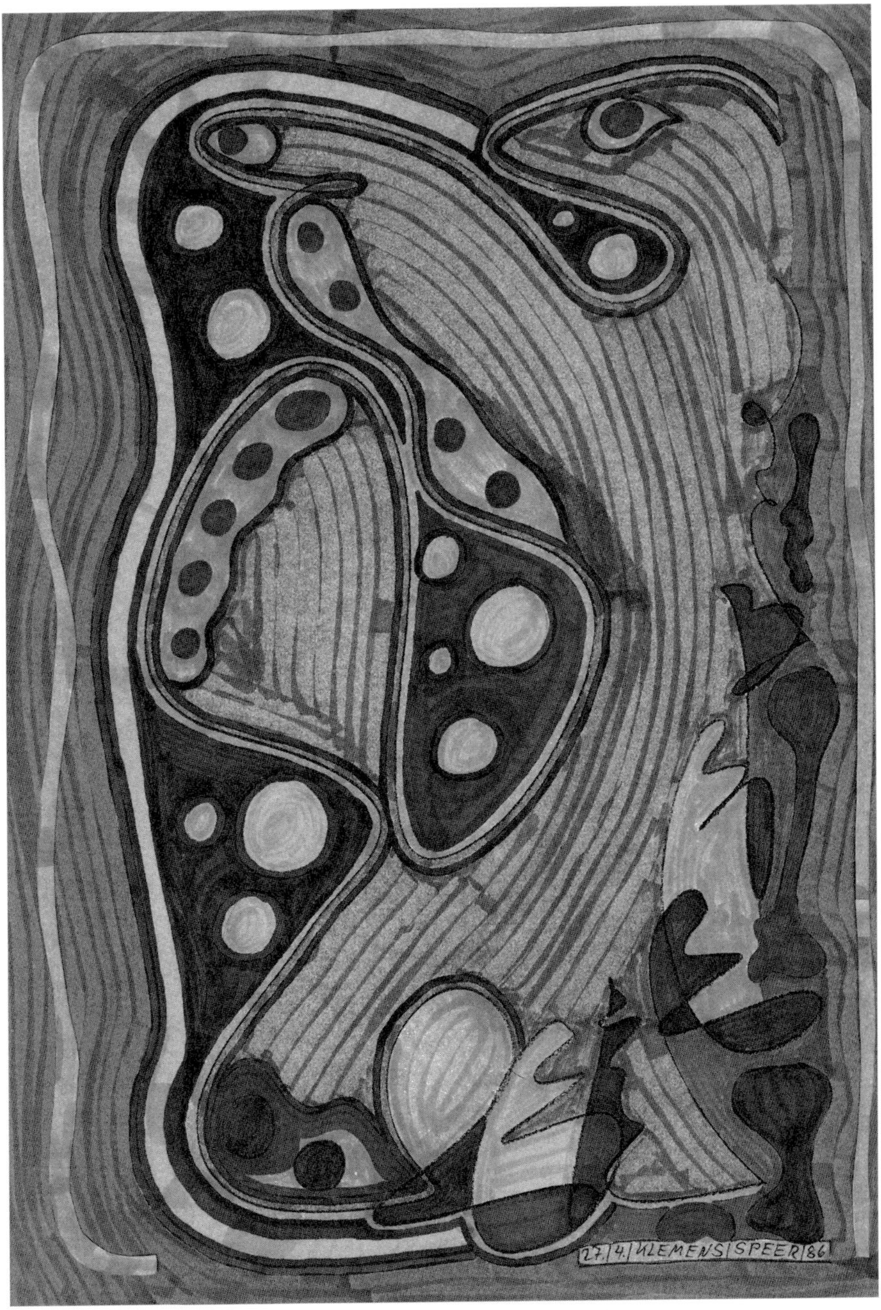

Perlender Fluß
(Original in Farbe)

Welche Grundbedürfnisse liegen inzwischen unter Sanddünen begraben?

Wo sollte ich mehr auf die Interessen anderer achten, als auf meine eigenen?

Wie steht es mit meiner Beziehung zum wilden, instinkthaften Selbst?

Wann bin ich das letzte Mal frei und laut lachend einem unbekannten Horizont entgegengelaufen?

Was sagt die Stimme meiner Seele in diesem Augenblick?

Sprüht sie innerlich vor Freude und Kreativität oder verstummt sie mehr und mehr?

Wie mache ich das Totgeglaubte wieder lebendig in mir, in meinem Haus und in meiner Umwelt?

Wo ist die Wolfsfrau, der Wilde Mann in mir? Geht es ihr, geht es ihm gut?

Soll ich mich hierhin, soll ich mich dorthin wenden?
Soll ich warten oder soll ich mich beeilen?
Soll ich Widerstand leisten oder soll ich flexibel sein?
Soll ich mich zurückziehen oder soll ich darauf zugehen?
Ist dieser Mensch ehrlich oder nicht?
Ist dieses Projekt, diese Frau, dieser Mann, diese Reise, diese Beschäftigung momentan richtig oder falsch für mich?

Was wünsche ich mir jetzt?
Wonach sehne ich mich?

Es geht mir nicht gut

Ich fühle mich wund
Ich fühle meine Knochen und mein Fleisch
Ich fühle meine tote Unterlippe
Ich fühle mich gelähmt

Ich denke an Tante G.
die intelligent und depressiv ist
Ich denke an Tante M.
die nervenkrank war und an Magenkrebs starb
Ich denke an die Halluzinationen der Nachbarin in M.
und an die Halluzinationen von R.

Ich denke an meine Kindheitsängste (Teufelträume)
an meine Halluzinationen (Augen und Hand)
an meine empfindsamen Nerven
und daran, daß ich nicht will
daß ich die Kontrolle über sie verliere

Ich möchte, daß ich mich körperlich wohlfühle
Das ist die Voraussetzung dafür,
daß ich meine Veränderung selbst in die Hand nehmen kann.

21. 4. 82

Traumarbeit und Alltag

Träume sind die Schlüssel zur Seele, sagt eine alte Lebensweisheit. Mit meinen Träumen zu arbeiten, war ein sehr wichtiger Baustein auf meinem Weg zur besseren Selbsterkenntnis. Ich hatte „zufällig" eine Radiosendung über Träume und Traumarbeit gehört, die mich sehr faszinierte und ansprach. Es wurde von einem südamerikanischen Indianerstamm berichtet, der regelmäßig mit den Träumen der Stammesmitglieder arbeitete und ein sehr friedfertiges und ausgeglichenes Stammesleben entwickelt hatte. Er verhielt sich auch gegenüber fremden Stämmen bzw. Außenstehenden völlig friedfertig. Den ganzen Vormittag verwendeten die Stammesmitglieder damit, sich im Kreis sitzend ihre Träume zu erzählen. Träume mit negativen oder zerstörerischen Elementen wurden im Wachzustand positiv „umgeträumt" und noch einmal auf neue Weise der Gruppe erzählt, so lange, bis alle Gruppenmitglieder mit dem neuem Trauminhalt einverstanden waren. Der Nachmittag wurde dann dazu benutzt, zu jagen und für Nahrung zu sorgen.

Dieser Bericht inspirierte mich so sehr, daß ich sofort begann, mich mit meinen eigenen Träumen zu beschäftigen. Ich stellte fest, daß ich mir schon dadurch, daß ich mich sehr für meine Träume interessierte, diese merken konnte. Ich legte mir Bleistift und Papier neben mein Bett und schrieb sie gleich nach meinem Aufwachen auf. Wenn ich nachts von einem Traum aufgeweckt wurde oder hochschreckte, weil ich einen Angsttraum gehabt hatte, stand ich mitten in der Nacht auf und schrieb mir auf, was ich noch im Gedächtnis hatte. Nicht immer konnte ich mir gleich alles merken, aber mit der Zeit bekam ich mehr Übung, und es ging immer besser.

Das „sich merken“ bzw. das Aufzeichnen von Träumen ist der erste Schritt. Der zweite Schritt besteht darin, seine Träume zu entschlüsseln. Träume sind verborgene Botschaften der Seele, die uns in einer Symbolsprache, die wir in der Regel verlernt haben, Mitteilungen über unser Seelenleben machen. Wenn es uns gelingt, die Botschaften, die uns unsere Seele geben will, zu entschlüsseln, so können wir durch unsere Träume eine Menge über uns erfahren.

Aber wie ist es möglich, eine vergessene Symbolsprache zu verstehen und zu entschlüsseln? Wie können wir versuchen, diese Sprache, die uns verlorengegangen ist, wieder zu lernen? Um diesem Rätsel etwas näher zu kommen, las ich ein Buch von *Erich Fromm*: „Märchen, Mythen und Träume“. Dieses Büchlein reichte aus, um Zugang zu meinen Träumen zu finden. *Fromm* unterscheidet drei Traumebenen: 1) Die bewußte persönliche Ebene, die häufig durch Bilder aus unserer Alltagswelt zu uns spricht 2) die unbewußte persönliche Ebene, die verschlüsselt über Alltagsbilder zu uns spricht und 3) die archetypische Ebene, die allgemeine und grundsätzliche Lebensthemen aufgreift und in Form von Mythen und Symbolen, also ähnlich wie im Märchen, zu uns spricht. Inspiriert durch das Buch hatte ich schnell eine praktische Möglichkeit gefunden, wie es mir möglich wurde, meine Träume zu entschlüsseln.

Da ich ein sehr lebhafter „Träumer“ war und sich in meinen Träumen häufig dramatische Szenen abspielten, fiel es mir nicht schwer, mir meine Träume gut zu merken. Ich stellte bei der Beobachtung meiner Traumreaktionen fest, daß Träume, die mir wichtige Botschaften vermitteln wollten, eine starke Auswirkung auf meinen Körper hatten. Sie machten mich unruhig, und ich konnte eine leichte Vibration in meinem Leib wahrnehmen, die um so stärker wurde, je bedeutender die Traumbotschaft für mich war. Ich nahm mir also bewußt Zeit, meine Träume zu entschlüsseln. Das ist eine notwendige Voraussetzung, denn ohne Zeitaufwand sind den Träumen ihre Inhalte nicht zu entlocken. Wenn morgens die Zeit nicht reichte, setzte ich mich am späten Nachmittag oder abends hin und begann, mich mit dem Traum auseinanderzusetzen.

Zunächst las ich mir die Aufzeichnung über meinen Traum noch einmal durch. Ich nahm also wieder bewußt Kontakt zu meinem Traum auf. Häufig spürte ich dabei schon, daß meine inneren Körpervibrationen wieder deutlicher zu spüren waren, weil ich meine Aufmerksamkeit nun darauf gelenkt hatte. Ich setzte mich dann ganz bequem und entspannt in meinen Wohnzimmersessel, schloß die Augen und versuchte, mich innerlich wieder in das Traumerleben zurückzuversetzen. Ich versuchte nicht, über den Traum nachzudenken, sondern möglichst ruhig und ganz entspannt zu bleiben. Die einzige Frage, die ich mir dabei stellte, war: „Was will der Traum mir sagen?“ Ich versuchte aber nicht, über diese Frage nachzudenken, sondern versuchte, in einem Trancezustand zu kommen und meine Aufmerksamkeit bei der Wahrnehmung des Traums zu belassen. Oft saß ich so in diesem Zustand lange, manchmal bis zu einer Stunde oder länger, in meinem Sessel oder auch bequem zusammengerollt auf meinem Sofa, bis mir die Antwort auf meine Frage zugeflogen kam. Sie war plötzlich da, ohne daß ich darüber nachgedacht hätte. Häufig war ich sehr verblüfft über das Ergebnis, denn durch Nachdenken hätte ich sicherlich nicht die richtige Lösung bekommen. Daß ich das richtige Ergebnis gefunden hatte, konnte ich dann ganz deutlich an meinen Körperreaktionen spüren. Die innere Unruhe oder Vibration des Körpers war dann augenblicklich verschwunden, und ich fühlte mich wieder sehr wohl. Das war für mich ein deutliches inneres Zeichen, daß ich die richtige Lösung gefunden hatte.

Nicht alle Träume, die wir haben, halten wichtige Botschaften für uns bereit. Häufig ist es auch so, daß nur normale Alltagserlebnisse in unseren Träumen verarbeitet werden. Wie wichtig ein Traum für mich war, konnte ich mit der Zeit immer besser feststellen, indem ich gezielt auf mein Körperempfinden nach dem Traumerleben achtete. Je unruhiger, aufgewühlter, erschreckter und verängstigter ich war, desto größer waren auch die inneren Vibrationen des Körpers und um so wichtiger war es für mich, mir genügend Zeit für meine Traumdeutung zu nehmen. Mit der Zeit wurde mein Interesse an meinen Träumen immer größer, schließlich brauchte ich mir meine Träume immer weniger oft aufzuschreiben. Ich konnte dann die Träume bis zu ihrer Lösung im Gedächtnis behalten. Anfangs war aber das Aufschreiben und Abheften in meinem Tagebuch für mich eine wichtige Hilfe. Insbesondere bei bedeutsamen Träumen ist es sicherlich angebracht, den Traum und auch die Interpretation aufzuschreiben. Hier gilt dann natürlich dasselbe, was ich auch schon für das Schreiben von Tagebüchern gesagt habe.

Eine außergewöhnlich gute Anleitung, wie man mit Träumen arbeiten kann, gibt *Patricia Garfield* in ihrem Buch „Kreativ Träumen“. Hier findet man vielfältige Hinweise, auf welche Art und Weise wir mit Träumen umgehen können. Dieser Tip ist für alle gedacht, die mit meiner Art, Träume zu entschlüsseln, Schwierigkeiten haben sollten, denn es gibt sicherlich verschiedene Zugänge zu den Trauminhalten. In Träumen finden wir oft Lösungen für Fragen, die wir im Alltag nicht beantworten konnten und die uns möglicherweise sehr beschäftigt haben. Mit Hilfe von Träumen kann man oft auch in die Zukunft sehen, weil Träume auch das erfassen können, was bereits in uns angelegt und noch nicht zur Entfaltung gekommen ist.

Sehr hilfreich kann auch sein, seinen Traum einem vertrauten Menschen zu erzählen, weil durch das Erzählen häufig der eigene Traum noch bewußter wird bzw. wir dadurch mehr Klarheit über die Traumgeschichte bekommen. Da der Zuhörer die Traumgeschichte nachvollziehen möchte, wird er Fragen stellen, die uns helfen, die Traumgeschichte noch deutlicher zu erinnern. Oft haben auch Zuhörer aufschlußreiche Assoziationen, die uns bei der Deutung helfen können. Es kommt aber letztlich darauf an, selbst das Ergebnis herauszufinden, denn der beste Traumdeuter für den Traum ist immer der Träumer selbst. Jeder hat neben der kollektiven und archetypischen Bilderwelt auch immer seine eigene Bildersprache, die nur er verstehen und entschlüsseln kann. Ein Außenstehender kann die Bilder schnell falsch interpretieren, darum ist es wichtig, daß man für sich ein Zeichen herausfindet, das einem signalisiert: nun hast Du die richtige Antwort gefunden. Für mich ist das deutlichste Zeichen neben einem plötzlichen „Aha-Erlebnis" mein körperliches Wohlbefinden bzw. das plötzliche Verschwinden meiner Körpervibrationen.

Beispiele für die Traumdeutung

Traum: „Meine Eltern liegen sterbend im Regen"

Trauminhalt: Meine Eltern liegen sterbend in einem an ein Haus angrenzenden Wald in ihren getrennt voneinander stehenden Betten. Es regnet in Strömen. Die Betten sind zerwühlt von ihrem unruhigen Schlaf und vom Regen so sehr durchnäßt, daß ich versuche, mit der Hand das Wasser von den Laken zu streifen. Besonders Mutters Körper ist ganz aufgedeckt und leichenblaß. Ihre Augen sind völlig verklebt, und die Haut über den Augenlidern beginnt sich aufzulösen. Sie bewegt sich mit schmerzverzerrtem Gesicht. Auch Vater geht es sehr schlecht.

Deutung: Der bevorstehende Umzug macht mir große Angst. Ich muß meine „Höhle", mein Haus am Wald verlassen, in das ich mich als letzten Schutz, wenn mein Weg mir nicht klar war, zurückziehen konnte. (Zur Zeit des Traumes war ich arbeitslos und unterrichtete einige Stunden auf freiberuflicher Basis. Ich lebte in einer sehr ungewissen Beziehung, lediglich meine spirituelle Ausrichtung war klar.) Ich muß meine Wohnung, meine letzte Sicherheit aufgeben und loslassen. Das fällt mir schwer, da ich sehr, fast symbiotisch, mit ihr verbunden bin. Ich muß mich ganz aus der Höhle (Mutterleib/Eltern) herausbegeben, damit ich freier werden kann. Das Alte, die enge Wohnung, in der ich bisher gelebt habe, muß sterben (Mein neuer Lebensweg ist schon sehr viel klarer geworden. Meine neue Wohnung wird doppelt so groß sein wie die alte und mir mehr Lebensraum/Freiheit für mich und meine Bedürfnisse bieten.)

Die sterbenden Eltern sind ein Symbol für meine sterbende Wohnung und auch ein Symbol für das, was in mir sterben muß. Mit dem Umzug müssen Teile von mir selbst sterben und sich verwandeln, z. B. meine „Höhlenmentalität", mein „sich verkriechen", wenn es mir schlecht geht. Ich muß mehr loslassen lernen und öffentlicher werden. Die kreuz und quer stehenden Betten deuten den bevorstehenden Umzug an, der Regen im Wald bedeutet Angst vor Obdachlosigkeit, vor Veränderung und davor, allein gelassen zu werden im Wald. Das Wasser ist ein Symbol für meine Traurigkeit, von diesem heiß geliebten Platz, direkt neben einem Steinbruch, wegziehen zu müssen (Direkt am Schölerberg, am Waldzoo, wo ich viel spazieren gegangen bin, wo es Fledermäuse und Waldkäuzchen gab, wo man die Vögel singen hörte, wo Pferde in der Nähe grasten, wo Birken und Tannen vor meinem Fenster wuchsen, wo jeden Morgen der krähende Hahn zu hören war und wo ich einen phantastischen Blick fast über die ganze Stadt bis zum Wiehengebirge und zum Funkturm nach Belm hatte.) Mir fiel der Umzug außerordentlich schwer. Mutters sich auflösende Augen sind meine Augen, die den wunderschönen Blick über die Stadt nicht mehr täglich haben werden.

Traum vom Eiterpickel

Traum: Auf dem Bauch meines Bruders befinden sich zwei Eiterpickel, ein kleiner und ein großer. Mit der scharfen Kante eines Holzes versuche ich, den kleineren anzuritzen, damit der Eiter ausgedrückt werden kann. Beim Anritzen platzt der Eiterpickel und wird dabei fast faustgroß. Der Pickel steht unter Druck, so daß der Eiter befreiend herausgeschleudert wird. Dadurch verschwindet der zweite Pickel von selbst, ein befreiendes Gefühl. Der geplatzte Eiterpickel hinterläßt einen Hautschlauch. Mein Bruder will ihn abreißen. Ich hindere ihn daran. Da der Hautschlauch aussieht wie eine Nabelschnur, mache ich einen Knoten hinein und stecke den Knoten in das Hautloch, wie bei einem Nabel. Dann wache ich auf.

Deutung: Ich assoziiere die Erinnerung an einen Bibelspruch: „Bevor Du den Splitter aus dem Auge deines Bruders ziehst, befreie dich vom Balken im eigenem Auge". Der kleine Pickel auf dem Bauch meines

Bruders wurde zum großen Pickel auf meinem Bauch. Der Bauch steht für verletzte Gefühle.

Als der kleine Pickel platzte, verschwand auch der große Pickel, mein Eiterpickel. Der Eiterpickel auf meinem Bauch steht für entzündete, verletzte Gefühle. Der gelbe Eiter wird herausgeschleudert, ein Reinigungsprozeß. Das ist verbunden mit einem befreiendem Gefühl, mit dem Gefühl, bei mir angekommen zu sein. Ich schließe die Wunde, indem ich mich abnabele und den Hautschlauch zu einem Nabel verknote, wie nach einem Geburtsvorgang. Was wurde als Eiter = Entzündung = chronische Krankheit abgestoßen bzw. herausgeschleudert? Zum Beispiel zu hohes Anspruchsdenken, meine Isolation des Alleinlebens, ständige innere Anstrengung, mit mir weiter voranzukommen.

Ich bewundere meinen Bruder, sein „Angekommen sein“, seine Einbindung in Familie und Beruf (Frau, Kinder, Haus und eigene Firma) und seine persönliche Entfaltung. Inzwischen verstehen wir uns gut, und ich habe den Eindruck, daß mein Eiterpickel, meine inneren Verletzungen und Entzündungen wesentlich größer waren als seine. Außerdem haben die Übungen des T'ai Chi zur Überwindung meiner Krankheiten (Bronchitis mit Auswurf und meine eitrige Augenentzündung) beigetragen, so daß der Eiter im Traum herausgeschleudert werden konnte.

Zwei Träume mit derselben Aussage

Traum 1: Eine junge Frau liegt aufgebahrt wie auf einem Sterbebett in einer Art Ritterrüstung, aber anstatt zu sterben, beginnt die Frau, sich sinnlich und genußvoll zu räkeln. Ein Fotograf geht um sie herum und fotografiert ihren wohlgeformten Körper. Sie öffnet ohne Hemmungen den „Keuschheitsgürtel“ (eine Art Metallklappe vor ihrer Scheide) und zeigt ihm genußvoll ihre weichen Schamlippen, die der Fotograf wie selbstverständlich, völlig ohne Scham fotografiert, genauso wie ihren übrigen Körper.

Traum 2: Ein Bus, voll besetzt mit Studenten einer „Studentenverbindung“, kommen mit ihrem Professor zu Besuch. Der Professor, ein übergroßer muskulöser, kräftiger Mann, ist wie ein Leichnam einbalsamiert und mit weißen Bandagen vollständig eingewickelt. Durch die Kraft seines physischen Körpers sprengt er die weißen kräftigen Leinenbandagen. Er hat sich dazu öffentlich in Pose gestellt und zeigt die Kraft und Schönheit seines Körpers. Die Studenten schauen auf einem großem Platz zu, wie er seinen Körper präsentiert.

Deutung: In beiden Träumen geht es um einen sinnlich-erotischen, geschlechtlichen Akt der Befreiung. Alltagserlebnisse hatten mich zu diesen Träumen inspiriert: Das T'ai Chi-Lehrer-Netzwerk-Treffen in Hamburg, wo T'ai Chi-Lehrer vor Schülern ihre Formen vorführten (der Professor mit seinen Studenten). Die große Skulptur des vom Kreuz herabsteigenden Christus im Paulus-Heim, wo ich T'ai Chi unterrichte. (Assoziation zum in Tüchern eingewickelten auferstehenden Leichnam Christi). Erotische Erlebnisse mit einer Freundin und erotische Bilder aus einem Kinofilm. Die Träume vermischen sich mit der Erzählung meines Meditationslehrers Hans, wie seine schöne junge Frau, sterbend auf dem Bett, einen spirituellen Durchbruch erfährt. Der Traum steht also auch für eine innere Durchbruchserfahrung zu einer befreiten Sexualität.

Die Auseinandersetzung mit diesen Alltagserlebnissen bewirkte einen inneren Akt der Befreiung. Körper, Erotik, Sex haben etwas Natürliches und Selbstverständliches wiedergewonnen, sowohl der weibliche als auch der männliche erotisch-sexuelle Teil in mir hat sich befreit. Damit bekomme ich immer mehr kraftvollen Zugang zu meiner Lebensenergie. Ich habe meine Fesseln (Leinentücher) gesprengt. Ich akzeptiere meine physisch-sexuellen Bedürfnisse und kann sie mehr und mehr leben und genießen. Ich bin gestorben als verklemmtes Wesen und geboren worden zum freien und selbstverantworteten Umgang mit meiner Sexualität. Ich kann offen darüber reden und schreiben.

Diese Träume sind auch ein Symbol für die erotische Kraft des physischen Körpers und ihren Einfluß auf eine befreite Spiritualität.

Tanz und Trance

Meine Eltern hatten mich als Kleinkind zu einem Tanzfest mitgenommen, und ich hatte miterlebt, wie bei Kerzenschein Klavier gespielte wurde und die Leute tanzten. Die Stimmung in dem Raum hatte mich ganz gefangen genommen, und das Klavierspiel hatte mich innerlich sehr berührt. Ich erinnerte mich beim Malen an dieses Erlebnis, und der intensive Wunsch, Klavier oder Piano spielen zu lernen, tauchte wieder in mir auf. Verbunden mit diesem Wunsch war aber ein zweiter: so schön tanzen zu können, wie ich damals meine Eltern hatte tanzen sehen. Als ich wieder beim Malen saß, erinnerte ich mich daran, daß ich als 10jähriger abends eine Ballettaufführung, die von einem Paar getanzt wurde, im Fernseher gesehen hatte. Ich weiß noch wie heute, daß ich allein auf dem Fußboden saß und ganz gefesselt war von der unendlichen Schönheit und Grazie dieser Aufführung. Ich war „hin- und weggerissen worden“ in eine für mich völlig andere und fremde sinnenfreudige Welt des Tanzes. Und wieder tauchte der Wunsch auf, tanzen zu lernen und mich so hingebungsvoll bewegen zu können, wie ich es damals im Fernsehen gesehen hatte. Bei dieser Gelegenheit wurde mir der Kontrast zu meinem eigenen ziemlich steifen und unbeweglichen Körper deutlich.

Ich faßte also mit meinen damals bereits 35 Jahren den Entschluß, mir eine Möglichkeit zu suchen, tanzen zu lernen. Ich hatte zu der Zeit etwa eineinhalb Jahre im Sportverein in einer Aerobic-Gruppe Gymnastik betrieben, um meinen steifen Körper wieder etwas beweglicher zu machen. Wir waren in einer riesigen Gruppe nach Musik durch die Turnhalle gescheucht worden, und ich glaubte, immer alles mitmachen zu müssen. Daher war ich am Ende der Stunde oft so fertig, daß ich fast auf allen Vieren nach Hause kriechen mußte. Ich stellte immer wieder fest, daß ich mich vollständig übernommen hatte. Diese Art, meine Beweglichkeit und Fitneß wieder herzustellen, kam mir mit der Zeit immer abwegiger vor. Ich beschloß, bei einer Ausdruckstanzgruppe mitzumachen, die von einer Tanzpädagogin namens *Erneste Junge* angeboten wurde. Ich war von ihren Aufführungen und der Art des freien improvisierten Tanzes fasziniert. Ich gab mir also einen Ruck und meldete mich bei ihr zu einem Kurs in Ausdruckstanz an. Das Tanzen machte mir große Freude. Es gehörte eine Menge Training und Disziplin dazu. Es gab aber auch an jedem Abend die Möglichkeit, tänzerische Situationen zu improvisieren und mit viel spielerischer Freude und Lebendigkeit umzusetzen. In dieser Gruppe arbeitete ich drei Jahre mit. Zum Schluß gab es die gemeinsame Aufführung eines Tanzstückes, das wir selbst erarbeitet hatten und das aus fest eingeübten und frei improvisierten Elementen bestand.

Die gelungene Aufführung vor fast 400 Zuschauern war ein großes Erfolgserlebnis für die ganze Gruppe, das dann auch begeistert gefeiert wurde. Und auch ich war sehr stolz auf mich, war ich doch zuletzt der einzige Mann in der Gruppe.

In dieser Zeit stellte ich zu meinem großen Erstaunen fest, daß mein größter Wunsch – den ich noch stärker verspürt hatte, als den, tanzen zu lernen, nämlich Klavier spielen zu lernen – völlig verschwunden war. Mein Körper war inzwischen zu meinem Klavier geworden und Tanzen zu einer Möglichkeit, mich innerlich zu befreien. Ich hatte festgestellt, daß ich mit dem Ausdruckstanz, so wie Erneste ihn unterrichtete, schnell auch an meine inneren emotionalen Grenzen der Bewegung stieß und bei mir intensive Gefühle ausgelöst wurden. Das geschah z. B. dann, wenn wir tänzerisch

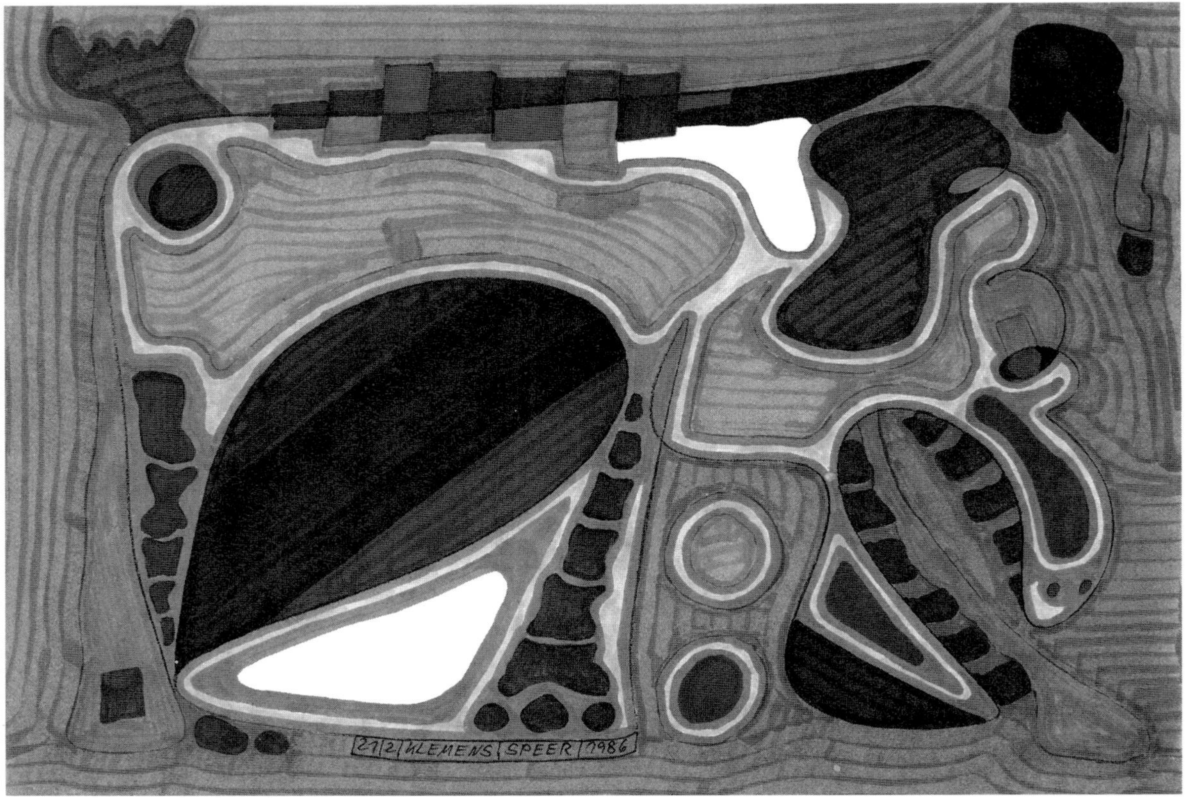

Bizarre Schönheit des Häßlichen
(Original in Farbe)

Tanz des kosmischen Feuerwerks
(Original in Farbe)

Tänzer auf Glatteis
(Original in Farbe)

eine Abschiedsszene darstellen sollten und ich an meinen Trennungsschmerz stieß, oder wenn wir Wut und Aggression ausdrücken sollten und ich mich anfangs nicht dazu in der Lage fühlte. Der Ausdruckstanz war für mich also nicht nur eine Form, wieder beweglicher zu werden, sondern auch eine Form der Körpertherapie und eine Möglichkeit, emotionale Blockaden zu lösen, da wir viel mit dem Atem arbeiteten und der Atem eine Brücke zwischen Körper und Seele ist. In dieser Zeit bekam ich wieder einen besseren Zugang zu meinem Körper, wurde weicher, beweglicher und empfindsamer. Die Gruppe bestand überwiegend aus Frauen. Die Frauen in der Gruppe hatten oft den besseren Zugang zu ihrer Körperlichkeit, und ich konnte so vieles von ihnen lernen.

Freies Tanzen von innen heraus, wobei sich die Bewegung von innen nach außen entwickelt, ohne darauf Rücksicht nehmen zu müssen, was andere als schön, normal und angemessen empfinden, kann eine sehr große befreiende Wirkung sowohl auf das seelische als auch auf das geistige und körperliche Befinden haben. Freies Tanzen fördert die persönlichen Ausdrucksmöglichkeiten, verschafft einen intuitiven Zugang zur eigenen Mitte, baut Verspannungen ab und kann dazu beitragen, ausgeglichener zu werden und in größerer Harmonie mit sich selbst zu sein, das heißt sein eigentliches inneres Wesen, seine Instinktnatur, wiederzufinden.
Trancezustände, die bei dieser Art des Tanzens auftreten können, haben ebenfalls durch ihre Tiefenentspannung eine starke heilende und harmonisierende Wirkung auf Körper, Geist und Seele und können außergewöhnliche Bewußtseinszustände erzeugen. Es gibt verschiedene Zugangsmöglichkeiten, um Trancezustände beim Tanzen zu ermöglichen. Meine eigene Erfahrung mit Trancezuständen beim Tanzen erfolgte meist über folgende Schritte: Sich vorsichtig und behutsam in die Musik und den Rhythmus der Musik einfühlen und sich dann mehr und mehr und ganz und gar auf die Musik einlassen. Sich warm tanzen bis der Körper warm, weich und beweglich und fast heiß geworden ist. Dann in monotone Bewegungsrhythmen gehen, sie können schnell oder auch langsam sein und aus den Bewegungsarchetypen, Schütteln, Wiegen, Schaukeln, Schlingern oder Drehen bestehen, wobei ich in der Regel intuitiv Schaukel-, Schlinger- oder Drehbewegungen bevorzugt habe. Ein völlig autonomes und freies Gefühl kann die Trance sehr unterstützen. Es entsteht dann, wenn man in einer Gruppe in einem anderen Rhythmus tanzt als die übrigen Gruppenmitglieder oder wenn man den Rhythmus plötzlich unterbricht und für einen Moment ganz still steht, um dann wieder in seinem eigenen Rhythmus weiterzutanzen. Letztlich geht es aber darum, die Kontrolle über den eigenen Tanz ganz aufzugeben und sich von innen heraus tanzen zu lassen.

Wunderschöne einfache Kreistänze in der Gruppe werden bei den Sufis sehr geschätzt und gepflegt. Der Sufi-Trance-Tanz hat Tradition und nimmt viele verschiedene Formen an. Vom einfachen Drehtanz bis hin zu kreisförmigen einfachen Gruppentänzen, die mit einfachen, Mantren ähnlichen Gesängen verbunden werden und wobei die ganze Gruppe zu einer EINHEIT verschmelzen kann.

Tanzen als Befreiungsakt

Sexuelle Energie ist letztendlich kreative Energie und kreative Energie ist spirituelle Energie. Da ich zum Teil über lange Zeit meine sexuelle Energie nicht leben konnte, brauchte ich ein Ventil, um diese Energie ausdrücken zu können. Alle wirklich kreativen Prozesse können sexuelle Energie aufnehmen und sie nach außen leiten. Neben Malen, Schreiben, Dichten, kreativ etwas organisieren und auf die Beine stellen war auch Tanzen für mich zu einem Mittel geworden, meine starken sexuellen Energien zu transformieren und auszudrücken. Insbesondere in den Jahren, in denen ich ganz ohne Freundin lebte, war Tanzen geradezu eine Notwendigkeit für mich geworden. Ich ging regelmäßig in Diskotheken oder zur Lagerhallendisko, nicht etwa um Kontakte zu knüpfen oder zu pflegen oder mich dort mit andern Leuten zu treffen, obwohl ich dort oft natürlich auch Bekannte und Freunde traf, sondern in erster Linie, um zu tanzen.

Es gab immer wieder Situationen, in denen es so etwas wie energetische Durchbrüche bei mir gab. Ich tanzte mich dann so in Ekstase, daß ich ohne Pause drei bis fünf Stunden – nach heißen Rhythmen völlig schweißüberströmt, mit glühendem und durchgeschwitztem Körper tanzte. Der Schweiß tropfte mir dann aus dem Gesicht und von der Nase. Ich war innerlich in einer Art Rauschzustand, der Körper fühlte sich sehr energetisiert, warm, glühend und glücklich an, und ich hatte immer wieder das überwältigende Gefühl, nicht ich tanze, sondern ES tanzt, ich werde getanzt. Es war einfach göttlich schön, sich von der Musik bewegen zu lassen und sich dabei völlig und vollkommen aufzugeben. Eigentlich war ich gar nicht mehr vorhanden. Was noch da war, war der Tanz. Danach fühlte sich mein Körper immer völlig warm, weich und wie neu geboren an. Ich ging dann oft am frühen Morgen erst nach Hause und schlief danach tief und fest bis gegen Mittag. Auch wenn ich am nächsten Tag vor lauter Muskelkater kaum laufen konnte, es hatte sich gelohnt, ich fühlte mich wieder freier.

Tanzdurchbruch zum organischen Bewußtsein

Zusammen mit Agnes, einer Freundin, war ich nach Bremen zu einem abendlichen Tanzworkshop gefahren. Moussa Rosenfeld, ein im Sufitanz ausgebildeter Musiker, bot einen Trance-Tanz Abendworkshop an, der mich sehr interessierte. Der Workshop begann gegen 21.00 Uhr und sollte am frühen Morgen enden. Die Teilnehmer hatten die Möglichkeit, in dem Bauernhaus, in dem der Workshop mit Life-Musik stattfand, zu übernachten. Agnes und ich waren sehr gespannt auf das, was uns erwarten würde, denn wir hatten beide noch nicht an einer ähnlichen Veranstaltung teilgenommen. Es war nur eine kleine Gruppe von Teilnehmern, etwa 6 Personen, die sich für den Workshop angemeldet hatte. Moussa war gerade von einer Indienreise zurückgekommen und erzählte noch von dem großen Kulturschock, der ihn tief getroffen hatte, so hautnah die allgemein große Armut der Inder zu erleben.

Am Kamin sitzend lernte die Gruppe sich ganz entspannt bei einer Tasse Tee kennen. Danach begaben wir uns in einen Meditationskreis, den Moussa mit einer geführten Meditation einleitete, um Abstand zum Alltag zu gewinnen und ganz hier im Raum anzukommen. Danach erhoben wir uns und machten einige Entspannungsübungen im Stehen, um den Körper zu lockern und uns auf das Tanzen einzustimmen. Moussa trommelte auf einer großen Sufi-Trommel Musikstücke, hauptsächlich Trance-Tanz-Musik aus der Sufitradition und übte auch mit uns den Sufi-Drehtanz. Nach einigen einführenden tänzerischen Übungen hatte jeder die Möglichkeit, sich ganz frei nach den von ihm gespielten Trommelrhythmen zu bewegen und von innen heraus zu tanzen. Die Musik begann mit ganz ruhigen meditativen Melodien und steigerte sich dann immer mehr in einen schnelleren Rhythmus voller Extase. Die letzte Tanzphase dauerte ca. zwei Stunden.

Da freies Tanzen zu meinen Hobbys gehörte und es mir viel Freude machte – ich hatte ja ca. 3 Jahre bei Erneste in einer Ausdrucktanzgruppe mitgearbeitet – hatte ich inzwischen einen guten Zugang zu freier Bewegung gefunden und diesen Zugang auch durch viele Tanzsesshin in Discotheken gepflegt. Besonders inspirierend wirkte an diesem Abend die Stimmung auf der Diele des Bauernhofes, auf der wir im Kerzenschein tanzten und Moussa dazu unsere Bewegungen mit der Trommel unterstützte, führte und leitete und der Rhythmus uns nach und nach voll und ganz gefangen nahm.

Ich hatte mich ganz in die Musik hineinfallen lassen. Moussa spielte einen schnellen Rhythmus, nach dem ich mich aber nur sehr langsam und bewußt bewegte. Ich hatte dabei die Augen geschlossen, fühlte ganz in mich hinein und kam mit der Zeit dabei in einen Zustand, in dem ich die Wahrnehmung hatte, jede Zelle meines Körpers fühlen zu können, wie sie sich sanft schwingend zum Rhythmus der Trommel bewegte. Plötzlich nahm die Intensität der Wahrnehmung noch zu. Die Körperwahrnehmung von mir selbst war ganz verschwunden, und ich befand mich in einem Meer von miteinander sich bewegenden und schwingenden organischen großen Zellen. Die Zellen hatten den Durchmesser von großen Bällen oder Kürbissen. Das Bewußtsein von innen und außen war vollkommen aufgehoben, bzw. die Wahrnehmung meiner Körpergrenze war verschwunden und auch außerhalb des Bereichs, wo sich mein Körper befinden mußte, befanden sich organische Zellen oder besser gesagt, ich befand mich mitten in einem Zellenmeer.

Es war eine sehr angenehme, beruhigende Erfahrung. Ich hatte das Gefühl, eingebettet zu sein in einem Meer von Zellen, in dem es kein Innen und Außen mehr gab. Es war ein ganz ruhiges und entspanntes Gefühl des SEINS, das mich sehr beeindruckte und mir einen Vorgeschmack von dem gab, welcher Bewußt-SEINS-Zustand von mir auch im Alltag angestrebt werden sollte.

Am folgenden Tag hatte ich dann unglaublich starken Muskelkater, so daß ich kaum noch laufen konnte. Ich hatte nicht gespürt, wie wild und intensiv ich mich beim Tanzen bewegt hatte. Der organische Bewußt-SEINS-Zustand faszinierte mich sehr und machte mich sehr nachdenklich, denn bisher war ich beim Tanzen nicht in einen so außergewöhnlichen Zustand gekommen.

Körperarbeit und Durchlässigkeit

Jeder, der beginnt, sich mit sich selbst auseinanderzusetzen, wird schnell feststellen, daß sich alle inneren Blockaden der Seele und des Geistes auch im Körperlichen manifestieren. Das heißt, auch wenn wir Sport für unsere Gesundheit und Fitneß betreiben und Tanz uns helfen kann, ganz bei uns zu sein und uns zu entspannen, werden wir schnell merken, daß unser Bewegungspotential, wenn wir es mit professionellen Tänzern vergleichen, immer mehr oder weniger eingeschränkt ist. Alle aufgestauten Gefühle (Freude, Trauer, Wut und Aggressionen) schlagen sich in unserem Körper als Verspannungen nieder. Ängste blockieren den freien Fluß der Lebensenergie und schränken auch unsere Beweglichkeit beim Sport und beim Tanzen ein. Sicherlich kann sich auch hier schon einiges lösen. Aber es gibt

Methoden und Wege, die ganz gezielt mit dem Körper arbeiten, um Verspannungen und Blockaden zu lösen und den Fluß der Lebensenergie wieder zu mobilisieren.

Schon bei meiner Traumarbeit hatte ich festgestellt, daß der Körper auf meine Träume reagierte und mir Signale sandte, an denen ich erkennen konnte, ob ich meinen Traum richtig gedeutet hatte. Auch bei der Traumarbeit bekam ich Gefühle von Trauer und Wut, die sich oft noch verstärkten, wenn ich mich innerlich gezielt mit meinen Träumen auseinandersetzte. Der Körper ist ein hervorragendes Medium, das uns Hinweise zu unserer spirituellen Entwicklung gibt. Ich lernte mit Hilfe der Traumdeutung nicht nur meine inneren Vibrationen und Unruhezustände kennen, sondern es ging dabei oft um noch sehr viel mehr. Es stellten sich akute Schmerzen und Verspannungen an bestimmten Körperteilen ein. Ich wandte nun dieselbe Technik, die ich bei der Traumdeutung eingesetzt hatte, auch auf die Lösung meiner Schmerzen an.

Bei der Traumdeutung hatte ich mich innerlich in das Traumerlebnis eingefühlt. Jetzt ging ich einen Schritt weiter und nahm innerlich Kontakt mit dem Schmerz auf und versuchte, in ihn hineinzufühlen. Ich stellte ihm die Frage: „Was willst du mir sagen?“ Zusätzlich wendete ich noch eine andere Technik an. Ich nahm Körperpositionen ein, die den Schmerz noch verstärkten, um ihn deutlicher wahrnehmen zu können. Fast immer erhielt ich so Anwort auf meine Fragen. Wenn ich die richtigen Antworten gefunden hatte, lösten sich die Schmerzen. Sehr oft war das „sich auflösen“ von Schmerzen damit verbunden, daß große Trauer in mir aufstieg und sich in einem langen Fluß von Tränen entlud Sie hatten eine sehr befreiende Wirkung auf mich. Natürlich kamen bei dieser Technik nicht nur Trauer, sondern oft auch Wut und Aggressionen aus meinem Inneren hoch.

Wichtig ist, sich von diesen Gefühlen, seien es Trauer, Wut oder Aggressionen, nicht überschwemmen zu lassen, sondern sich bei der Arbeit mit sich selbst immer bewußt zu sein, daß man jederzeit seine Arbeit unterbrechen und wieder zurückkehren kann in sein Alltagsbewußtsein. Die Erfahrung zeigt, daß in der Regel nur das an die Oberfläche kommt, was man auch verarbeiten kann. Wenn sich die Angst einstellt, daß es zu viel werden könnte, sollte man die Arbeit an sich selbst in diesem Augenblick lieber ruhen lassen und einen späteren Zeitpunkt wählen, an dem man sich stärker fühlt. Sehr hilfreich kann auch sein, sein höheres Selbst zu bitten, daß nur das ins Bewußtsein treten möge, was man auch allein und eigenständig verarbeiten kann. Wenn man in diesem Punkt unsicher ist, sollte man seine Arbeit zusammen mit einem Menschen tun, zu dem man Vertrauen hat. Das muß nicht unbedingt ein Therapeut sein, sondern es kann auch ein guter Freund oder eine Freundin sein, die einem die entsprechende Sicherheit geben kann, nicht allein zu sein, und die uns jederzeit wieder in die Alltagsrealität zurückholen können.

Je mehr es uns gelingt, innere Verkrampfungen und Blockaden zu lösen, die ja oft schon lange im Körper angestaut sind, desto besser wird es uns gelingen, den Körper wieder durchlässiger zu machen und damit auch wieder wahrnehmungsfähiger. Wenn wir verspannt sind, können wir unsere eigenen Gefühle und Ängste kaum wahrnehmen. Wenn wir sie nicht wahrnehmen können, können wir auch nicht auf sie reagieren, und wir können sie nicht nach außen leiten und zum Ausdruck bringen. Das aber ist die Voraussetzung dafür, ein lebendiger Mensch sein zu können. Viele von uns sind bereits innerlich abgestorben, weil es uns in unserer Kindheit nicht erlaubt wurde, unsere Gefühle zu zeigen, und wir uns deshalb angewöhnt haben, sie abzublocken. Das aber wiederum führt dazu, daß unsere Körper fest und steif werden und wir unsere Mitte nicht mehr wahrnehmen können.

CH'I-Konzept und Harmonie

Ich las viel über therapeutische Techniken und Methoden, z. B. über Themenzentrierte Interaktion, Gestalttherapie, Psychoanalyse, Transaktionsanalyse und auch über Bioenergetik. Alexander Lowen erwähnte in einem seiner Bücher die asiatische Methode der fließenden Bewegungen, des T'ai Chi, das er ausdrücklich empfahl. Es standen dort nur wenige Sätze über T'ai Chi, aber sie genügten, um mein Interesse zu wecken. Ich hatte sofort den Eindruck: das ist eine Form der Bewegung und ganzheitlichen Körpertherapie, die zwischen den beiden „extremen Polen", dem mehr expressiven Ausdruckstanz auf der einen Seite und der sitzenden, stillen Vipassena-Meditaion auf der andern Seite liegt. Es entstand in mir eine Phantasie, wie diese Art der Bewegung wohl aussehen könnte, denn gesehen hatte ich sie bisher noch nicht.

Da an der Volkshochschule damals bereits T'ai Chi-Kurse angeboten wurden, belegte ich bald einen solchen Kurs und wußte bereits nach der ersten Stunde: *Das ist es, was ich gesucht hatte*. Diese Form der langsamen meditativen, sehr differenzierten Bewegung von innen heraus faszinierte mich vollkommen. Noch nie hatte ich so sehr meine körperliche Steifheit und Unbeweglichkeit empfunden (und das trotz jahrelangen Übens von Ausdruckstanz), wie nach diesem Wochenende. Mir ging auf, was ich alles nicht konnte. Mir war aber auch klar geworden, was ich lernen wollte. Mir

Yin
(Original in Farbe)

Yang
(Original in Farbe)

war eine Philosophie vermittelt worden, die mich ansprach und in der es darum ging , Körper, Geist und Seele zu einer Einheit werden zu lassen, den Blick also nach innen zu wenden und nicht mehr so sehr im Außen zu suchen, wie ich es getan hatte, wenn ich Leben, Wohnen und Arbeiten oder Freizeit, Wohnen und Arbeiten zu einer Einheit werden lassen wollte. Es ging also darum, im eigenen Inneren anzufangen und diese Einheit zunächst für sich selbst zu finden.

Schon vor Jahren hatte mich immer wieder das Lebenskonzept einer spirituellen christlichen Gemeinschaft in Wethen im Sauerland angezogen. Zusammen mit Theresa hatte ich dieses Projekt besucht. Die Gemeinschaft vertrat das Konzept, Leben, Wohnen und Arbeiten besser miteinander in Einklang zu bringen und Formen von Gemeinschaft mit mehr sozialer Gerechtigkeit zu schaffen. Nachdem ich mich schon lange von meiner Frau getrennt hatte, besuchte ich noch einmal allein dieses Projekt, um für mich zu prüfen, ob es eine Möglichkeit sei, dort in die Arbeit des Projekts einzusteigen oder selbst etwas ähnliches aufzubauen. In der Zeit, in der ich T'ai Chi kennenlernte, erkannte ich jedoch deutlich, daß es zunächst für mich darum gehen würde, Körper, Geist und Seele in Einklang zu bringen, bevor ich mich in ein solches Projekt wagen konnte, um dort Innen und Außen in Einklang zu bringen bzw. ein solches Projekt selbst aufzubauen.

Mit dieser Erkenntnis begann also mein Weg des T'ai Chi. Die Figuren, die ich am ersten Wochenende gelernt hatte, wollte ich nach meinem Urlaub fleißig für mich üben. Ich stellte aber nach meinem Urlaub fest, daß ich sie alle vergessen hatte, und mußte wieder von vorn anfangen. Inzwischen lerne ich seit 15 Jahren T'ai Chi Ch'uan bei meinen Lehrern *Petra und Toyo Kobayashi* und unterrichte es selbst seit 10 Jahren und habe immer noch das Gefühl, viel dazulernen zu können.

Was aber nun ist T'ai Chi Ch'uan? T'ai Chi Ch'uan ist an westlichen Begriffen gemessen eine ganzheitliche Form der asiatischen Körperarbeit bzw. Körpertherapie, die drei Elemente miteinander verbindet: erstens Meditation in Bewegung als einen geistigen Übungsweg, der Körper, Geist und Seele miteinander verbindet und zum TAO, zur Ganzheit, führt. Es ist zweitens Gesundheitsvorsorge und somit eine Form der Heilgymnastik, die den gesamten Körper durcharbeitet und wieder weich und beweglich macht, alle Muskeln, Sehnen, Bänder und Gelenke entspannt, den Knochenbau aufrichtet und stärkt und zudem noch drittens eine sanfte, sehr effektive Selbstverteidigungstechnik. Kernstück des T'ai Chi Ch'uan ist die sogenannte Form, eine Aneinanderreihung von einzelnen Bewegungsfiguren zu einem fließenden harmonischen Ablauf.

Hintergrund des T'ai Chi Ch'uan ist die taoistische Philosophie vom Yin und Yang, die auch in der gesamten Traditionellen Chinesischen Medizin (TCM = Akupunktur, in Japan Shiatzu; Kräuter- und Ernährungslehre; I Gong; Tuina-Massage; T'ai Chi Ch'uan) ihren Niederschlag gefunden hat. Der meditative Aspekt des T'ai Chi Ch'uan, der aus dem Taoismus kommt, ist wiederum eng verbunden mit dem Zen-Buddhismus. Auch im T'ai Chi Ch'uan übt man stille stehende Meditationstechniken und sitzende Meditationstechniken ebenso wie im Zen-Buddhismus. Da mich neben dem gesundheitlichen besonders auch der meditative Aspekt des T'ai Chi Ch'uan sehr interessierte, begann ich mich auch mehr und mehr mit dem Zen-Buddhismus auseinanderzusetzen, insbesondere mit Zen-Sesshins (ein Wochenende oder eine ganze Woche, die in sitzender Meditation verbracht wird) und den Büchern von *Pater Hugo Enomina Lasalle*.

I Gong, das stärker medizinisch-gesundheitlich ausgerichtet ist als T'ai Chi und vor demselben Hintergrund entstanden ist, zog mich ebenfalls sehr an. Der Anlaß dafür war eine seit meiner Kindheit bestehende chronische Bronchitis, die sich zwar mit Hilfe des T' ai Chi wesentlich gebessert hatte, aber noch nicht ausgeheilt war. Da I Gong im Gegensatz zum T'ai Chi gezielt mit dem Atem arbeitet, hatte ich die Hoffnung, damit meine Bronchitis vollständig ausheilen zu können. Ich begann zusätzlich eine Ausbildung zum I Gong Lehrer bei Meister *Zhi Shang Li*, einem in München lebenden Chinesen. Ich mußte aber nach der Hälfte der Ausbildungszeit feststellen, daß mir die Zeit fehlte, die vielen Übungen neben meinen andern Aufgaben zu praktizieren, so daß ich die Ausbildung nicht abschließen konnte. Die Übungen von Meister Zhi Shang Li halte ich für eine gute Ergänzung und Erweiterung meiner T'ai Chi Kenntnisse, da er das sogenannte stille I Gong unterrichtet, das nur mit minimalen Bewegungen arbeitet und sich mehr auf das Lenken innerer Energieflüsse konzentriert.

T'ai Chi Ch'uan ist ein Weg, wieder mit sich selbst in Harmonie zu leben. Das heißt, wieder Kontakt zu bekommen mit sich selbst, mit seiner eigenen Mitte. Diese Fähigkeit haben wir oft verloren und lassen uns statt dessen von den vielfältigen Anforderungen, die die Außenwelt an uns stellt, vollkommen vereinnahmen. T'ai Chi ist ein Kontrapunkt zu unserer Alltagswelt, die oft laut, lärmend und hektisch ist. T'ai Chi ist dagegen ruhig, leise, konzentriert und langsam und führt uns damit zurück auf das, was für uns wirklich wichtig ist: auf unsere eigenen Bedürfnisse, auf unsere eigenen Wünsche und Vorstellungen vom Leben, auf unsere eigene Kreativität. T'ai Chi hilft uns, unsere eigenen Freiräume zu erkennen und sie bewußter und gezielter für uns selbst und unsere Interessen zu nutzen, damit wir nicht untergehen in den Anforderungen, die ständig von außen an uns gestellt werden.

Dies ist besonders in unserer westlich orientierten Leistungsgesellschaft von großer Wichtigkeit. Denn immer weniger Menschen im Arbeitsprozeß müssen immer mehr leisten und drohen vollends auszubrennen. Während diejenigen, die aus dem Arbeitsprozeß ausgeschieden sind, weil sie, wie es heißt, „freigesetzt" worden sind, häufig große Mühe haben, nicht in dem Gefühl von innerer Wert- und Nutzlosigkeit und Lethargie zu versinken (das Wort "freigesetzt" wird von vielen Arbeitslosen als sehr zynisch empfunden). Beide Menschengruppen brauchen also eine Möglichkeit, sich auf sich selbst und auf ihre eignen Kräfte zu besinnen, wenn sie ein sinnvolles Leben führen und in unserer Gesellschaft nicht psychisch völlig zugrunde gehen wollen.

T'ai Chi bietet die Möglichkeit, den ganzen Menschen wieder „rund" zu machen, ihn wieder zurückzuführen auf sich selbst, auf seine Kreativität, auf sein wahres Wesen und seine wahren Möglichkeiten. Durch T'ai Chi gelingt es, wieder Kraft und Energie zu bekommen, weil man sich Zeit nimmt, aufzutanken und wieder lebendig zu werden.

Die mehr psychologische Arbeit aus dem I Gong mit den fünf Elementen kann die Arbeit mit T'ai Chi ergänzen. Der bewußte Umgang mit den Elementen aus der chinesischen Medizin: Wasser, Holz, Feuer, Erde und Metall kann uns gezielt helfen, den Energiehaushalt ins Gleichgewicht zu bringen, körperlich, seelisch und geistig wieder zu gesunden und mehr Achtsamkeit auf die eigenen Energieprozesse zu richten.

Im T'ai Chi Ch'uan geht es, wie generell in der TCM darum, Energien, die aus dem Gleichgewicht geraten sind, wieder zu harmonisieren bzw. blockierte Energien wieder zum Fließen zu bringen. Dabei wird Energie immer im umfassenden Sinne verstanden. Man spricht vom CH'I, der universalen kosmischen Lebensenergie, die auch in jedem Menschen vorhanden ist und sowohl geistige als auch körperliche Aspekte enthält. Körper und Geist werden harmonisiert und wieder ins Gleichgewicht gebracht. T'ai Chi Ch'uan ist eine Methode, die Lebensenergie zu pflegen und zu nähren und damit das Körperzentrum im Unterbauch, das untere Tan T'ien, den Sitz unserer Gefühle, wieder wahrzunehmen und zu spüren. Mit Hilfe der Arbeit an den T'ai Chi-Prinzipien wird es möglich, den Körper wieder leicht, beweglich und durchlässig zu machen, einen festen Kontakt zur Erde zu bekommen und uns gerade zum Himmel aufzurichten.

Häufig gehen wir erst zum Arzt, wenn wir bereits krank geworden sind und schwere Krankheitssymptome aufweisen. T'ai Chi und I Gong sind Möglichkeiten der Lebenspflege, die uns schon im Vorfeld von Krankheiten bewußt machen, daß wir aus dem Gleichgewicht geraten sind. Sie zeigen uns Mittel und Wege, Krankheiten zu vermeiden.

Wir fahren den Tank unseres Autos ja auch nicht leer und lassen uns dann abschleppen, sondern achten in der Regel rechtzeitig auf unseren Benzinanzeiger und tanken nach. Krank zu werden bedeutet, daß wir nicht auf unseren Energieanzeiger geachtet haben und uns nun abschleppen lassen müssen bzw. einen langen Weg mit den Kanister in der Hand bis zu nächsten Tankstelle vor uns haben. Wenn wir gesund bleiben wollen, dürfen wir unsere letzten Reserven nie angreifen. Durch eine verstärkte Achtsamkeit auf uns selbst könnten wir viele Krankheiten vermeiden. Dafür ist es aber wichtig, daß wir unsere Lebensenergic pflegen, das heißt rechtzeitig und genügend auftanken. Eigentlich ist es sehr traurig, daß wir erst das Auto, ein technisches Hilfsmittel zur Fortbewegung, als Synonym für uns selbst benutzen müssen, um das Lebewesen Mensch wieder besser zu verstehen und uns klar zu machen, was für unsere Gesundheit wirklich wichtig ist.

Bei dem Besuch meines ersten Seminars von Meister Zhi Shang Li in Hamburg hatte ich die vier verschiedenen Atemtechniken des I Gongs kennengelernt: die Brustatmung, die Bauchatmung, die Gegenbauchatmung und die Ganzkörperatmung. Zu Hause hatte ich begonnen, die letzten drei Atemtechniken regelmäßig im Sitzen zu üben. Erst die Bauchatmung, bei der sich der Bauch beim Einatmen leicht nach vorn wölbt, dann die Gegenbauchatmung, bei der beim Einatmen die Bauchdecke leicht eingezogen wird. Zuletzt übte ich die Ganzkörperatmung, bei der man sich vorstellt, der Körper würde durch alle Poren wie durch kleine Lippen, die sich öffnen und schließen, Luft einatmen und wieder ausatmen, und zwar senkrecht zur Köperoberfläche. Ich hatte diese Atemübungen schon tagelang jeden morgen etwa 20 bis 30 Minuten geübt und war dabei immer tiefer in einen Entspannungszustand hineingekommen. Dieser Zustand führte dazu, daß vor meinem "dritten Auge", also in Stirnhöhe, regelmäßig ein innerlich wahrnehmbares Bild, eine pulsierenden Blume zu sehen war. Ihre Blätter waren violett und die innere Blüte gelb. Immer wenn dieses innere Bild auftauchte ,spürte ich, daß alle Alltagsbelastungen deutlich von mir abfielen und ich ganz ruhig und tief entspannt war. Ich konzentrierte mich weiter auf das Üben der Ganzkörperatmung und kam dabei eines Morgens ganz plötzlich und unerwartet in einen außergewöhnlichen Zustand.

Die Wahrnehmung von mir selbst war plötzlich verschwunden, und ich war verbunden mit einem pulsierenden kosmischen Atem. Das Erstaunliche dabei war, daß ich für Bruchteile von Sekunden die Wahrnehmung hatte: Ich bin das Zentrum des Universums. Verbunden mit meinem Atem der

Ganzkörperatmung war die universelle Atmung, das Entstehen und Vergehen des ganzen Universums. Es gab nur noch EINS, ein GANZES, ein EINZIGES Ein- und Ausatmen, das mich und das ganze Universum mit einschloß. Die Wahrnehmung war unglaublich, unbeschreiblich. Es gab nur noch EINS und nichts existierte neben ihm. Beim Einatmen fiel das ganze Universum in einem Punkt zusammen und beim Ausatmen entfaltete es sich bis in unermeßliche Weiten. Ein pulsierender und schwingender Atemrhythmus von unfaßbaren Ausmaßen, verbunden mit der erschreckenden und unbegreiflichen Wahrnehmung: DAS BIN ICH. Ich war so sehr erschrocken über die plötzliche Auflösung meiner Selbstwahrnehmung, daß ich augenblicklich aus dieser Wahrnehmung und aus meinem tiefen Entspannungszustand wieder herausfiel und mich auf meinem Sofa sitzend wiederfand. Ich war überwältigt von dem Ereignis einer kurzen Einheits- oder Gipfelerfahrung (wie Maslow derartige Erfahrungen nennt). Sie übte eine tiefe numinose Sogkraft auf mich aus und bewegte mich dazu, mit meinem I Gong- Übungen regelmäßig weiter voranzuschreiten.

Die große Gefahr bei einer solchen Erfahrung ist, daß man sozusagen an ihr kleben bleibt und der übergroße Wunsch entsteht, so etwas noch einmal zu erleben. Man gerät in die Versuchung zu glauben, durch Üben so etwas „machen" zu können. Aber das ist ein großer Irrtum. Je größer das innere Anhaften an eine solche Erfahrung ist, desto weniger wird es gelingen, wieder in einen solchen Zustand zu gelangen. Denn diese Erfahrung war nur durch ein totales inneres Loslassen von allen Wünschen und Vorstellungen möglich geworden. Solche Momente sind wie ein kostbares Geschenk aus dem KOSMOS, von dem DAS BIN ICH.

Obwohl ich mit T'ai Chi Ch'uan und I Gong Übungswege gefunden hatte, denen ich mit viel Begeisterung und Ausdauer folgte, war mein unruhiger und neugieriger Geist immer noch auf der Suche nach Neuem und Unbekanntem, wohl auch angetrieben durch meine eigene Ungeduld und dem starken Bedürfnis, mehr zu meinem wahren Wesen vorzudringen.

So begab ich mich auf die Entdeckung anderer spiritueller Traditionen. Insbesondere faszinierte mich die mystische, spirituelle Richtung des Sufismus, die von *Hazarat Illayat Kahn* in den Westen gebracht wurde und von seinem Sohn *Pir Illayat Vilayat Kahn* weitergeführt wird. Pir verbindet in seinen Vorträgen und Meditationsseminaren die neuesten Erkenntnisse der westlichen Wissenschaften mit den Erkenntnissen der großen mystischen Richtungen der Weltreligionen zu einer faszinierenden Synthese. Da er seine Vorträge auf deutsch hält, hatte ich Gelegenheit, oft an seinen Seminaren teilzunehmen und seine Arbeit kennenzulernen. Besonders beeindruckte mich die tiefe Verbindung dieser Richtung des Sufismus mit der Natur: Im Sommer findet jedes Jahr an einem wunderschönen Platz in den Alpen ein mehrwöchiges Meditationscamp statt. Der von Pirs Vater ins Leben gerufene und von Pir weiterentwickelte interreligiöse Gottesdienst, an dem Schüler von ihm symbolisch die Weltreligionen vertreten, spricht mich ebenso an wie die Arbeit mit den sogenannten Fazifas. In der Yoga-Tradition heißen sie Mantren und sind heilige Laute oder Worte mit geistigen Qualitäten. Fazifas werden bei den Sufis in der Regel in Paaren eingesetzt, die sich ergänzen bzw. sogar widersprechen; z. B. Macht und Verantwortung, Führung und Wahrheit oder Meisterschaft und Hingabe. Diese Fazifas werden in der Meditation auf arabisch ständig wiederholt, um so ihre Kraft im Meditierenden zu entfalten und zu manifestieren.

Darüber hinaus habe ich mich auch mit den Lehren von *Guru Mai, Osho, Thich Nhat Hanh* und *Pandit Ravi Shankar* auseinandergesetzt. Thich Nhat Hanh habe ich bei einem Vortag in Oldenburg erlebt. Ich halte ihn für eine großartige Persönlichkeit, insbesondere wegen seines politischen und sozialen Engagements im Vietnamkrieg und der Schlichtheit, Einfachheit und Klarheit seiner Vorträge. „Zufällig“ traf ich *Pandit Ravi Shankar* in Karlsruhe, wo ich mich gerade befand, um einen Freund zu besuchen. Ich kann mich noch sehr gut an diesen etwas chaotisch verlaufenden Tag erinnern. Abends hatte ich den Eindruck, der Tag war deshalb so chaotisch verlaufen, weil ich diesem Guru begegnen sollte. Hätte alles so geklappt wie geplant, hätte ich ihn mit Sicherheit nicht getroffen. Sogenannte „Zufälle“ haben scheinbar etwas mit dem Resonanzprinzip zu tun. Ich hatte das intensive Gefühl, daß er mich „angezogen“ hatte. Sein Vortrag, den er dann im Schloß hielt, hatte eine große Ausstrahlungskraft und war ebenso wie der Vortrag Thich Nhat Hanhs von einer großen Schlichtheit, Einfachheit und Klarheit geprägt. Seine Botschaft war die Liebe, die er auch deutlich ausstrahlte. Die ganze Anspannung des Tages fiel während seines Vortrages in kurzer Zeit vollständig von mir ab. Für mich habe ich festgestellt: schlichte, einfache, klare Formen, egal in welcher spirituellen Tradition sprechen mich am meisten an.

Meditation und SEIN

Vieles hatte ich nach dem Lustprinzip inzwischen ausprobiert, immer dem Instinkt folgend, daß das, was mich interessierte und mir Spaß machte, mir auch weiterhelfen könnte, mir selbst näherzukommen. Insbesondere über die Volkshochschule hatte ich mehrere Kurse in Pantomime, Bioenergetik, freiem Malen, Transaktionsanalyse und Rollenspielen belegt. Immer hatte ich das Gefühl, ein kleines Stück auf meinem Weg vorangekommen zu sein, aber auch das Gefühl, daß ich noch nicht alles erreicht hatte, was ich erreichen wollte.

Während der Zeit, in der ich intensiv Ausdruckstanz betrieb, hatte ich festgestellt, daß mir etwas beim Tanzen fehlte. In dem heftigen, expressiven, von innen nach außen gerichteten Ausdruckstanz waren zwar auch langsame Elemente enthalten, doch es fehlte mir so etwas wie meditative Ruhe.

Schon bevor ich mit Ausdruckstanz begann, hatte ich mich wieder der Meditation zugewendet, die ich schon einmal kurz nach meiner Therapie kennengelernt hatte. Ich ging schon einige Zeit regelmäßig zu *Klaus Künkel* in die Vipassana-Gruppe. Klaus war Professor für evangelische Theologie mit einen großem Interesse für östliche Meditionstechniken und Philosophie. Er unterrichtete Vipassana-Meditation auf eine Art und Weise, die mich sehr ansprach. Beim stillen Sitzen in der Meditation erkannte ich schnell meine große innere Unruhe, und zwar sowohl im Körper als auch im Geiste. Meditation war eine gute Möglichkeit, mich innerlich mehr zur Ruhe zu bringen und einen Weg zu finden, mein rationales Denken abzuschalten zu können, ausgeglichener und gelassener zu werden. Über fünf Jahre nahm ich regelmäßig an den wöchentlichen Treffen teil und spürte, daß mir die Meditation sehr guttat. Zudem besuchte ich auch mehrere Wochenendkurse in Meditation, die Klaus zum Teil zusammen mit seiner Frau leitete.

Während die Arbeit mit T'ai Chi Ch'uan zunächst mehr vom Körper ausgeht und dann den Geist einbezieht, ist es bei der Meditation umgekehrt. Die Meditation geht vom Geist aus und bezieht den Körper ein. Das heißt, wir fangen zunächst an, unseren Geist zu beobachten. In der Regel nehmen wir gar nicht wahr, was in unserem Kopf ständig geschieht. Er ist voller Gedanken, Überlegungen, Strategien und Konzepten, die uns ständig mehr oder weniger beschäftigen. Bei einigen Menschen ist das so stark, insbesondere in Streßsituationen, daß sie nicht mehr abschalten können und damit oft Schlafstörungen bekommen. Wenn wir an diesem Punkt angekommen sind, nehmen wir in der Regel wahr, daß unser Denken sich verselbständigt hat und unsere Gedanken sich nicht mehr „abschalten" lassen, daß wir uns mit der Lösung irgendwelcher Probleme beschäftigen und keine Lösung finden. Wir haben uns sozusagen „im Kopf festgefahren". Der rationale Verstand versucht, Lösungen zu kreieren, die er allein nicht finden kann. Wir haben den Zugang zu unseren Gefühlen verloren, die wir benötigen, um Entscheidungen zu treffen und Lösungen zu finden. Selbst die Kraft, Nein zum Denken zu sagen, fehlt. Unser Denkapparat läuft ständig weiter wie ein Radio, das wir nicht mehr abstellen können, weil der Schalter zum Ausschalten abgebrochen ist. Unser Verstand ist aber nicht mehr als ein Werkzeug, das wir ablegen können sollten, wenn wir es zur Zeit nicht brauchen, genauso wie wir das Radio oder den Fernsehapparat ausstellen, wenn wir zu Bett gehen.

Es soll sogar Menschen geben, die nur noch vor dem Fernsehapparat einschlafen können. Sie brauchen dann die äußere Reizüberflutung mit Bild und Ton, um innerlich abschalten zu können. Äußere Ruhe würde sie innerlich so unruhig machen, daß ihr Denkapparat sofort wieder anspringt und sie nicht schlafen können. Sie müssen also schon mit Kanonen von außen auf sich schießen und sich trotz Müdigkeit noch völlig überfordern, damit das Innere abschalten kann. Traurig, aber wahr. Am Morgen wachen sie dann wie gerädert auf, weil Körper, Geist und Seele natürlich die ganze Nacht mit Tönen und Bildern überflutet worden sind, und beschweren sich, daß sie nicht fest und tief geschlafen haben.

Der Verstand ist also ein Werkzeug, das wir jederzeit beiseite legen können, wenn wir es nicht mehr benötigen. Wenn wir unseren Geist in der Meditation beobachten, stellen wir fest, was mit unseren Gedanken, Empfindungen, Gefühlen und Eindrücken ständig passiert. Häufig bewerten wir, was wir sehen und wahrnehmen, teilen es ein in gut oder schlecht und lenken damit unsere Aufmerksamkeit auf äußere Dinge, halten uns damit an äußeren Dingen fest. Wenn der Geist frei sein will, müssen wir zunächst versuchen wahrzunehmen, was in unserem Kopf passiert. Oft bewerten wir uns, unsere Handlungen und unsere Gedanken negativ und verurteilen uns selbst für etwas, was wir getan haben oder tun wollen. Es geht in der Meditation zunächst darum, daß wir alle Bewertungen einstellen und uns ganz darauf konzentrieren, Gedanken wahrzunehmen, ohne sie zu beeinflussen, zu sortieren oder gar nachzudenken. Wir nehmen nur wahr, was gerade ist, lassen alle Gedanken vorbeiziehen wie Wolken an einem Berg. Wir stellen uns vor, daß wir ein Berg sind, der die vorbeiziehenden Gedanken wie Wolken beobachtet, ohne sie zu beeinflussen. Das ist am Anfang nicht einfach. Wir werden feststellen, daß wir immer wieder anfangen, in unsere Gedanken einzugreifen. Es geht aber darum, sie vollkommen loszulassen, sie wie Wolken an uns vorüberziehen zu lassen. Sie tauchen auf, wir nehmen sie wahr, richten unsere Aufmerksamkeit auf sie, und sie ziehen weiter und verschwinden wieder. Das beste Hilfsmittel, das wir haben, um unsere Gedanken ganz loszulassen, ist die Konzentration auf den Atemrhythmus, auf das Ein- und Ausatmen.

Durch regelmäßiges Üben der Meditation wird man sich mit der Zeit der eigenen Gedanken, Gefühle und Empfindungen, die man in jedem Augenblick hat, immer bewußter und fängt an, immer mehr ganz im Hier und Jetzt zu leben, anstatt in der Vergangenheit oder in der Zukunft, wie es in der Regel der Fall ist, wenn wir zuviel nachdenken.

Der Körper wird in der Meditation ganz ruhig gehalten. Wir wählen einen Sitz oder eine Körperhaltung, die eine innere Zentrierung unterstützt und fördert. Meditation ist letztlich eine starke Konfrontation mit uns selbst. Wir können nicht mehr vor uns weglaufen, weil der Körper unbeweglich ist und die Aufmerksamkeit unaufhaltsam auf den Geist gerichtet ist. Wir nehmen uns wahr mit unserer ganzen Unruhe, Verspannung und dem Lärm, den wir im Kopf haben. Das kann anfangs recht unangenehm sein, und es braucht einige Zeit, um sich daran zu gewöhnen und ruhiger, gelassener und ausgeglichener zu werden.

Meditation ist ein Weg, innerlich zur Ruhe zu kommen, zu entspannen und vom Denken loszulassen, abschalten zu können und sich letztlich ganz dem SEIN hinzugeben. Sie ist ein Weg, wegzukommen von unserer Habensmentalität, wie mein Mediationslehrer *Drs. James H. Ringrose* es nennt, und mehr und mehr unsere SEINSmentalität zu entdecken. Diese sollte in den Vordergrund gestellt und der Habensmentalität nachgeordnet werden. Die Habensmentalität ist geprägt von unserem Ego, das am Außen orientiert ist, dies will und das will, ständig bewertet in gut oder schlecht und uns somit ständig in Trab hält und uns nicht zur Ruhe kommen läßt. Die Seinsmentalität orientiert sich am Zugang zu unserem höherem Selbst, am Zugang zu unserem inneren Zuhause, zu unserem wirklichen Wesenskern. Diesem inneren Wesenskern wird alles andere in der Alltagswelt untergeordnet. Nur so ist es möglich, daß wir unser ganzes menschliches Potential, das in uns angelegt ist und zur Entfaltung drängt, sich auch entfalten kann. Genauso wie in der Wurzel einer Pflanze schon die ganze Pflanze angelegt ist, auch wenn wir sie und ihre Blüte noch nicht kennen. Wir dürfen unser inneres Wesen, wenn wir es entfalten wollen, aber nicht mit tausend äußeren Dingen zuschütten, sondern müssen diese Pflanze hegen und pflegen, damit sie sich voll entfalten kann. Unsere Habensmentaltität, die sich feste Vorstellungen davon macht, wer wir sind und was wir zu tun und zu lassen haben, schüttet diese innere Pflanze zu, gibt ihr nicht den notwendigen Spielraum, damit sie sich frei und ungezwungen entfalten kann. Wenn wir immer schon genau zu wissen glauben, was wir wollen, Projekten und Zielen nachjagen, übersehen wir die Möglichkeiten, die sich uns sonst noch bieten und mit denen wir vielleicht sehr viel glücklicher und zufriedener wären.

Zu SEIN heißt also, ganz bei sich und seinem Wesenskern zu sein. Meditation ist ein kraftvolles Mittel, diesen Wesenskern, diese innere Natur, dieses INNERE ZU HAUSE SEIN wieder aufzudecken, damit wir es entfalten und entwickeln können.

Inzwischen bin ich seit mehr als fünf Jahren in der Zen-Gruppe von *James Hans Ringrose*. Hans ist ein bereits 85jähriger weißer Indonese holländischer Abstammung, der nun seit ca.10 Jahren in Osnabrück lebt und über 35 Jahre Zen-Erfahrung hat. Ich bin regelmäßig in seiner 14tägigen Gruppe, um für mich zu üben. Hans hält sehr gute Einführungen in die Zen-Meditation und bietet auch eine persönliche Wegbegleitung durch Gespräche an. Sie habe ich in den letzten Jahren sehr in Anspruch genommen, und sie haben mir auf meinem Weg weitergeholfen. Immer wieder muß ich feststellen, daß ich in meiner persönlichen Weiterentwicklung sehr langsam bin und lernen muß, noch mehr Geduld zu haben.

Sehr fasziniert haben mich in letzter Zeit die Bücher von *Wolfgang Kopp* einem westlichem Zen-Meister, die sehr in die Tiefe gehen, ebenso wie die Bücher von *Pater Ama Samy* (Arul M. Arokiasamy), einem Inder, der im Dietfurter Franziskanerkloster Zen unterrichtet, und sich sehr kritisch mit dem japanischem Zen auseinandersetzt. Wolfgang Kopp ist deshalb für mich faszinierend, weil sein Zen oder Tao Chan, wie er es nennt, sowohl Aspekte des Taoismus als auch des Zen-Buddhismus und der christlichen Spiritualität mit einbezieht. Ich denke, wir leben in einem durch christliche Werte geprägten Umfeld, also müssen wir uns auch mit den spirituellen Wurzeln des Christentums auseinandersetzen, die jedoch sehr verschüttet sind.

MEDItative einSICHT

Männlich und weiblich sind wie
PLUS und MINUS in mir
DUALITÄTEN verbinden sich in MIR zur EINheit

„Kopf" und „Bauch" in MIR
mein pulsierendes HERZ verbindet
KOPF und BAUCH in meinem KÖRPER

Licht und Schatten sind wie SCHWARZ und WEISS in MIR
mein spielerisches GESTALTEN verbindet
SCHWARZ und WEISS zu meiner Farbe

Laute+Worte und Mimik+Gestik von MIR
verbindet mein vibrierender RHYTHMUS
und setzt mich in BEWEGUNG

Spiritualität und Materialität in MIR
mein ATEM verbindet GEIST und KÖRPER
zu meinem klingenden SeelenTON

denken und fühlen in MIR
mein lebendiges LIEBEN verbindet
DENKEN und FÜHLEN in meinem HANDELN

Wissen und Erfahrung in MIR
meine sehende INTUITION verbindet
WISSEN und ERFAHRUNG zu meiner WEISHEIT

Kosmische CH'I-Erfahrung oder der meditative Aspekt des T'ai Chi Ch'uan

Wir, Walter und ich, begannen nebeneinander mit dem Üben der langen Form des T'ai Chi Ch'uan, und ich hatte von vornherein das Gefühl, in einer außergewöhnlich guten, ruhigen und aufmerksamen Stimmung zu sein. Die Bewegungen flossen sehr leicht, und die Abendstimmung am plätschernden Dietfurter Klosterteich, neben dem wir beim Üben standen, nahm mich mit meiner ganzen Aufmerksamkeit gefangen. Wir waren im zweiten Teil der Longform angekommen, die Dämmerung hatte noch etwas zugenommen, die Forellen sprangen, und das Plätschern des Wassers erinnerte mich an das Wellenrauschen auf der Nordseeinsel Spiekeroog, die ich mindestens ebenso liebe wie den Dietfurter Klostergarten.

Es war am Anfang des dritten Teils der Longform, als ich nur kurz die Augen schloß, um die Abendstimmung noch einmal ganz in mich aufzunehmen: plötzlich manifestierte sich der kurz aufflackernde Gedanke an eine Wasserwelle zur Wahrnehmung genau eben dieser Wasserwelle in der T'ai Chi-Form.

Das Erlebnis war überwältigend. In der Form war deutlich der Rhythmus einer ENERGIEWELLE zu spüren, die die Schnelligkeit und den Rhythmus der Form bestimmte. Ich hatte das deutliche Gefühl, von dieser

Welle getragen und geführt zu werden, und das Empfinden einer außerordentlichen Leichtigkeit und Kraft in meinen Bewegungen.

Von diesem Bild der Welle im fließenden Rhythmus des T'ai Chi hatte ich meinen Schülern schon oft erzählt, weil diese Veranschaulichung mich selbst sehr angesprochen hatte, aber ich hatte es noch nie in dieser beeindruckenden Deutlichkeit erfahren. Es existierte bisher immer nur in meiner geistigen Vorstellung.

Von der Zentrierung auf dem linken Fuß bis zur Zentrierung auf dem rechten Fuß fließt eine Welle. Wenn sie rechts angekommen ist, sieht es aus, als ob sie einen Moment stehenbliebe, indem sich die Welle bricht, aber sie bleibt nicht stehen, sondern es kommt zu einer sich drehenden, zentrierenden, inneren Bewegung auf einer Stelle. Soweit das geistige Bild der Welle als ein archetypisches, universales kosmisches Symbol. Dieses Symbol der Welle wird auch im Atemrhythmus sichtbar. Im „Ein- und Ausfließen" des Atems und im „Stehenbleiben", der Umkehrung des Atems.

Und nun erfuhr ich diese ENERGIEWELLE tatsächlich. Sie hatte eine solche Kraft, daß ich in der nun immer stärker einsetzenden Dämmerung Mühe hatte, die Energie in den Füßen zu konzentrieren. Die WELLE trug mich weiter von Figur zu Figur. Sie strömte breit von außerhalb des Körpers in mich ein, verdichtete und sammelte sich in den Beinen und Füßen und bewegte sich völlig ohne mein Zutun überkreuz in die nächste Figur hinein. Es war ein berauschendes Gefühl von Leichtigkeit und Kraft, und vor allen Dingen hatte ich die deutliche Wahrnehmung: diese ENERGIE kommt nicht von mir. Sie war weit mehr, als ich es bin, und drang doch in mich ein und nahm mich mit, trug mich mit. Diese Wahrnehmung hielt so während des letzten Teils der Longform an. Dann wurde es so dämmerig, daß es immer schwieriger wurde, fest auf den Beinen zu stehen. Ich bekam plötzlich Angst, die WELLE könnte mich mitreißen, und ich könnte die Kraft der WELLE nicht mehr in den Boden lenken, so daß sie mich umwerfen würde. Ich hatte auf einmal Angst, schlicht und einfach in den Teich zu fallen. Und dann war da noch das Gefühl, daß, wenn ich mich der WELLE ganz anvertraute, es geschehen könnte, daß ich umfiele, aber sie mich möglicherweise wie ein Stehaufmännchen wieder aufrichten würde.

Die Dämmerung hatte zum Ende der Longform sehr zugenommen und wohl in Verbindung damit auch meine Angst, in der Dämmerung zu unsicher auf meinen Beinen zu sein, daß die Wahrnehmung des CH'I (der WELLE) zum Schluß der Longform hin abbrach. Wenn dieses eine tiefe CH'I-Erfahrung war, und davon bin ich überzeugt, dann wurde mir hiermit meine innere geistige Einstellung zum T'ai Chi als meditative geistige Übung sehr deutlich bestätigt, und dafür kann ich aus ganzem Herzen dankbar sein. Ich empfinde es als ein großes Geschenk, nach nur 10 Jahren des T'ai Chi-Übens und nach nur 6 Jahren Unterrichtserfahrung eine solche Bewußt-SEINS-Erfahrung (CH'I-Erfahrung) machen zu dürfen.

Ernährung und Gesundheit

Wer beginnt, immer bewußter mit sich selbst umzugehen, wird sich nicht unreflektiert mit Nahrungsmitteln vollstopfen, sondern sich sehr bewußt ernähren. Genauso wie alle Handlungen bewußter werden, wird ihm klarer werden, welche Ernährung gut ist und welche ungesund. Viele Menschen, die meditieren und sehr körperbewußt sind, ernähren sich vegetarisch.

Nachdem ich zum ersten Mal 5 Tage nach Buchinger gefastet hatte, um meinen Körper zu entschlacken und zu reinigen, wurde mir bewußt, wie sehr mein Eßverhalten und meine Eßgewohnheiten eingefahren waren und was ich im Laufe des Tages alles so unkontrolliert in mich hineinstopfte. Es war für mich sehr erstaunlich, wie leicht der Körper einige Tage fast ohne Nahrung auskommen kann und was dann innerlich geschieht. Plötzlich einige Tage nichts mehr zu essen ist schon eine innere Hürde, die erst übersprungen werden muß bzw. gut vorbereitet sein will, wenn man persönlichen Nutzen daraus ziehen möchte. Der Gedanke der Entschlackung und inneren Reinigung des Körpers hatte mich motiviert, das Fasten für mich auszuprobieren. Ich war selbst überrascht, daß ich danach mein Eßverhalten völlig änderte. Das war ein ungewollter wichtiger Nebeneffekt des Fastens. Zu dick war ich ja nicht, und die Motivation war nicht, mein Körpergewicht zu reduzieren. Ich las während der Zeit des Fastens das Buch „Fit for Life" von *Harvey und Marilyn Diamond*, von dem ich ganz begeistert war und richtete mich danach grob nach diesem Konzept. Besonders überrascht war ich davon, wie leicht es mir fiel, morgens nur noch Tee zu trinken und einen Apfel zu essen, wo ich es doch sonst gewohnt war, ausgiebig und genußvoll zu frühstücken. Ich komme seitdem mit einem Apfel bis zum Mittag gut aus, und mein Stuhlgang funktioniert prächtig. Ich fühle mich morgens viel leichter und beweglicher und voller Energie, seitdem ich auf das reichliche und ausgiebige Frühstück verzichte.

Nach der chinesischen Ernährungslehre ist es nicht für jeden Menschen richtig, daß er zum Vegetarier wird. Das Gegenteil kann der Fall sein. Da die chinesische Ernährungslehre alle Nahrungsmittel nach ihrer energetischen Qualität beurteilt, kann für manchen Menschen eine vegetarische

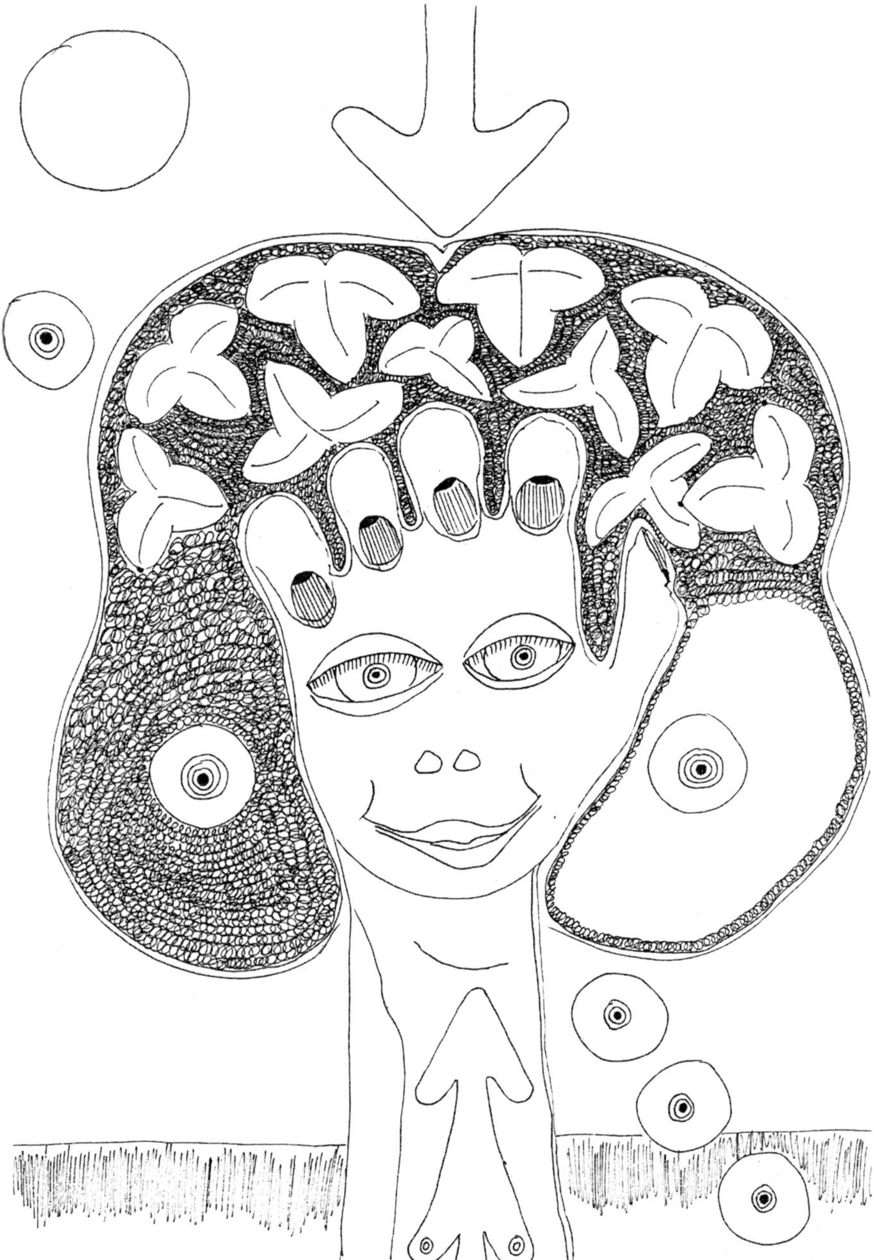

Lebensbaum zwischen Himmel und Erde

Nahrung richtig sein, für andere wiederum nicht. Krankheit wird in der Traditionellen Chinesischen Medizin (TCM) als energetischer Ungleichgewichtszustand beschrieben. Wichtig ist, daß der Energiehaushalt wieder ausgeglichen ist, ähnlich wie beim T'ai Chi Ch'uan. Hier wird mit einer bestimmten Art von Bewegung auf den Energiehaushalt eingewirkt. Es kommt also darauf an, durch die Ernährung harmonisierend zu wirken. Auch in der chinesischen Ernährungslehre wird mit den fünf Elementen gearbeitet. Die fünf Elemente sind Symbole zur Beschreibung von Ungleichgewichtszuständen. Also werden alle Nahrungsmittel den fünf Elementen zugeordnet. Der Arzt stellt anhand einer Erhebung fest, wo die Probleme liegen, und verordnet Schwerpunkte in der Ernährung bzw. verschreibt entsprechende Heilkräuter, um das Energiegleichgewicht wieder herzustellen. Gesund ist der Mensch dann, wenn die Kräfte von Yin und Yang und damit die Energien der fünf Elemente, Feuer, Wasser, Metall, Holz und Erde, im Gleichgewicht sind. Die fünf Elemente sind nicht nur physische Realitäten, sondern beziehen gleichzeitig auch die psychologische, seelische und geistige Ebene mit ein.

Die westliche Schulmedizin, die Allopathie, heilt oft nicht die eigentliche Ursache der Krankheit, sondern sie arbeitet mit sogenannten Gegenmitteln, die die Krankheit unterdrücken oder verdrängen. Dadurch wird das energetische Abwehrsystem des Körpers in der Regel nicht gestärkt, sondern unterdrückt und geschwächt. Bei Schmerzen werden häufig Schmerzmittel verschrieben, ohne daß die eigentlichen Ursachen der Schmerzen erforscht werden. Das ist ungefähr so, als würde ich mit meinem Auto in die Werkstatt fahren, weil die Ölmangellampe aufleuchtet; aber anstatt das fehlende Öl wieder aufzufüllen, holt der Monteur den Hammer und zerstört das Öllämpchen. Das Symptom, das Leuchten des Öllämpchens, oder anders ausgedrückt, der Schmerz, ist damit zwar beseitigt, aber der Motor wird trotzdem bald nicht mehr laufen, weil kein Öl mehr vorhanden ist.

Die klassische Homöopathie, nach der viele Heilpraktiker, aber inzwischen auch Schulmediziner arbeiten, heilt dagegen durch Anregung der Abwehrkräfte. Durch ein stark verdünntes Mittel werden Schwingungszustände angesprochen und Resonanzen im Körper erzeugt, die bewirken, daß die Krankheit, die geheilt werden soll, selbst ausgelöst werden kann und dadurch die körpereigenen Abwehrkräfte zur Abwehr der eigentlichen Krankheit mobilisiert werden.

Über Generationen wurden in unserer Gesellschaft Krankheiten unterdrückt und damit die Abwehrmechanismen geschwächt. Heilung geschieht nach der klassischen Homöopathie vom Zentrum der Krankheit her nach außen. Die Haut als Körpergrenze ist also ein wichtiges Barometer für unsere Gesundheit. Aber in der westlichen Schulmedizin werden Hautausschläge unterdrückt, und unterdrückte Krankheiten wenden sich nach innen, indem sie auf die inneren Organe schlagen. Die klassische Homöopathie hat also genauso wie die TCM das Ziel, die Lebensenergie und Lebenskraft der Menschen zu stärken und zu mobilisieren. (Vergleiche auch: *Georgos Vithoulkas*, Medizin der Zukunft, Georg Wenderoth Verlag, Kassel).

Das Medizinkonzept der klassischen Homöopathie ist eine gute preiswerte Ergänzung zur traditionellen chinesischen Medizin. In Zukunft müssen sich westliche Schulmedizin, Homöopathie und TCM ergänzen, oder besser gesagt: Eigentlich kann es nur so sein, daß die TCM, die ein ausgefeiltes und differenziertes ganzheitliches Weltbild hat, das neben dem Körper auch Seele und Geist einbezieht, die Erkenntnisse der westlichen Schulmedizin in ihre Arbeitsweise integriert. Schon heute gibt es in China und auch im Westen Ärzte, die nach diesem Konzept arbeiten.

Bei tiefen geistig-seelischen Krisen kann es hilfreich sein, kurzfristig und vorübergehend die Ernährung zu ändern, zum Beispiel in einer Krise etwas Schweres zu essen, weil schwere Nahrung die Sinne wieder erdet. Bratkartoffeln, Bratwurst, Hamburger oder schwere Fleischgerichte können helfen, schnell auf den Boden der Alltagsrealität zurückzukommen. Ähnliche Wirkungen haben süße Nahrungsmittel. Mich packte in solchen Situationen manchmal der Heißhunger nach Schokolade, ich verschlang ein oder zwei Tafeln hintereinander und fühlte mich sofort wieder besser.

Er aß zuviel

Er trank zuviel
Er fraß zuviel
Er soff zuviel
Er schlief zuviel
viel zu viel

Er starb zu oft
Er starb zu schnell
Er starb zu hell
Er starb zu grell
Er starb zu viel
war zu agil, viel zu agil

Dann war er tot,
ganz mausetot

In seiner Not
sucht er nach Brot
und fand nur Kot

Dann war er wieder tot
ganz ganz leer und tot

Dann stand er langsam auf
Er aß nur wenig und mit Genuß
Er trank nicht viel so wie ein Fluß
Er schlief ganz nach Bedarf und auch fest ein
erwachte frisch voll Tatendrang
vor gar nichts war ihm mehr bang
Er lief recht langsam
doch mit festem Schritt
nach vorwärts war sein Blick gericht
und Wachstum war sein Leben

13. 2. 83

Rituale und Konzentration

Rituale sind Orientierungspunkte im Alltag, die uns dazu bewegen, innezuhalten, uns zu konzentrieren, zu sammeln, zu besinnen und wieder ganz bei uns zu sein. Rituale dieser Art sind uns in der westlichen, ausschließlich am Konsum und am Profit orientierten Welt, fast vollständig abhanden gekommen. Früher wurde morgens und abends sowie vor und nach den Mahlzeiten gebetet. Gebete sind Rituale, die diese Funktion erfüllen können, aber der Sinn von Gebeten und Tischgebeten ist uns völlig fremd geworden, und auch die christlichen Kirchen können ihn offenbar nicht mehr überzeugend vermitteln, was die große Zahl der Kirchenaustritte belegt. Wenn der Sinn von Gebeten nicht mehr verstanden wird, ist es nachvollziehbar, wenn sie abgeschafft werden. Das Tragische ist nur, daß nichts Neues an deren Stelle getreten ist und Rituale im Alltag fast vollständig verschwunden sind. Wir brauchen uns also auch nicht zu wundern, wenn unsere Welt immer mehr aus den Fugen gerät, immer schneller und lauter wird und wir jeden Kontakt zur Natur, die auch unsere Natur ist, verloren haben, beste Voraussetzungen dafür, dem Konsumrausch und der Welt der Illusionen vollständig zu verfallen.

Eine schnelle, laute, lärmende Welt verhindert ein Vordringen zu unserem Wesenskern und hält das wirkliche Leben von uns fern. Langsamkeit, Stille und Ruhe sind Kontrapunkte in unserer modernen Welt. Wer immer langsamer, langsamer und langsamer wird, wird immer ruhiger, ruhiger und entspannter. Wer immer entspannter wird, lernt immer besser loszulassen, nicht festzuklammern, festzuhalten, denn Leben kann nur da blühen und sich entfalten, wo Wechsel und Wandel möglich sind. Sich verändern kann nur derjenige, der es gelernt hat, Altes, Vergangenes loszulassen und sich dem Leben täglich neu zu stellen. Loslassen können heißt Frei-SEIN können. Frei-SEIN kann nur der, der nicht festhält, nicht haben will, nicht verhaftet ist – wie die Hindus sagen – in der äußeren Welt. Wer loslassen kann, gelangt vom Habenwollen zur Freiheit des SEINS und damit zu seinem Wesenskern.

Wer immer stiller und ruhiger wird, lernt es auch immer mehr, vom rationalen Denken loszulassen. (Der Verstand ist ein Werkzeug. Dieses Werkzeug sollten wir ablegen können.) Ganz ruhig und still in seinem Körper, seinem Atemrhythmus, seinem Lebensrhythmus zu Hause sein, bei sich SEIN, loslassen von gedanklichen Konzepten, Überlegungen, Vorstellungen und Wünschen. Einfach ganz im Augenblick hier bei sich SEIN. Sich fühlen, sich spüren in der Lebendigkeit des Atemrhythmus. Denn Atemrhythmus ist Lebensrhythmus: Ein-Aus, Ein-Aus, werden und vergehen, wachen und schlafen, aktiv sein und passiv sein, lachen und weinen, gesund sein und krank sein, zuhören und reden, arbeiten und entspannen, geben und nehmen. Auch in der Natur erleben wir diesen Rhythmus von Tag und Nacht, Sommer und Winter, Saat und Ernte, geboren werden und absterben, Ebbe und Flut.

Wer immer stiller und ruhiger wird, dem gelingt es immer besser, einen intuitiven Zugang zu sich selbst, zu anderen und zu den Dingen der Welt zu bekommen, seinen eigenen Wesenskern nach und nach immer besser zu erkennen und zu SEIN. Wer immer langsamer, stiller und ruhiger wird – und das ist paradox – zieht sich nicht aus der Welt zurück, sondern wird in dem, was er tut und sagt, immer treffender, dringt zum Kern der Dinge vor und wird damit wesentlicher und somit schneller in seinem Handeln.

Bewußt ausgeführte Rituale können unserem Alltag in diesem Sinne wieder Form und Richtung geben. Aber welche Rituale können uns dabei helfen und behilflich sein? Zum Ritual kann alles werden, was wir regelmäßig und bewußt ausüben. Es können regelmäßige einfache Tätigkeiten genauso sein wie regelmäßiges Meditieren oder Üben von T'ai Chi Ch'uan. Das regelmäßige Abwaschen des Geschirrs, Gartenarbeit, Hausputz, Holz hacken oder Fußböden polieren können Rituale sein, beim denen ich mich bewußt auf meine einfache Arbeit konzentriere und ganz und gar bei der Sache bin. Ebenso kann ein langer Spaziergang in der Natur dazu beitragen, sich innerlich zu konzentrieren und zu beruhigen. Ich kann dabei still, langsam und ruhig werden und mich ganz auf mich selbst und meinen Atem konzentrieren. Ein Ritual kann sein, bewußt regelmäßig meditative Texte zu lesen, den Keller aufzuräumen oder den Tisch zu decken. Entscheidend dabei ist, mit welcher Aufmerksamkeit ich bei der Sache bin, um innerlich leer und ruhig zu werden und zu mir selbst zu kommen, mich wieder zu spüren mit meinen wirklichen Wünschen und Bedürfnissen.

Wichtig ist, wenn Sie wieder zu sich selbst kommen wollen, daß Sie Menschen und Situationen vermeiden, die Sie beunruhigen und Sie aus dem innerem Gleichgewicht bringen. Nicht immer sind gute Freunde längere Zeit zu ertragen. Es können auch Menschen, die Sie sonst sehr schätzen, Sie aus dem Gleichgewicht bringen. Auch sie können in manchen Situationen dazu beitragen, sich völlig überfordert zu fühlen, genauso wie Menschen und Situationen, die Sie grundsätzlich als schrecklich und abstoßend empfinden. Hilfreich ist also ein einfaches und unkompliziertes Lebensumfeld, das Ihre eigenen Bedürfnisse und Ihre eigenen Ansprüche an Ihren Lebensstil akzeptiert und versteht.

Natürlich können auch Meditation und T'ai Chi zum Ritual werden, das ich regelmäßig jeden Morgen und jeden Abend zu einer festgelegten Zeit 20 Minuten übe. Das regelmäßige Üben in der Gruppe gehört genauso dazu wie früher der regelmäßige sonntägliche Gottesdienst, der inzwischen für viele Menschen vollständig sinnentleert erscheint. Die Heilige Messe ist nichts anderes als eine ritualisierte Form des gemeinsamen Betens und Essens der gesamten Gemeinde; dieser Sinn ist vielen sogenannten Christen vollständig abhanden gekommen. Bei der heilige Messe ist uns jegliche Freude und Spaß an der Sache verlorengegangen. Sie ist erstarrt zu leeren Worten und hohlen Formeln und Formen, bei denen viele nur noch lachen können oder den Kopf schütteln, weil sie den Sinn nicht mehr begreifen und verstehen können.

Heute geht es in unserer westlichen sinnentleerten Welt darum, neue Formen zu finden, die Menschen auf eine neue Weise wieder ansprechen und ihnen Hilfe geben können, ihren Alltag wieder neu zu strukturieren, ihm Ziel und Richtung geben, indem Menschen sich immer wieder auf sich selbst und auf ihren inneren Auftrag besinnen. Neue Formen müssen ausprobiert und eingeübt werden. Sie müssen unbelastet sein von negativen Erfahrungen. Nur dann können sich die Menschen, die nach Ausrichtung suchen, frei und unvoreingenommen darauf einlassen.

Rituale können auch helfen, sich von einem zu übermächtigen Erleben der Außenwelt abzuschirmen. Nach *Grof* kann man üben, sich „mit imaginärem weißen oder blauen Licht zu umgeben, das als Schild gegen jedes Eindringen von unwillkommenen Elementen schützt" (*Grof*, 1991). Man kann seine Schwierigkeiten einer „höheren Macht anvertrauen" oder, so wie ich es oft gemacht habe, eine höhere Kraft um Hilfe bitten oder „visualisieren, daß Sie Ihre Probleme riesigen, ursprünglichen Landschaften wie der Wüste, dem Meer oder der Erde oder dem unendlichen Raum des Universums übergeben" (*Grof*, 1991).

Wenn die aktive innere Erforschung wegen einer akuten spirituellen Krise eingestellt werden muß, können einfache Rituale sehr hilfreich sein, den Alltag zu strukturieren und erfolgreich zu bewältigen. Spirituelle Krisen können im Alltag genauso auftauchen wie bei der aktiven Meditation. Wenn tiefe innere Erfahrungen einen starken dynamischen Prozeß in Gang setzen und das Innenleben mit übermächtig erscheinenden Emotionen und Ängsten überschwemmt zu werden droht, kann es gut sein, sich auf einfache alltägliche Verrichtungen zu konzentrieren, um den inneren Prozeß zu verlangsamen und in erträglichere Formen zu lenken, die leichter zu verarbeiten sind.

Nachtgebet

Oh lieber Gott
oh himmlischer Herr
spann mich ein
in Dein Gescherr

Damit meine Beine nicht erschlaffen
laß mich laufen mit Deinen Gamaschen

Damit die Lust auch kommt zum Tragen
gib mir was für meinen Magen

Damit die Kraft mich nicht verläßt
setz mich in ein warmes Nest

Damit das Leben vorwärts strebt
sprech ich jetzt das Nachtgebet

Damit die Ruhe dieser Nacht
mich morgen wieder aktiv macht

Oh himmlischer Herr
oh lieber Gott
mach meinen Karren
wieder flott
11. 5. 84

Grofs Erkenntnisse zur Meisterung einer spirituellen Krise

Durch den Hinweis einer Freundin stieß ich auf *Stanislav Grof*, der „Das Abenteuer der Selbstentdeckung“ verfaßt hatte. Leider hatte ich nicht sofort die Zeit, das Buch zu lesen, aber ich spürte sofort, daß ich hier für mich etwas Wesentliches gefunden hatte. Er beschreibt in diesem Buch außergewöhnliche Bewußtseinszustände, in die Menschen in spirituellen Krisen geraten können. Ich fand in dem Buch die Auflistung einer Vielzahl spiritueller Phänomene, von denen ich selber einige erfahren hatte und die ich bisher nicht in mein Weltbild einordnen konnte. Endlich bekam ich hier die Bestätigung, daß auch das Phänomen z. B. der Nahtod-Erfahrung etwas ganz Normales ist und ich in keine verrückten Zustände, sondern in neue geistige Welten „abgedriftet“ war, die es galt zu verstehen und in mein Leben und Handeln zu integrieren. Ich las alles, was von Stan und Christina Grof in deutscher Sprache zu haben war, und war von ihren Werken tief beeindruckt und fasziniert, fand ich doch endlich, insbesondere durch Grofs Werk: „Tod, Geburt und Transzendenz“, ein psychologisches Konzept, mit dem ich mich identifizieren konnte. Zu meinem großen Glück sprach er auch noch ein sehr gutes Deutsch, so daß ich die Möglichkeit nutzen konnte, Vortragsseminare von ihm in München zu besuchen. Da ich auch von seiner Person tief beeindruckt war, nahm ich mir vor, die von ihm und seiner Frau Christina entwickelte Form der Therapie, das holotrope Atmen, kennenzulernen, zumal ich immer noch auf der Suche war, Heilung für meine Bronchitis zu finden. Was mir an Grofs Therapiekonzept besonders gefällt, ist, daß es sich an den Heilungsvorstellungen der Homöopathie orientierte, das heißt, Heilung geschieht nicht von außen durch einen Therapeuten, sondern immer nur von innen heraus, durch unseren inneren Heiler. In einer Atemsitzung kann immer nur das ins Bewußtsein befördert werden, was gerade für den Betreffenden wichtig ist und von ihm dann auch verarbeitet werden kann. Der sogenannte Therapeut, der im traditionellen Sinne der „Macher" ist, wird in die Schranken eines wohlwollenden Begleiters verwiesen, der lediglich mit diesem Prozeß selbst viele Erfahrungen hat und den Klienten unterstützt, seine Erfahrungen selbst zu interpretieren, zu verstehen und ins Leben zu integrieren. Mit diesem Therapiekonzept war ich eiverstanden. Ich fuhr also in die Schweiz, um eine Woche holotropes Atmen mit Stanislav Grof kennenzulernen und auszuprobieren.

Schon in der ersten Atemsitzung machte ich erstaunliche Erfahrungen. Ich geriet in das Wiedererleben meines eigenen Geburtsprozesses und konnte mich gleichzeitig auf verschiedenen Ebenen erfahren und beobachten. Ich beobachtete mich selbst, wie ich völlig regredierte und zu einem Baby wurde, das gerade geboren wurde. Mein Weinen und Jammern in diesem Geburtsprozeß war so authentisch, daß ich es nur als das Weinen und Jammern eines Säuglings identifizieren konnte, denn meine Stimme hatte sich dabei vollkommen verändert. So hatte ich mich noch nie weinen und jammern gehört. Ich erlebte, wie ich im Geburtskanal gewürgt und verdreht wurde, hatte starke Schmerzen im Hals- und Rachenbereich und bekam einen heftigen Hustenanfall und danach leichtes Fieber. Bei diesem Hustenanfall drückte die begleitende Therapeutin intuitiv einen Punkt, oben rechts auf der Schulter. Es fühlte sich an, als würde mir jemand ein Messer in den Rücken stechen. Ich stieß in diesem Moment einen heftigen und lauten Schrei aus, der ganz tief aus meiner Seele kam, und hatte den Eindruck, in einer andern Welt zu sein: Ich sah mich als Wächter vor einem Stadttor sitzen. Ich hatte die Aufgabe, dieses Tor zu bewachen, und wurde überfallen. Es war deutlich spürbar, wie ein langes Messer sich in meinen Rücken bohrte, das mich schwer verletzte, aber nicht umbrachte.

Bereits nach dieser einen Woche holotropen Atmens stellten sich wesentliche Veränderungen in meinem Leben ein. Der Husten begann sich nach und nach zu lösen, und es fiel mir zunehmend leichter, mich von alten Lebensvorstellungen und Arbeitskonzepten zu befreien. Ich beschloß also, auf diesem Weg der Therapie weiterzugehen und eine Ausbildung in holotropem Atmen und Transpersonaler Psychologie zu beginnen.

Beim Lesen eines weiteren Buches von *Stanislav und Christina Grof* („Die stürmische Suche nach dem Selbst. Praktische Hilfen für spirituelle Krisen“) ging mir auf, daß ich zeitweise durch schwere spirituelle Krisen gegangen war. In diesem Buch werden Methoden und Techniken zur Bewältigung dieser Krisen von einem weltweit bekannten und geachteten Wissenschaftler- und Therapeutenpaar dargestellt, die ich eigenständig entdeckt und entwickelt hatte (siehe „die zwölf heiligen Schwerter“), um meine eigenen spirituellen Krisen zu verarbeiten.

Christina und Stanislav Grof beschreiben in ihrem oben erwähnten Buch spirituelle Krisen wie folgt: „Spirituelle Krisen können als kritische und im Erleben schwierige Stadien einer tiefgreifenden psychologischen Transformation definiert werden, die einen ganz und gar beanspruchen. Sie nehmen die Form von außergewöhnlichen Bewußtseinszuständen an und bringen intensive Emotionen, Visionen und andere Veränderungen der Sinne sowie verschiedene Manifestationen mit sich. Bei diesen Episoden dreht es sich häufig um spirituelle Themen; dazu gehören Sequenzen von psychologischem Tod und Wiedergeburt, Erfahrungen, die Erinnerungen an frühere Leben zu sein scheinen, Gefühle von Einssein mit dem Universum, Begegnungen mit allerlei mythologischen Wesen und anderen ähnlichen Motiven (*Grof*,1991).

Ich war schockiert und erschüttert. Warum hatte ich diesen Mann, diese Methoden und dieses Buch nicht eher entdeckt? Warum mußte ich diesen langen, schmerzhaften, ungemein anstrengenden Weg allein gehen und alles selbständig herausfinden? Warum war es nicht möglich, eher kompetente fremde Hilfe zu bekommen? Wie viele Jahre meines Lebens hatte ich damit verbracht, alles auf langwierige und oft schwierige Art und Weise selbst herauszufinden? Fragen über Fragen, die mich überfielen und die ich nicht zu beantworten wagte. Kaum ging es mir besser, und ich hatte zu mir selbst gefunden, begann auf festem Boden zu stehen und den Schlüssel zu mir zu finden, bekam ich diesen Schlüssel noch ein zweites Mal präsentiert. Warum mußte ich das „Rad“ noch ein zweites Mal erfinden? Düstere Gefühle von Betrug tauchten in mir auf: Ich fühlte mich vom Leben betrogen. Durch diese Krisen allein gehen zu müssen, ohne kompetente Hilfe gefunden zu haben, gab mir das Gefühl, viele Jahre meines Lebens verschenkt und vertan zu haben. Ich war überzeugt davon, mit Grofs Methode viel schneller vorangekommen zu sein.

Aber wäre ich zu einem früherem Zeitpunkt überhaupt in der Lage gewesen, fremde Hilfe anzunehmen, und bestand gerade mein Weg nicht darin, meine Krisen eigenständig zu meistern? Allmählich begann ich immer mehr, einen tiefen Sinn darin zu sehen, nämlich daß genau dieser

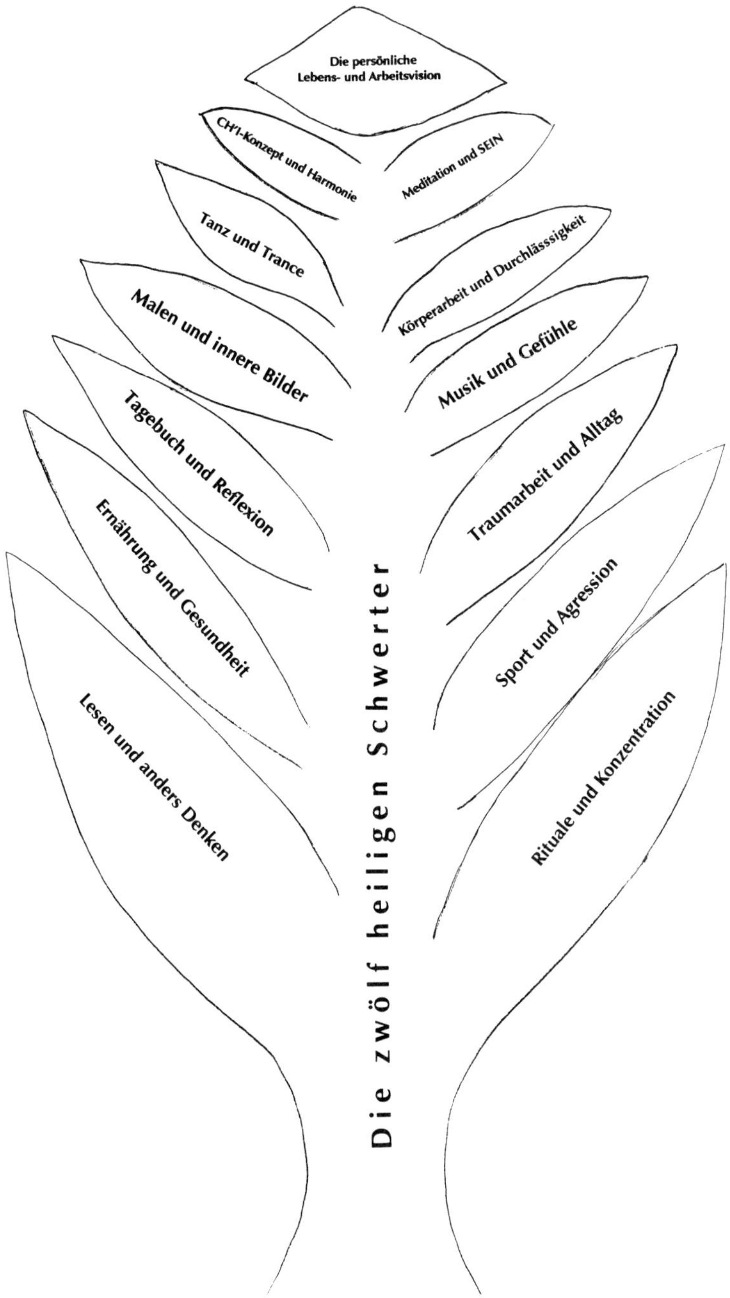

Lebensbaum der Schwerter

wenn ich das Gefühl hatte, die grobe Richtung stimmt, dann bin ich weitergegangen, auch ohne zu wissen, wo es eigentlich hingehen sollte, und ich habe Neues und Neuland dabei entdeckt. Das Neuland hat mir dann immer wieder die Kraft gegeben, mich wieder neu auszurichten, noch tiefer zu graben, um mehr und mehr bei mir anzukommen und das Gefühl für den richtigen Weg zu stärken.

Weitere 13 Jahre habe ich für diese innere Neuorientierung gebraucht, sage und schreibe 13 Jahre, um die „zwölf heiligen Schwerter" zu entdecken, sie auszuprobieren und sie einzusetzen in meinem Leben, in meinem Alltag, in meiner Arbeit. Lange bin ich arbeitslos gewesen oder habe auf ABM-Stellen gearbeitet, die durch das Arbeitsamt finanziert wurden. Nun bin ich wirklich „freischaffender Künstler", also freiberuflich tätig. Nie aber habe ich mich arbeitslos gefühlt. Ich war immer engagiert in Projekten, habe an neuen Ideen mitgearbeitet oder war beschäftigt mit meiner inneren Entwicklung und Entfaltung.

Sie werden sagen, kein Wunder, wenn ich soviel Zeit gehabt hätte, hätte ich das auch erreicht. Was hat der Mensch die ganzen Jahre bloß gemacht? Das sind Fragen, die ich mir manchmal, wenn ich zurückblicke, auch stelle. Was habe ich eigentlich getan die ganzen Jahre? Ich habe versucht, nach bestem Wissen und Gewissen Antwort zu geben und Rechenschaft abzulegen vor mir selbst, vor der Gesellschaft, die mich lange finanziert und mitgetragen hat.

Heute muß ich sagen, daß ich von ganzem Herzen dankbar bin, daß das Leben mir diese Möglichkeit geboten hat. Vieles konnte ich ausprobieren, um mich letztendlich selbst dabei finden zu können. Nun bin ich in der Lage, das, was ich bekommen habe, auch wieder an die Gesellschaft, an die Menschen zurückzugeben, denn ich bin nach langen Jahren des Suchens fündig geworden, habe das Gold entdeckt, das ich nun weitergeben kann, um damit meinen Lebensunterhalt eigenständig zu sichern.

Wie aber kann nun jemand, der selbst und eigenständig mit den „Zwölf heiligen Schwertern" arbeiten will, diese Instrumente einsetzen. Sie werden sagen, nicht jeder hat 13 Jahre Zeit und kann damit experimentieren. Das ist natürlich vollkommen richtig. Wenn man mit den 12 Schwertern etwas erreichen will, muß man sie natürlich gezielt einsetzen können. Sehr viel Zeit können Sie allein schon damit gewinnen, daß sie die zwölf Schwerter nicht selbst und eigenständig entdecken müssen, sondern, daß Sie die Möglichkeit haben, mit den dargestellten Inhalten sofort zu arbeiten. Menschen, die das Leben im spirituellen Sinne ernst nehmen, wissen, daß alle sieben Jahre eine neue Lebensphase beginnt. Darum ist es notwendig, sich immer wieder Zeit zu nehmen, um intensiv an sich zu arbeiten. Es gibt ungeheurer viel zu gewinnen. Das weiß ich aus eigener Erfahrung selbst nur allzu gut. Darum kann ich jedem empfehlen, der es wirklich ernst meint mit sich, seiner Selbstentdeckung und Selbstentfaltung, sofort damit zu beginnen. Werden Sie zum Goldsucher, zum Schatzgräber, zum Abenteurer auf der Suche nach sich selbst. Wenn Sie konsequent am Ball bleiben, das kann ich Ihnen versprechen, werden Sie zu Hause bei sich ankommen, und dann wird ihr persönliches Gold nur so funkeln und glänzen. Das ist der größte Lohn, den man bekommen kann. Starten Sie noch heute zu ihrer Abenteuerreise zum Selbst.

Sie werden aber fragen: Wie soll ich das machen? Womit soll ich beginnen? Das ist sehr viel einfacher, als Sie vielleicht glauben werden. Schauen Sie sich die zwölf Schwerter an und beginnen Sie mit dem Schwert, das Sie spontan am meisten anzieht. Nur weil ich zwölf Schwerter brauchte für meinen eigenen Befreiungskampf, heißt das noch nicht, daß auch Sie alle zwölf Schwerter brauchen, um sich zu befreien. Je weniger man sich selbst abhanden gekommen ist, je weniger Waffen sind notwendig, um sich selbst zu befreien. Probieren Sie die aus, die Sie am meisten anziehen und fangen Sie höchstens mit zwei oder drei Schwertern gleichzeitig an. Es reicht auch, wenn Sie nur eines auswählen. Wenn Sie sich für ein Schwert oder einen Weg entschieden haben, dann bleiben Sie wenigstens ein Jahr dabei und arbeiten regelmäßig damit. Mindestens einmal in der Woche für 90 Minuten. Regelmäßigkeit ist oberstes Gebot, sonst können Sie nichts erreichen. Wenn Sie nicht bereit oder dazu in der Lage sind, regelmäßig an einer Sache zu arbeiten und regelmäßig auch Zeit dafür einzusetzen, dann wird sich auch nichts Wesentliches verändern. Das müssen Sie ganz klar sehen. Denn Sie dürfen sich nicht selbst etwas vormachen. Eine Abenteuerreise ist eine Sache auf Leben und Tod. Entweder Sie wollen sich finden oder nicht. Halbe Sachen sind reine Zeitverschwendung und vergeudete Energie, denn Sie werden nichts Wesentliches finden. Dann stellt sich tatsächlich die Frage, ob es nicht besser ist, auf Ihrem alten Weg zu bleiben.

Vertrauen Sie ihrer Intuition. Ihre Intuition wird Sie führen und wenn Sie das Gefühl haben, nicht mehr weiterzukommen, dann wählen Sie eine neue Maßnahme, ein neues Schwert aus, prüfen es gründlich und setzen es ein, spielen Sie damit und versuchen Sie, ein Gefühl dafür zu entwickeln, ob es Ihnen weiterhilft und Sie auf dem richtigem Weg sind.

Ich habe alle zwölf Schwerter über Jahre ausprobiert und eingesetzt. Alle zwölf haben mir weitergeholfen, aber nicht alle zwölf waren gleich wichtig für mich. Mit manchen habe ich mich länger auseinandergesetzt, mit manchen weniger. Vieles davon benutze ich heute noch täglich, anderes nur noch sporadisch oder gar nicht mehr. Es sind Mittel und Wege, um ins eigene Gleichgewicht zu kommen. Wenn ich im Gleichgewicht bin, brauche ich die Mittel und Wege, die Schwerter, nicht mehr. Ich kann sie ab- und beiseite legen.

Einige Schwerter benutze ich auch heute noch, wenn auch mit einer anderen Gewichtung als am Anfang, denn mit der Zeit und den Jahren verändert sich alles. Ich schreibe noch regelmäßig Tagebuch und nutze es zur Reflexion meines Lebens. Traumarbeit ist auch heute immer noch sehr wichtig, obwohl sie längst nicht mehr so aufwendig ist wie früher, da ich in der Regel meine Träume sofort verstehe. Meditation und CH'I-Arbeit spielen auch heute noch für mich eine zentrale Rolle und werden es auch weiterhin tun. Mit dem Thema Ernährung und Gesundheit beschäftige ich mich zur Zeit wieder besonders. Sie merken, es kommt darauf an, mit den Schwertern kreativ umzugehen. Nur dann können Sie den eigenen Befreiungskampf gewinnen und das Gold ausgraben, nach dem Sie suchen.

Auswahl eines Therapeuten, Lehrers oder Seelenführers

Sie werden sich gewiß die Frage stellen: Aber ist es denn richtig, alles allein zu machen, sich ein eigenes Konzept der Selbstbefreiung „zusammenzubasteln", oder besteht dabei nicht die Gefahr, sich vollkommen zu verirren? Bestimmt ist es nicht immer angebracht, alles allein zu machen. Manchmal ist es auch richtig und sinnvoll, einen Therapeuten, einen Lehrer oder einen Seelenführer (spirituellen Lehrer) aufzusuchen und evtl. regelmäßig mit ihm zu arbeiten. Aber Sie sollten nicht vergessen, daß Sie selbst eine Menge für sich tun können. Seien Sie sich bewußt, daß Selbstvertrauen eine wichtige Waffe ist, die gestärkt werden muß, wenn man Erfolg haben will, und daß unsere Fähigkeiten im allgemeinen sehr viel größer sind, als wir vermuten oder wir uns selbst eingestehen.

Außerdem können Sie diese Maßnahmen auch zusammen mit anderen einsetzen. Sie können eine Gruppe zum Beispiel für das Malen selber organisieren oder auch einen entsprechenden Kurs an der Volkshochschule belegen, um den Einstieg ins Thema zu finden, und danach vielleicht selbst oder in einer kleinen Gruppe auf eigene Faust weitermachen. Dasselbe trifft für alle anderen Maßnahmen und Aktivitäten zu. Letztlich geht es immer darum, daß Sie Zugang zu sich selbst und ihren eigenen Möglichkeiten und Potentialen finden und Wege ausprobieren, die für Sie richtig sind. Vertrauen Sie auf die eigene Intuition, denn sie wird Ihnen den richtigen Weg zeigen. Fangen Sie einfach an, etwas zu tun. Häufig braucht man eine Phase des Ausprobierens und des Experimentierens. Letztlich kommt es darauf an, daß das, was wir machen, uns innerliche Befriedigung bringt, Freude macht und uns begeistert auf unserem Weg. Unsere Neugierde am Lernen und Wachsen muß geweckt werden. Sie wird uns motivieren, weiterzumachen und Neuland zu entdecken.

Wenn wir wirklich das Gefühl haben, allein nicht weiterzukommen, kann es natürlich auch richtig sein, einen Therapeuten, Arzt, Lehrer oder Seelenführer aufzusuchen und um seine Hilfe zu bitten. Dabei sind aus meiner Erfahrung zwei Dinge ganz wichtig: Erstens einen wirklich kompetenten und menschlich reifen Therapeuten und Lehrer zu finden, zu dem wir eine innere Verbindung aufbauen können, d. h., zu dem wir einen „Draht haben"; zweitens, daß wir für uns die richtige Methode bzw. den richtigen Weg auswählen. Dieser Frage wird nach meiner Meinung viel zu wenig Beachtung geschenkt. Viele Menschen landen bei dem für sie „falschen" Therapeuten oder Lehrer und wählen zudem noch die für sie „falsche" Methode aus und wundern sich, wenn sie auf der Stelle treten und nicht weiterkommen. Leider gibt es heute so etwas wie eine Therapieberatung noch nicht, eine Beratungsstelle, die nichts anderes tut, als Menschen, die eine Therapie machen wollen, dabei behilflich zu sein, den richtigen Therapeuten und die richtige Methode auszuwählen.

Die Vielfalt an therapeutischen Methoden und Schulen wird immer unübersichtlicher, und jede Methode arbeitet nach anderen Theorien und Konzepten. Hinzu kommt leider häufig, daß jeder Therapeut seine Methode für die beste hält und es bisher keinen Grundkonsens in der Psychologie über allgemein anerkannte Verfahren und Methoden gibt. *Ken Wilber* war der erste, der versucht hat, den Methodenstreit in der Psychologie zu beenden. Er hat ein Modell entwickelt, aus dem hervorgeht, welche Methoden in bestimmten menschlichen Entwicklunsphasen sinnvoll eingesetzt werden können. Er geht davon aus, daß jedes Verfahren sowohl Vorteile als auch Grenzen hat und nur bei bestimmten Problemen und in bestimmten Entwicklungsstufen des menschlichen Reifungsprozesses sinnvoll eingesetzt werden kann. In seinem Buch „Wege zum Selbst" zeigt er sehr deutlich auf, welche Methoden wann eingesetzt werden sollten, und gibt Hilfen zur eigenen Orientierung und zur Auswahl der Methode.

Letztendlich ist man bei der Auswahl eines Therapeuten auf das eigene Gefühl angewiesen. Auch wenn man noch so gut versucht hat, sich zu informieren, ist der Hilfesuchende meist in der schwächeren Rolle, da er den sicheren Zugang zu sich selbst oft verloren hat.

Der Klient muß sich der Gefahr bewußt sein, in ein Abhängigkeitsverhältnis zu geraten und sich über lange Jahre an einen Therapeuten zu binden, ohne daß er Erfolg hat und weiterkommt. Denn der Therapeut kann auch nur das wirklich weitergeben, was er selber begriffen und durchlebt hat und selbst authentisch lebt.

Grof nennt in seinem Buch „Die stürmische Suche nach dem Selbst" einige zentrale Kriterien, die es bei der Suche nach einem geeigneten Therapeuten, Lehrer oder Seelenführer zu beachten gilt: „Ein wirksamer Lehrer oder Therapeut ist bescheiden, hat Mitgefühl und ist dem Dienen verpflichtet. Er erhält eine ethische Haltung aufrecht, die die Manipulation anderer zugunsten persönlichen Gewinns verbietet. Er verweist seine Klienten immer auf ihre eignen Ressourcen als den Schlüssel zu Kraft und Wachstum, statt sich die persönliche oder spirituelle Entwicklung selbst zugute zu halten oder zum Objekt der Verehrung zu werden. Eine weitere wichtige Qualifikation ist ein Sinn für Humor – die Fähigkeit, über sich selbst zu lachen, über jede gegebene Situation oder das gesamte kosmische Spiel. Ein Lehrer oder Führer mit dieser Eigenschaft nimmt sich selbst nicht allzu ernst, auch wenn die Arbeit und die Beziehung zu ihm sehr wohl ernsthaft sind. Entscheidend ist, daß es zwischen Schüler und Lehrer oder Therapeut eine Art Resonanz gibt. … Sie entsteht aus dem Gefühl von Vertrauen und Zuversicht sowie einer tiefen Anziehung, die dieser Mensch und seine Arbeit auf Sie haben" (*Grof*, 1991). Auch ist es hilfreich, „die Wahl des Therapeuten mit einem objektiven Dritten Ihres Vertrauen zu besprechen" (*Grof*, 1991).

Zögern Sie also nicht, nach der Qualifikation eines Therapeuten zu fragen: „Gehen Sie Therapeuten, spirituellen Lehrern und Führern aus dem Weg, die rigide, begrenzt und dogmatisch sind. Solche Leute sind arrogant und ausschließend. Sie beanspruchen, *die* Antwort oder *den* Weg zu kennen. Sie zeigen wenig Humor und nehmen sich selbst und ihre Arbeit sehr ernst" (*Grof*, 1991).

„Nehmen Sie sich vor Therapeuten oder Lehrern in acht, die häufig von ihren Leistungen sprechen und Klienten oder Schüler erwähnen, die reich oder prominent sind. Halten Sie sich von Führern fern, die sich damit rühmen, ihre Klienten oder Schüler wieder auf die Reihe gebracht zu haben. … Sie sprechen sich selbst damit die Verantwortung für Veränderungen zu, die stattgefunden haben" (*Grof*, 1991). Ohne intensive Eigenarbeit bzw. Mitarbeit des Klienten oder des Schülers ist aber keine wirklich tiefergehende persönliche Veränderung möglich.

„Es gibt auch bestimmte Umgebungen, die kontraproduktiv sind. Vermeiden Sie, wenn möglich, sterile institutionelle Formen, die die

Betonung auf Krankheit legen, ebenso wie solche, die aus einer unflexiblen und dogmatischen Position heraus operieren, wie es manche Familien, Schulen, religiöse Organisationen und Gemeinschaften tun. ... Gehen Sie jeder Umgebung aus dem Weg, die Urteile, Zorn und Arroganz statt Liebe, Unterstützung und Aufmerksamkeit bietet" (*Grof*, 1991). Auch traditionell ausgebildete Psychiater mit keiner oder wenig eigener Prozeßerfahrung fühlen sich oft „weder mit den Emotionen anderer Menschen noch mit ihren eigenen wohl. Sie haben daher den Hang, Tranquilizer und andere Medikamente zu verschreiben, die die Probleme der Patienten lösen sollen" (*Grof*,1991).

Die persönlich Lebens- und Arbeitsvision

Sechsundzwanzig Jahre bin ich nun unterwegs. Davon habe ich dreizehn Jahre aktiv nach mir selbst gesucht und an mir gearbeitet. Nun bin ich endlich fündig geworden. Ich habe meinen inneren Schatz gefunden (die drei Lebenssäulen: Spiritualität, Beruf – Berufung, Beziehungen) und viele Fragen, die ich an mein Leben hatte und mit meiner Nahtod-Erfahrung in mein Leben traten, sind nun für mich beantwortet. Ich weiß nun klar, welchen Weg ich gehe, und das ist ein sehr gutes und beglückendes Gefühl. Wichtige Fragen nach dem Nahtod-Erlebnis waren: „Warum bin ich hier?", „Was ist der Sinn des Lebens"?, „Was ist meine Lebensaufgabe"?

Warum bin ich hier? Der Sinn jeglichen menschlichen Lebens ist, sich zu entwickeln und entfalten. Aber was soll sich entwickeln und entfalten?

Mein inneres Selbst, das ich nach so langem Suchen wiedergefunden habe, zu dem ich einen inneren Kontakt aufgebaut habe, das Gold der Seele, also letztendlich das göttliche Funken in mir, soll sich entwickeln und entfalten. Der Mensch besteht aus Geist und Körper, aus himmlischen und irdischen Aspekten. Das Himmlische bzw. Göttliche in mir soll sich materialisieren, soll auf die Erde gebracht werden und sich durch meinen Körper kreativ entwickeln und zum Ausdruck gebracht werden, wie das bei jedem von uns der Fall ist. Jeder von uns trägt das Göttliche, das Urkreative in sich und ist zugleich ein kleiner bescheidener Mensch hier auf der Erde. Wenn wir das Göttliche in uns tragen, heißt das nicht, daß wir Gott sind, sondern nur, daß in jedem von uns ein göttlicher Funke enthalten ist. Wenn wir aber wieder eine Verbindung geschaffen haben zu diesem göttlichem Funken in uns, dann haben wir den Sinn des Lebens erkannt. Dann geht es darum, den Funken zu entfachen und zur Entfaltung zu brin-

Das TAO des Yin und Yang
(Original in Farbe)

Heilende Hände
(Original in Farbe)

gen, damit ein kreatives Feuer der Liebe daraus wird, das alles verwandelt und neu macht.

Was ist der Sinn meines Lebens? Der Sinn meines Lebens war zunächst, mich selbst wiederzufinden und dann das Wiedergefundene zur Entfaltung zu bringen. Das Leben ist ein Lern-, Wachstums- und Entfaltungsprozeß. Altes muß sterben, damit Neues geboren werden kann. Altes, Überholtes müssen wir loszulassen lernen, damit Neues entstehen kann. Das ist der Sinn des Lebens, daß wir lernen, mit den natürlichen Rhythmen des Lebens „mitzuschwingen". Das setzt voraus, daß wir die natürlichen Rhythmen des Lebens erkennen, dann können wir auch mit ihnen fließen, uns in den Schöpfungsplan einfügen und damit aus dem Vollen schöpfen.

Was aber habe ich konkret wiedergefunden? Wiedergefunden habe ich den Zugang zur Spiritualität und zum Göttlichen, aber in einer ganz neuen Form, nicht in der verstaubten und moralisierenden Form wie ich es von Elternhaus, Schule und Kirche gelernt habe, sondern auf eine ganz neue und ursprüngliche Art und Weise. Sie hat eine ganz neue Kraft und Lebendigkeit, die sich nicht an äußeren Formen festhält, sondern direkt zu dem durchdringt, auf das es wirklich ankommt. Alle Formen sind „reine Formsache". Sie sind nie das Wesentliche selbst, sondern nur Mittel zum Zweck. Die Spiritualität ist heute meine wichtigste Stütze im Leben, auf die ich mich verlassen kann, denn das Göttliche ist immer präsent. Wenn ich mich allein und einsam fühle, dann nur deshalb, weil ich kurzzeitig den Kontakt zum Göttlichen verloren habe. Aber jederzeit, sobald ich mir des Verlustes bewußt werde, kann ich ihn wieder herstellen. Dann bin ich nicht mehr einsam und allein, sondern EINS und All-Ein und GANZ und Total.

Was ist meine Lebensaufgabe? Meine Lebensaufgabe ist, Menschen die Erfahrung des SEINS, des göttlichen SEINS wieder bewußt zu machen und sie auf meiner eigenen Reise, die ich angetreten habe, mitzunehmen. Wiedergefunden bzw. neu gefunden habe ich auch meine Lebens- und Berufsperspektive. Meine Berufsaufgabe ist es, meine Lebenserkenntnisse durch Meditation, T'ai Chi Ch'uan und Visions-Semiare zu vermitteln, die Erfahrungen, die ich bei der Arbeit mit den „Zwölf heiligen Schwertern" gewonnen habe, in meinen Kursen, Seminaren und in der Einzelarbeit weiterzugeben sowie meine Erfahrungen und Erkenntnisse in Form von Vorträgen, Artikeln und Büchern anderen Menschen zugänglich zu machen. So kann aus meinem neuen Beruf eine Berufung werden und sich mein Lebenssinn erfüllen.

Und wie sieht es mit meiner dritten Lebenssäule aus, mit meinen Beziehungen? Habe ich eine neue Partnerschaft gefunden bzw. eingehen können? Eine neue Lebenspartnerin habe ich bisher nicht gefunden, obwohl ich denke, daß ich nicht der Typ bin, der auf die Dauer allein leben möchte. Mein größter Wunsch ist, eine Lebenspartnerin zu finden, mit der ich mein Leben teilen kann. Aber dieser Wunsch ist mir noch nicht erfüllt worden. An seiner Erfüllung muß ich innerlich noch arbeiten. Offensichtlich ist es noch nicht an der Zeit, daß mir dieser Wunsch erfüllt wird. Trotzdem hat sich bei mir viel geändert. Ich habe heute einige sehr gute Freunde, männliche wie weibliche, zu denen ein sehr enges, vertrauensvolles Verhältnis besteht, das ich auf keinen Fall missen möchte. Ich bin also persönlich eingebettet in ein Netz von freundschaftlichen und partnerschaftlichen Beziehungen, das mich mit durchs Leben trägt und auf das ich mich verlassen kann. Die drei Lebenssäulen Spiritualität, Beruf – Berufung und Beziehung stehen also auf solidem Grund. Mein Leben hat nun eine gesunde Basis, um zu wachsen und sich zu entwickeln und um mein kreatives Potential zu entfalten. Ich vertraue darauf, daß sich mein Wunsch, eine Lebenspartnerin zu finden, erfüllen wird.

Und wie habe ich das erreichen können? Ich habe das erreicht, weil ich gelernt habe, mich immer mehr der INNEREN FÜHRUNG, dem inneren höheren Selbst anzuvertrauen, dem Wilden Mann in mir, der mir den Weg weist. Das wiederum habe ich nur mit Hilfe der „zwölf heiligen Schwerter" erreichen können, indem ich wieder gelernt habe, mit meinem ganzen menschlichen Potential zu arbeiten. Mit meinem Wissen, mit meinem reflektierenden Verstand, mit meinen Gefühlen, meiner Intuition und meinem Willen, Entscheidungen zu treffen und voranzuschreiten in kleinen überschaubaren Schritten. Nicht drei Schritte vor und zwei Schritte zurück, sondern langsam Schritt für Schritt nach vorn. Nur die Langsamen, die sich bewußt Langsamkeit auferlegt haben, um zu lernen, werden auf das Wesentliche achten und vom WAHREN WESEN her handeln.

Durch meine intensive Arbeit an mir selbst habe ich viel Erfahrung mit spirituellen Praktiken sammeln können. Ich hoffe, daß ich vieles, zumindest ansatzweise durch meine Unterrichtstätigkeit, an meine Schüler weitergeben kann. Auch wenn ich immer wieder feststelle, daß es den meisten Schülern schwerfällt, längere Zeit bei einer Übungsrichtung zu bleiben, so habe ich doch aus eigener Erfahrung Verständnis für sie. Viele erhoffen sich in unserer hektischen Zeit schnelle Erfolge. Aber gerade der Langsame, der sich die Zeit nimmt, bei einem Übungssystem zu bleiben, wird damit in die Lage versetzt, immer mehr von seinem Wesen her zu denken, zu fühlen und zu handeln, und wird letztendlich der schnellere sein, so paradox das auch klingen mag.

In meiner eigenen Unterrichtstätigkeit wird es in Zukunft darum gehen, noch mehr mit den Übungen, den Erläuterungen und Reflexionen zusammen mit den Schülern in die Tiefe zu gehen. Ich habe vor, den Schwerpunkt meiner Arbeit neben den gesundheitlichen Aspekten in erster Linie auf die meditativen Aspekte des T'ai Chi Ch'uan zu legen und T'ai Chi, I Gong und Tao Chan bzw. Za-Zen mehr und mehr zu einer Einheit werden zu lassen. Denn Meditation im Stehen, in der Bewegung und im Sitzen bzw. auch im Liegen ergänzen sich gut. Dabei kann es sinnvoll sein, Aspekte aus anderen Traditionen in das Üben einzubeziehen. Das werde ich deutlich kenntlich machen, um die unterschiedlichen Richtungen nicht zu verwässern. Meditation, so wie ich sie verstehe, stellt immer eine enge Verbindung zur Natur her, um unser Bewußtsein zu schärfen für die Erkenntnis, daß wir von ihr abhängig sind. Alle Meditierenden tragen soziale Verantwortung für das, was sie tun, und auch dafür, daß alle Lebewesen einen Anspruch auf eine ihrer Art angemessenes Leben haben. Darüber hinaus ist es mir wichtig, meinen Unterricht in die größeren welt- und tagespolitischen Zusammenhänge einzubinden sowie neuste wissenschaftliche Erkenntnisse in ein ganzheitliches Weltbild, das durch die Meditation entsteht, zu integrieren. Sicherlich ist das ein hoher Anspruch, und ich hoffe, daß ich ihm genügen kann.

Und wenn ich nun an meine Nahtod-Erfahrung denke, habe ich meine Ziele erreicht. Sicherlich bin ich auf meinem Weg ein großes Stück vorangekommen. Aber ein Sufi-Spruch lautet: „Je näher du dem Horizont kommst, je weiter weicht er zurück", oder anders ausgedrückt, das Lernen ist eine ständige Lebensaufgabe.

Literaturverzeichnis:

Nahtod-Erfahrung und Sterben

Doore, Gary: Gibt es ein Leben nach dem Tod? München 1994.
Eadie, Betty J.: Licht am Ende des Lebens. München 1994.
Evans-Wentz, W. Y.: Das Tibetanische Totenbuch oder die Nachtod-Erfahrungen auf der Bardo-Stufe. Olten und Freiburg im Breisgau 1991.
Kübler-Ross, Elisabeth: Was können wir noch tun? Stuttgart 1983.
Kübler-Ross, Elisabeth: Über den Tod und das Leben danach. Melsbach/Neuwied 1985.
Moody, Raymond A.: Leben nach dem Tod. Reinbek bei Hamburg 1977.
Moody, Raymond A.: Nachgedanken über das Leben nach dem Tod. Reinbek bei Hamburg 1978.
Muldoon S. J./Carrington H: Die Aussendung des Astralkörpers, Freiburg im Breisgau 1986.
Ritchie, George G.: Mein Leben nach dem Sterben. Stuttgart 1995.
Ritchie, George, Sherrill, Elizabeth: Rückkehr von Morgen. Marburg an der Lahn 1980.
Ryzl, Milan: Jesus, größtes Medium aller Zeiten. Genf 1974.
v. Jankovich, Stefan: Ich war klinisch tot. München 1984.
White Eagle: Vom Leben jenseits der Todespforte. Grafing 1991.
Wilber, Ken: Mut und Gnade. 1992.

Neues Denken in der Wissenschaft:

Briggs, John/Peat, David F.: Die Entdeckung des Chaos. München, Wien 1990.
Capra, Fritjof: Das neue Denken. Bern, München, Wien 1987.
Capra, Fritjof: Das TAO der Physik. Bern, München, Wien 1983.
Grof, Stanislav: Geburt, Tod und Transzendenz. München 1985.
Grof, Stanislav: Kosmos und Psyche. Frankfurt am Main 1997.
Kelley, Kevin W. (Hg.): Der Heimatplanet. Frankfurt a. M. 1994.
Morrison, Philip und Phylis: Zehnhoch – Dimensionen zwischen Quarks und Galaxien. Heidelberg 1991.
Peat, David F.: Synchronizität - Die verborgene Ordnung. Bern, München, Wien 1992.
Ronan, Colin A.: Naturgeschichte des Universums. Augsburg 1992.
Schaeffer, Michael, Bachmann, Anita (Hg.): Neues Bewußtsein – neues Leben. Bausteine für eine menschliche Welt. München 1988. Mit Beiträgen von Fritjof Capra, Stanislav Grof, Alan Watts, Marilyn Ferguson, Robert Jungk, David Bohm, Ronald D. Laing, Carl Friedrich von Weizächer u. a.
Wilber, Ken (Hg.): Das holographische Weltbild. Bern und München 1990.
Wilber, Ken: Das Spektrum des Bewußtseins. Bern, München, Wien 1987.
Wilber, Ken: Der glaubende Mensch. Die Suche nach Transzendenz. München 1988.
Wilber, Ken: Das Atman-Projekt. Der Mensch in transpersonaler Sicht. Paderborn 1990.
Wilber, Ken: Halbzeit der Evolution. Bern und München 1990.
Wilber, Ken: Wege zum Selbst. München 1984.
Wilber, Ken/Engler, Jack/Brown, Daniel P.: Psychologie der Befreiung. Bern, München, Wien 1988.

Religion und Spiritualtität

A. C. Bhaktivedanta Swami Prabhupada: Bhagavad-Gita wie sie ist. The Bhaktivedanta Book Trust reg. 1981.

Bauer, Wolfgang/Dümotz, Irmtraud/Golowin, Sergius: Lexikon der Symbole. München 1987.
Bercholz, Samuel, Chödzin, Sherab (Hg.): Ein Mann namens Buddha. Bern, München, Wien 1994.
Biedermann, Hans: Knaurs Lexikon der Symbole. München 1989.
Daskalos: Esoterische Lehren. München 1991.
Eliade, Mircea: Schamanismus und archaische Ekstasetechnik. Frankfurt am Main 1975.
Endres, Hans: Das spirituelle Menschenbild und seine Verwirklichung im täglichen Leben. München 1988.
Gia-Fu Feng, English, Jane: Lao Tse, Tao Te King, München 1978.
Hamp, Vinzenz/Stenzel, Meinrad/Kürzinger, Josef: Die heilige Schrift des alten und neuen Testamentes. Bayreuth 1984.
Pir Vilayat Inayat Khan: Der Ruf des Derwisch. Essen 1982.
Schwerin, Hans Edo (Übersetzer): Kybalion – Eine Studie über die hermetische Philosophie des alten Ägyptens und Griechenlands. München 1981.
Sharon, Douglas: Magier der vier Winde. Freiburg im Breisgau 1984.
Sloterdijk, Peter (Hg.): Mystische Zeugnisse aller Zeiten und Völker, gesammelt von Martin Buber. München 1993.
Wilhelm, Richard (Übersetzer): I Ging. Köln 1985.

Meditation, Zen und andere Richtungen

Arokiasamy, Arul M.: Leere und Fülle – Zen aus Indien in christlicher Praxis. München 1991.
Arokiasamy, Arul M.: Warum Bodhidharma in den Westen kam oder kann es ein europäisches Zen geben? Nördlingen 1995.
Enomiya-Lassalle, Hugo M.: Am Morgen einer besseren Welt. Zürich/Köln 1981.
Enomiya-Lassalle, Hugo M.: Leben im neuen Bewußtsein. München 1986.
Enomiya-Lassalle, Hugo M.: Mein Weg zum ZEN. München 1988.
Enomiya-Lassalle, Hugo M.: ZEN-Unterweisung. München 1987.
Graf Dürckheim, Karlfried: Der Alltag als Übung. Stuttgart 1987.
Graf Dürckheim, Karlfried: Vom doppelten Ursprung des Menschen. Freiburg im Breisgau 1973.
Kapleau, Philip: Die drei Pfeiler des Zen. Tokio 1965.
Kopp, Wolfgang: ZEN – Jenseits aller Worte. Interlaken (Schweiz) 1993.
Kopp, Wolfgang: Tao Chan – Der aktive Zen-Weg. Interlaken (Schweiz) 1994.
Kopp, Wolfgang: Befreit euch von allem. Interlaken (Schweiz) 1994.
Pir Vilayat Inayat Khan: Weihnachts-Seminar in Waldmichelbach/Odenwald 26. bis 30. 12. 1993. Witzenhausen 1994.
Watts, Alan: Vom Geist des Zen. Basel 1984.

Psychologie und Gesundheit:

Alt, Franz: Jesus – der erste neue Mann. München 1989.
Bly, Robert: Eisenhans – Ein Buch über Männer. München 1991.
Cohn, Ruth C.: Von der Psychoanalyse zur themenzentrierten Interaktion. Stuttgart 1983.
Dethlefsen, Thorwald/Dahlke, Rüdiger: Krankheit als Weg. München 1983.
Diamond, Harvey und Marilyn: Fit for Life. Bremen 1986.
Estés, Clarissa Pinkola: Die Wolfsfrau. München 1997.
Fromm, Erich: Die Furcht vor der Freiheit. Stuttgart 1983.
Fromm, Erich: Haben oder Sein. Stuttgart 1976.

Fromm, Erich: Märchen, Mythen, Träume. Reinbek bei Hamburg 1983.
Fromm, Erich: Über den Ungehorsam. Stuttgart 1982.
Fromm, Erich: Wege aus einer kranken Gesellschaft. Frankfurt a. M. 1980.
Garfield: Patricia: Kreativ träumen. Interlaken 1980.
Grof, Christina und Stanislav: Die stürmische Suche nach dem Selbst. München 1991.
Grof, Stanislav: Das Abenteuer der Selbstentdeckung. München 1987.
Harner, Michael: Der Weg des Schamanen. Genf 1994.
Hay, Louise L.: Heile Deinen Körper. Freiburg im Breisgau 1989.
Keen, Sam: Feuer im Bauch - Über das Mann-Sein. Bergisch-Glasbach 1992.
Lowen, Alexander: Bioenergetik. Bern und München 1984.
Lowen, Alexander und Leslie: Bioenergetik für jeden – Übungshandbuch. München 1985.
Osho: Tantra, Spiritualität und Sex. Zürich 1991.
Vithoulkas, Georgos: Medizin der Zukunft – Homöopathie. Kassel 1979.
Watzlawick, Paul/Beavin, Janet H./Jackson, Don D.: Menschliche Kommunikation. Bern, Stuttgart, Wien 1969.

T'ai Chi, I Gong, Tanz

Al Huang: Lebensschwung durch T'ai chi. Bern und München 1985.
Cheng Man-ching: Ausgewählte Schriften zu T'ai Chi Chuan. Basel 1988.
Cheng Man-ching: Dreizehn Kapital zu T'ai Chi Chuan. Das Wissen des Meisters. New York 1986.
Colegrave, Sukie: Yin und Yang - Die Kräfte des Weiblichen und des Männlichen. Frankfurt a. M. 1986.
DA Liu: T'ai Chi Ch'uan und Meditation. München 1989.
Eberlein, Gisela: Gesund durch autogenes Training. Reinbek 1974.
Eckert, Achim: Das heilende Tao. Freiburg im Breisgau 1989.
Herrigel, Eugen: ZEN in der Kunst des Bogenschießens. Bern/München/Wien 1993.
Hoffmann, Kaye: Tanz, Trance, Transformation. München 1984.
Kelder, Peter: Die fünf „Tibeter". Wessobrunn 1993.
Kobayashi, Petra: Der Weg des T'ai Chi Ch'uan. München 1984.
Kobayashi, Toyo u. Petra: T'ai Chi Ch'uan – Ein praktisches Handbuch zum Selbststudium. München 1995.
Kobayashi, Toyo u. Petra: T'ai Chi Ch'uan – Einswerden mit dem Tao. München 1989.
Moscovici, Hadassa K.: Vor Freude tanzen, vor Jammer halb in Stücke gehn. Hamburg und Zürich 1991.
Olvedi, Ulli: Yi Qi Gong - Das Stille Qi Gong. Bern 1994.
Sharamon, Shalila, Baginski, Bodo J.: Das Chakra-Handbuch. Aitrang 1988.
Zöller, Josephine: Das Tao der Selbstheilung. Frankfurt a. M., Berlin 1991.

Schriftenreihe

T'ai Chi Ch'uan und meditative Energiearbeit

Bisher erschienene Broschüren:	Preis in DM (+ 5 DM Porto und Versand)
Nr. 1: *T'ai Chi Ch'uan und Meditation*	10,–
Nr. 2: *Interviews zur Zen-Meditation und zur Transpersonalen Psychologie* James H. Ringrose/Wolfgang Kopp/Stanislav Grof	10,–
Nr. 3: *Visionen für ein anderes Leben – Die persönliche Lebens- und Berufsaufgabe entdecken*	10,–
Nr. 4: *Konzept Basisausbildung – T'ai Chi Ch'uan und meditative Energiearbeit*	10,–

Zu beziehen über Klemens J. P. Speer

Basisausbildung

T'ai Chi Ch'uan und meditative Energiearbeit

Block WM:	Wege zur Mitte	6 Wochenenden
Block A:	Grundlagen	7 WE + 1 Woche
Block B:	Vertiefung	3 x 1 Woche
Block C:	Erweiterung	3 x 1 Woche

Kurse und Seminare

Wege zur Mitte – T'ai Chi Ch'uan –
Qi Gong – Za-Zen – Visionen

Klemens J. P. Speer
Liebigstraße 60
49074 Osnabrück
Tel. und Fax (05 41) 80 45 67
internet: www.speer-taichichuan.de
e-mail: info@speer-taichichuan.de

Weitere Bücher aus dem Verlag Via Nova:

Deine persönliche Friedensformel für ein neues Jahrtausend

Mansukh Patel

160 Seiten, Broschur, 2 Graphiken, 32 Fotos – ISBN 3-928632-55-8

Es wird Augenblicke geben, in denen der Mensch eine Gelegenheit erhält, den Verlauf seines Lebens zu ändern, einen Sprung nach vorne zu tun. Während des letzten halben Jahrhunderts hat die Welt so viele Veränderungen und Krisen erlebt, daß es sehr klar geworden ist, daß wir an einem Punkt angelangt sind, wo sich etwas ändern muß. Wenn wir uns als menschliche Wesen entwickeln und entfalten wollen, haben wir keine Wahl. Es muß eine Revolution geben – eine innere Revolution. Nur durch eine innere Transformation unserer selbst werden wir in der Lage sein, Veränderungen in der Welt zu bewirken.
Dieses Buch bietet faszinierende neue Möglichkeiten, die jedermann helfen, diese höchsten Träume und Potentiale zu verwirklichen. Es liefert einen einfachen Sieben-Punkte-Plan, um harmonische Beziehungen zu sich selbst und zu anderen aufzubauen, damit eine Welt des Friedens entsteht.

Finde deine Ganzheit wieder

Mind Bridging – die Dynamik Holographischer Psychologie

Maria de Rocha Chevalley

392 Seiten, gebunden – ISBN 3-928632-58-2

Wir können unsere Ganzheit wiedererlangen, indem wir Teilstücke unseres Geist-Körpers wieder miteinander verbinden. Das geschieht durch den kreativen Umgang mit unseren Geist-Hologrammen, unseren Bewußtseins-Brücken. So stellen wir die Verbindung zu Unschuld, Spontaneität, Liebesfähigkeit, Mut und echter Lebensfreude wieder her. So entsteht wahrer Frieden in unserem Geist!
Indem die Verfasserin aus ihrer therapeutischen Arbeit heraus die Tiefe des holographisch-analytischen Geist-Körpers mit Hilfe ihrer intensiven persönlichen Erfahrungen durch zahlreiche praktische Übungen und hilfreiche Erklärungen auslotet, erklärt sie auf verständliche Art und Weise, was *Holographische Psychologie* und *Mind-Bridging-Dynamik* bedeuten. So ist dies nicht nur ein Buch für Psychologen, sondern für alle, die auf dem Weg zu sich selbst sind. Dieses Buch beschreibt einen neuen Weg.

Suche nach dem Sinn des Lebens

Bewußtseinswandel auf dem Weg nach innen

Willigis Jäger

5. Auflage

272 Seiten, Paperback – ISBN 3-928632-03-5

Preisträger amerikanischer Verleger

Alle wichtigen Themen des spirituellen Lebens werden von dem Zenmeister (Roshi) Pater Willigis Jäger in diesem Buch grundlegend behandelt und in Bezug gesetzt zur christlichen Mystik, aber auch zu den großen Traditionen der esoterischen Wege anderer Religionen, zu den Ergebnissen moderner Naturwissenschaft und zu den Erkenntnissen der transpersonalen Psychologie. Die psychologischen Aspekte des inneren Weges, seine Tiefenstrukturen und Stadien, der Umgang mit den Gefühlen und die Verwandlung des Schattens werden eingehend beschrieben. In diesem Buch geht es um den inneren Weg der christlichen Religion, um einen Bewußtseinswandel in der Gleichgestaltung mit Christus, um eine neue – von innen geprägte – Ethik, die Verantwortung für die Mitwelt übernimmt. Das Buch befreit zu einem sinnerfüllten Leben; motiviert, den inneren Weg zu gehen, provoziert zu einem neuen Denken und Handeln und tröstet in dunklen Stunden.

Koma – Ein Weg der Liebe

Ratgeber für Familie, Freunde und Helfer

Amy Mindell

352 Seiten, Broschur, über 100 Zeichnungen – ISBN 3-928632-76-0

„Koma – Ein Weg der Liebe“ ist die umfassendste und genaueste Anleitung für den gewaltfreien Umgang mit Menschen im Zustand des Komas, die es heute gibt. Im Unterschied zur bisher meist angewandten Schocktherapie geht Amy Mindell von der durch Erfahrung gewonnenen Einsicht aus, daß sich Menschen im Koma in einem völlig veränderten Bewußtseinszustand befinden. Ihre Therapie besteht darin, die Menschen auf ihrer inneren Reise liebevoll zu begleiten, mit ihnen Kontakt aufzunehmen und ihnen Mut und Vertrauen zu vermitteln. Sie sollen nicht Objekt einer Therapie sein, der sie passiv ausgeliefert sind, sondern darin unterstützt werden, aktiv ihren Heilungsprozeß selbst zu beeinflussen. Dies ist ein völlig neuartiger Ratgeber für Angehörige von Menschen im Koma und ihr Pflegepersonal, der ihnen aus langer Erfahrung gewonnene praktische Hilfen und Übungen an die Hand gibt.

Der Weg des Propheten

In Berührung mit der Macht des Lebens

Thomas Hartmann

336 Seiten, gebunden – ISBN 3-928632-71-X

In dieser wunderbaren, aus dem Leben gegriffenen spirituellen Abenteuergeschichte beschreibt Thomas Hartmann die verwickelten Fortschritte eines Pilgers am Rande des Chaos, sozial, politisch, psychologisch und spirituell. Der Leser entdeckt, daß es genau dort ist, wo das Leben am intensivsten erfahren wird und wir der Gegenwart Gottes am vollständigsten gewahr werden und wo sogar unsere einfachsten und geheimsten Aktionen, in einer Art von göttlichem Schmetterlingseffekt, die Welt transformieren können. In den Begegnungen mit dem international bekannten Gründer der in vielen Teilen der Welt entstandenen Salem-Kinderdörfer, Gottfried Müller, hat der Autor all dies erleben können. Hartmann beschreibt dabei seine eigenen, im alltäglichen Leben getesteten praktischen Techniken, wie man zum wahren Leben und der göttlichen Gegenwart erwachen, und wie man seine alltäglichen Aktionen mit weltverändernder Kraft aufladen kann. Das ist es, worum es wirklich geht. Dieses Buch zu lesen, kann das Leben verändern.

Psychologie

Eine umfassende Darstellung aus ganzheitlicher Sicht

Stefan Schmitz

Band 1: 240 Seiten, Paperback – ISBN 3-928632-56-6
Band 2: 392 Seiten, Paperback – ISBN 3-928632-64-7
Band 3: 352 Seiten, Paperback – ISBN 3-928632-75-2

„Psychologie“, ein auf drei Bände angelegtes Werk, gibt eine allgemeinverständliche Einführung in das Grundwissen von Tiefenpsychologie, Körpertherapie und Spiritualität.

Band 1 erläutert die Grundlagen des menschlichen Seelenlebens, das Wechselgeschehen zwischen Psyche und Körper, die Funktionsweise der Archetypen, den Aufbau der Persönlichkeit, die Vielfalt der menschlichen Bedürfnisse und die Entwicklung des Menschen in Kindheit und Jugend.

Band 2 gibt einen anschaulichen Einblick in die unterschiedlichen Verfahren der Psychotherapie, angefangen von der Psychoanalyse und der Verhaltenstherapie über Gesprächstherapie und Gestalttherapie sowie Bioenergetik und Familientherapie, bis hin zu den verschiedenen Formen einer Transpersonalen Psychotherapie.

Band 3 beschäftigt sich mit der Selbstverwirklichung des Menschen. Hierbei geht es zunächst einmal um die Entfaltung des eigenen Ichs im gewöhnlichen Alltag sowie um die Verwirklichung des wahren Selbst durch tiefenpsychologische Prozesse hindurch. Er handelt vom Astralleib und von den Chakras, vom spirituellen Selbst und von spirituellen Krisen, von den Gesetzen des Karmas sowie vom Tod des Egos und von der Erfahrung des Kosmischen Bewußtseins.

Die Vision vom göttlichen Menschen

Eine spirituelle Weg-Begleitung in das neue Jahrtausend

Barbara Schenkbier

Paperback: 424 Seiten, 21 ganzseitige Bilder – ISBN 3-928632-68-X

Prachtband: 424 Seiten, geb., Einband Kunstleder mit Goldaufdruck, 21 ganzseitige Bilder, Zweifarbendruck – ISBN 3-928632-18-3

Das Buch ist ein umfassendes Standardwerk, das den Durchbruch einer neuen Evolutionsstufe im menschlichen Bewußtsein des Menschen vorbereiten hilft. Aufbauend auf wissenschaftlichen Erkenntnissen und der mystischen Tradition aller Religionen führt es zu einem tieferen Wissen über das menschliche Bewußtsein, um dann den Weg zum göttlichen Menschen zu beleuchten. Alle wichtigen Schritte werden beschrieben, wesentliche Übungen aus einer neuen Sicht heraus dargestellt und die Transformationsstufe zu einem neuen Bewußtsein geschildert. Beim Lesen und Anwenden der beschriebenen Wahrheiten eröffnet sich dem Leser eine neue Sicht über den Sinn des Lebens. Alle, die den geistigen Weg beschreiten, werden ihn besser verstehen, ihn bewußter, mutiger und konsequenter weitergehen.
Das Buch ist aus der eigenen, spirituellen Erfahrung der Autorin heraus geschrieben und eröffnet den Blick in eine Zukunft, die die evolutionäre Schöpferkraft selbst schaffen wird.

Die kommunikative Kraft der Liebe

Barbara Mettler-v. Meibom

208 Seiten, Broschur, 10 Abb. – ISBN 3-928632-66-3

Unsere Gesellschaft bietet eine Fülle neuer Kommunikationsmedien und dennoch nehmen Einsamkeit und Rücksichtslosigkeit im privaten und beruflichen Alltag ständig weiter zu. Auf der Suche nach einem Weg aus diesem Dilemma unterscheidet die Autorin Prof. Barbara Mettler-v. Meibom zwischen zwei grundlegenden Aspekten in Kommunikationsbeziehungen: der *communicatio* und der *communio.*
Letztere erwächst für sie aus der kommunikativen Kraft der Liebe. Wie kann sie verwirklicht werden? Bei der Beantwortung dieser Frage läßt sich die Verfasserin u.a. von der indischen Philosophie der Vedanta anregen. Sie zeigt in eindringlichen Bildern und Geschichten über Menschen und Alltagserfahrungen, welche Chancen und Möglichkeiten bestehen, wenn wir uns von der kommunikativen Kraft der Liebe leiten lassen. An die Stelle des Gefühls von Trennung und Einsamkeit kann das Wissen um die Einheit alles Lebendigen, deren Erfahrung und die Verantwortung für uns selbst und die Schöpfung treten.

Die verborgene Blüte

Über die psychologischen Hintergründe der Spiritualität

Han F. de Wit

288 Seiten, gebunden – ISBN 3-928632-42-6

Warum strahlen manche Menschen Lebensfreude aus, andere aber Lebensangst? Warum wachsen die einen an ihren Leiden, während andere an ihnen zerbrechen? Wie kann ich ein glücklicher Mensch werden, zu mir selbst finden? Welche Hilfen bietet die Psychologie? Die Antworten darauf stehen im Zentrum der *kontemplativen Psychologie.* Sie beziehen sich auf eine verborgene Blüte, die sich tief im Kern unseres Wesens entfaltet. Ihre Früchte – Lebensmut, Lebensfreude, Erbarmen und Klarheit des Geistes - sind in diesem Buch gegenwärtig mit all unserem Handeln, im Umgang mit uns selbst, mit unserer Umgebung und mit der Umwelt. Es geht um unsere grundlegende Menschlichkeit und deren Verwirklichung.

Wenn es verletzt, ist es keine Liebe

Chuck Spezzano

5. Auflage

416 Seiten, gebunden – ISBN 3-928632-20-5

Dieses Buch verändert Ihr Leben. Ein Wissender zeigt den Weg, wie Sie ein Leben führen können, das erfüllt ist von Liebe und Verstehen, von Freude und Glück. Sie erfahren in 366 Kapiteln wichtige Lebensgrundsätze, die Ihre zwischenmenschlichen Beziehungen auf eine höhere Ebene heben.
Die Weisheit der Liebe, die der Verfasser in jahrzehntelanger Forschungsarbeit als Psychotherapeut, als weltweit bekannter Seminarleiter, als visionärer Lebenslehrer entdeckt und in klare Weisungen umgesetzt hat, verwandelt Sie und berührt Ihr wahres Wesen, das Liebe ist.
Durch die angebotenen Übungen, die das theoretisch Erkannte auch in den praktischen Alltag umsetzen, wird das Buch zu einem Wegbegleiter und Ratgeber in bedrängenden Beziehungsnöten. Wenn Sie Schritt für Schritt in die wichtigsten Grundprinzipien der Liebe eingeführt werden, reifen Sie in Ihrer Selbsterkenntnis, können Ihre Beziehungen in Partnerschaft und Freundschaft neu ordnen, vertiefen und intensivieren. Sie können die Ursachen für Ihre Schwierigkeiten in der Liebe erkennen, Blockaden auflösen und seelische Wunden heilen lassen.

Der Weg zum idealen Partner

30 Schritte zu einer erfüllten Partnerschaft

Chuck Spezzano

168 Seiten, gebunden – ISBN 3-928632-70-1

Dieses Buch richtet sich an diejenigen, die auf der Suche nach ihrem wahren Partner sind. Aber auch an all jene, die ihren Partner bereits gefunden haben und Unterstützung auf dem eigenen Beziehungsweg suchen. Dem Leser werden viele Heilungsprinzipien an die Hand gegeben, mit Hilfe derer sich Beziehungen in einen persönlichen Wachstumspfad verwandeln können. Laut Chuck Spezzano sind Beziehungen der schnellste Weg zu persönlichem Wachstum und Entwicklung.
Der Autor macht deutlich, daß es nicht damit getan ist, den richtigen Partner zu finden, es bedarf auch des Wunsches, mit diesem Partner zusammen glücklich zu werden. „Wenn du deinen Partner gefunden hast, geht die Reise erst richtig los!", so Chuck Spezzano. Aufgrund der universalen Gültigkeit der vorgestellten spirituellen Prinzipien, lassen sich diese auch auf andere Lebensbereiche übertragen. Ob der Leser einen neuen Arbeitsplatz oder Unterstützung beim nächsten Schritt in seinem Leben sucht oder ob er sich allgemein mehr Erfolg, Glück und Gesundheit wünscht – immer wieder kann er dieses Buch zur Hand nehmen.

Transpersonale Psychologie und Psychotherapie

104 Seiten, Paperback, zwei Ausgaben: Frühjahr und Herbst

ISSN 0949-3174

Transpersonale Psychologie und Psychotherapie ist eine unabhängige Zeitschrift. Sie verbindet das Wissen spiritueller Wege und der Philosophia perennis mit moderner Psychologie und Psychotherapie, leistet Beiträge zur wissenschaftlichen Fundierung des Transpersonalen.
Transpersonale Psychologie und Psychotherapie ist eine Zeitschrift, die sich an Fachleute und Laien wendet mit einem Interesse an transpersonalen Themen. Aus einem schulen-, kultur- und religionsübergreifenden Verständnis heraus bietet sie ein Forum der Verbindung von Psychologie und Psychotherapie und deren theoretischen Grundlagen mit spirituellen und transpersonalen Phänomenen, Erfahrungen und Wegen, Welt- und Menschenbildern. Sie dient dem Dialog der verschiedenen Richtungen, fördert integrative Bemühungen und leistet Beiträge zur Forschung und Theoriebildung. Sie bietet Überblick, Orientierung und ein Diskussionsforum auf wissenschaftlichem Niveau.